이민정책론

An Introduction to Migration Policies

김규찬

KNOWLEDGE COMMUNITY 공동체

머리말

한국은 1990년대 이후 이민 유입국가로 빠르게 변모하고 있다. 그간 국제이주와 이민자 관리를 위한 법적 · 제도적 기반이 구축됨은 물론, 관련한 학문적 결과들도 축적되고 있다. 한편 이민 · 다문화 분야 전문인력 양성의 필요성도 커졌다. 이를 위해 법무부가 2008년부터 사회통합정책 추진을 위해 '다문화 이해증진 및 사회통합 거점대학사업(ABT : Active Brain Tower)'이라는 명칭으로 다문화사회전문가 제도를 도입하였다. 2013년 1월에는 「출입국관리법 시행규칙」에서 다문화사회전문가 인정요건(이수과목의 내용과 범위)이 상세히 규정되었고, 이를 토대로 국내 여러 대학에서 다문화사회전문가 양성과정이 개설되어 운영되고 있다.

높은 사회적 관심과 일련의 정책적 노력에도 불구하고 이민 · 다문화 분야의 제도적 · 학문적 역사가 상대적으로 일천하고, 관련 전문인력 양성을 위한 저변이 넓지 못하다는 한계가 여전하다. 필자는 2019년부터 다문화사회전문가 과정을 운영하는 소속학과에서 '이민정책론'을 강의하기 시작했는데, 특별히 학부생들에게 적합한 교재가 없어 교육에 상당한 어려움을 겪어 왔다. 이 책은 이러한 그간의 교육 경험의 산물이다.

이 책은 이민정책에 관한 개론서로 기획되었다. 우선적으로 염두에 둔 독자는 이민정책을 처음 공부하는 이민·다문화 관련 학과의 학부생들 혹은 석사과정 학생들이다. 이런 학생들이 본 서를 통해 이민정책의 개념, 이론 및 분야별 정책의 기본적 내용과 쟁점을 전체적으로 조망할 수 있도록 돕는 것을 목표로 삼았다. 사회과학적 배경이 다소 부족한 학생들도 이민정책 분야에 입문할 수 있도록 최대한 배려하였다.

책의 내용은 「출입국관리법 시행규칙」의 「사회통합 프로그램 다문화사회 전문가 인정 기준 등에 관한 규정」에서 제시하는 '이민정책론'의 교과내용 가이드라인을 참고로 구성하였다. 이 규정에 따르면 '이민정책론' 교과의 내용은 다음과 같다. 첫째, 이민의 정치·경제·사회·문화적 측면과 특성을 이해하고, 이민정책결정과정의 이해관계자에 대한 이해 및 정책의 형성, 집행, 평가과정을 학습한다. 둘째, 출입국정책, 체류관리정책, 외국인력정책, 사회통합정책 등 우리나라 주요 이민정책 분야를 학습하고 이민유입국, 이민송출국 등 해외 이민정책 사례를 비교, 분석한다.

책의 장 구성과 분량은 대학의 한 학기(15주) 수업에 알맞도록 조정되었으며, 각 장의 끝에 토론문제를 제시하여 강의 운영에 도움이 되도록 하였다. 먼저 1~3장은 총론적 성격의 장으로서 이민정책의 개념, 이론, 역사 등을 논의한다. 이후 4~12장은 각론으로서 분야 및 대상별 이민정책을 다룬다. 마지막 13장은 결론으로서 사회변동과 이민정책의 미래에 대해 생각해 본다.

이 책은 처음부터 개정판을 염두에 두고 출판하게 되었다. 초판에서 다루지 못하거나 미흡하게 논의한 부분(정책 이론, 해외 사례 등)은 개정판의 과제로 남겨둔다. 최근 한국의 인구구조 변화와 함께 이민정책의 중요성이 점증함에 따라 관련 제도 및 조직이 확대될 것으로 예상되고, 출입국관리직 공채시험에 '이민(관련)법'과 '이민정책'을 전문시험과목으로 도입하는 방안이 논의되고 있어 본 서의 독자층이 갈수록 넓어질 것이라 기대해 본다.

누구나 그렇듯이 이 책을 집필 · 출판하는 과정에서 여러 사람들의 도움을 받았다. 우선 그간 '이민정책론' 수업을 함께 하며 유용한 피드백을 제공해 준 강릉원주대학교 다문화학과 학생들에게 감사한다. 그리고 이민 · 다문화 분야의 중요성과 잠재성만 믿고 흔쾌히 출판을 진행해 준 도서출판 공동체 가족 여러분께 깊이 감사드린다. 끝으로 집필을 위해 가족과의 시간을 희생할 수밖에 없었던 남편과 아빠를 이해해 주고 응원해 준 아내와 아들에게 감사한다.

2022년 12월

흥업 연구실에서

김 규 찬

차 례

■ 머리말 / 3

Chapter 01 이민과 이민정책의 개념 9

1. 이민과 이민자의 개념 ········ 11
2. 이민정책의 개념과 지형 ········ 16

Chapter 02 국제이주와 이민정책 이론 23

1. 국제이주 이론 ········ 25
2. 이민정책 이론 ········ 36

Chapter 03 이민정책의 역사적 전개 43

1. 국제이주의 역사 ········ 45
2. 전후 이민정책의 전개 ········ 53

Chapter 04 한국 이민정책 추진체계 65

1. 한국 이민정책의 구조 ········ 67
2. 한국의 이민행정 ········ 75

Chapter 05 사증체계와 국적제도 85

1. 한국의 사증체계 87
2. 한국의 국적제도 94

Chapter 06 비전문 외국인력정책 101

1. 비전문 외국인력의 개념과 정책 103
2. 한국의 비전문 외국인력정책 108

Chapter 07 전문 외국인력정책 125

1. 전문 외국인력의 개념과 정책 127
2. 한국의 전문 외국인력정책 131

Chapter 08 결혼이민(가족)정책 143

1. 결혼이민의 이해 145
2. 한국의 결혼이민(가족)정책 150

Chapter 09 재외동포정책과 북한이탈주민 지원정책 163

1. 재외동포정책 165
2. 북한이탈주민 지원정책 176

Chapter 10 난민정책 187

1. 난민과 난민정책의 이해 189
2. 한국의 난민정책 193

Chapter 11 이주민 사회통합정책 199

1. 이주민 사회통합과 사회통합정책의 개념 ······ 201
2. 이주민 사회통합정책의 모형 ······ 205
3. 한국의 이주민 사회통합정책 ······ 209

Chapter 12 이민과 국제협력 217

1. 이민분야 국제협력의 배경과 의의 ······ 219
2. 이민분야 국제협력의 실제 ······ 222
3. 한국의 이민분야 국제협력 ······ 229

Chapter 13 사회변동과 이민정책의 미래 233

1. 이주와 안보 ······ 235
2. 이주와 인구 ······ 240
3. 이민정책의 미래 ······ 245

■ 참고문헌 / 249

CHAPTER 01

이민과 이민정책의 개념

1. 이민과 이민자의 개념

2. 이민정책의 개념과 지형

CHAPTER 01 이민과 이민정책의 개념

이 장에서는 먼저 이주(migration) 그리고 이주민(migrants)에 대한 다양한 개념들을 소개한다. 이어 이민정책(migration policy)의 개념을 정의하고, 여러 가지 기준을 적용하여 이민정책을 분류해 본다. 특별히 이민유입국의 이민정책 도구들에 초점을 둔다.

1. 이민과 이민자의 개념

인간이 일정 기간 이상 거처를 옮기는 행위를 우리는 이주(移住) 혹은 이민(移民)이라고 부른다. 옮겨간 사람(民)보다 거주지(住)를 옮기는 행위에 초점을 둔다면 이민보다는 이주라는 표현이 더 적절해 보인다. 이주나 이주민을 가리키는 여러 표현들은 문화적 맥락에서 다르게 해석될 여지가 있다. 예를 들면, 영어의 'immigrant'라는 단어는 'migrant'보다 다소 부정적인(derogative) 의미를 내포할 수 있다. 한국에서도 '이주민' 혹은 '이주자'라는 표현은 의도와는 상관없이 불법체류, 빈곤, 고립 등 이주민의 소수자(minority)로서의 부정적 특성을 연상시키곤 한다. 그러나 이주·이주민 그리고 이민·이민자라는 표현은 호환적으로 사용될 수 있으며, 본 서에서도 마찬가지이다.

어의적으로 볼 때 이주라는 행위를 하는 사람은 모두 이주민이라 할 수 있다. 그러므로 이주와 이주민은 매우 폭넓은 사회현상과 대상을 가리킨다고 볼 수 있으며, 기준에 따라 다양하게 분류하고 개념화할 수 있다. 첫째, 거리를 기준으로 이주·이주민을 분류해 볼 수 있다. 과연 어느 정도의 거리를 이동해야 이주로 규정될 수 있는 것일까? 이사도 거처를 옮기는 것은 마찬가지이나 일반적으로 이동의 범위가 행정구역을 넘는 경우에만 이주라는 표현을 쓴다(이혜경, 2016a). 원거리 이동이라도 자국의 국경 내에서 이루어지면 국내이주(internal migration)라고 하고, 국가의 경계를 넘는 경우는 국제이주(international migration)라고 부른다. 국내이주는 국제이주와 밀접히 연관되어 있고, 중국이나 인도처럼 인구규모가 큰 나라의 경우 빈도와 규모 면에서 국제이주를 훨씬 능가한다(de Haas et al., 2020). 또한 이촌향도(離村向都)로 불리는 구조적 국내이주는 산업화과정에서 보편적으로 벌어지는 국제이주의 선행적 현상이라고 볼 수 있다(Skeldon, 2014). 국내이주에 비해 규모도 적고 빈도도 낮지만 국제이주 및 국제이주자는 그 특수성으로 인해 사회적 관심과 정부의 정책적 개입 수준이 훨씬 더 높다.

둘째, 기간을 기준으로 이주 및 이주민을 정의할 수 있다. 이주로 분류할 수 있는 기간에 대한 국제적 표준이 있는 것은 아니지만, 통상 국제연합(the United Nations, 이하 UN)의 이주민(migrants) 정의를 참고한다. UN은 국제이민자를 "이유와 법적 지위를 불문하고 자신의 통상적 거주국(his or her country of usual place of residence)를 옮긴 사람"으로 규정한다.[1] 체류기간에 따라 3개월에서 1년 미만은 단기 혹은 임시(short-term or temporary) 이주, 1년 이상은 장기 혹은 영구(long-term or permanent) 이민으로 구분한다. 그렇지만 개별 국가는 나름의 기준을 정하여 이주민을 규정할 수 있다. 예를 들어, 한국은 외국인이 90일을 초과하여 체류하는 경우 이들을 '장·단기 체류외국인'으로 부르고 있다. 통상 3개월을 초과하여 체류하는 경우는 사증(visa) 규정에 의거 대체로 1년 이상 체류할 가능성이 높고, 일부는 훨씬 더 긴 기간 체류할 수도 있다. 이런 이유로 입국 시 허가받은 1회 체류기간보다

---

1 IOM(https://www.iom.int/key-migration-terms).

는 장기 및 영구적 체류로 이어질 수 있는 이주 유형 혹은 트랙(track)인가가 더 중요하다. 예를 들어, 전문인력은 회사와의 계약에 따라 입국 시 1년의 체류자격을 부여받았다 하더라도 연장이나 자격변경을 통해 얼마든지 영구이주(영주권 취득이나 귀화 등을 통해) 할 수 있기 때문이다.

셋째, 이주의 목적(동기)에 따라 이민을 분류할 수 있는데, 수용국의 입장에서는 이주(체류)기간만큼이나 중요한 것이 이주의 목적이다. 왜냐하면 통상 이주의 목적에 따라 체류자격과 그에 따른 활동범위가 규정되기 때문이다. 우선 이민의 목적에 따라 경제적 이민과 비경제적 이민으로 나눌 수 있는데, 경제적 이민의 대표적 하위 유형은 취업을 목적으로 하는 노동이민(labor migration)이다. 노동이민은 다시 단순노무(unskilled or low-skilled), 중간수준 기술이 있는(semi-skilled), 그리고 전문 혹은 고기술(professional or skilled) 이민으로 추가로 분류될 수 있다. 한편 비경제적 이민은 일반적으로 동반이나 거주(결혼 포함)를 위한 가족이민(family migration)의 형태를 띤다. 국가별로 차이는 크지만 일반적인 생각과는 달리 가족이민의 규모가 노동이민보다 월등히 높다(de Haas et al., 2020). 그 외에도 학업목적이민(유학), 투자이민, 은퇴이민 등 다양한 목적의 이민 유형이 존재하는데, 수용국의 사증(visa) 체계는 이러한 이민 목적을 반영하게 된다. 주의할 것은 이주의 목적이나 동기가 단일하거나 고정된 것이 아니라는 점이다. 예컨대, 학업목적의 이민자가 체류자격 변경을 통해 노동이민자가 되기도 하고, 노동이민자가 내국인과의 결혼을 통해 가족이민자가 될 수 있다.

넷째, 이동의 자발성을 기준으로 이민 및 이민자를 분류할 수 있다. 통상 이민은 개인의 자발적 행위로 여겨지는 경향이 있다. 취업이나 사업 등 경제적 동기로 이주하거나 학업을 위한 이주, 여유로운 은퇴생활이나 단지 호기심 충족과 새로운 라이프 스타일을 추구하기 위에 이주하는 경우는 '자발적 이주(voluntary migration)'라고 부를 수 있다. 그러나 모든 이주가 개인의 자유로운 선택의 결과는 아니다. 내전(분쟁), 환경재해 혹은 개발사업 등으로 삶의 터전을 잃거나 생존의 위협 앞에서 어쩔 수 없이 국내 타 지역으로 이동하거나 국경을 넘는 경우가 있다. 이러한 유형의 이민을 '강제된 혹은 비자발적 이주(forced or involuntary migration)'라고 부른다. 전쟁 난민은 대표적인 비자발적 이민자이다. 그러나 자발적 이민과 비자발적 이민의 경계는 분명하지 않다. 비록 정치적 박해나 내전이 아니더라도 절박한 경제적 어려움으로 인해 최후의 수단으로 해외취업을 떠나는 사람들의 경우, 외견상 경제적 동기에 의한 자발적 이민자로 보이지만 어떤 측면에서는 빈곤에 의해 강제된 이민자로 볼 수도 있다.

다섯째, 적법성(legality)에 따라 합법이민과 불법이민으로 구분할 수도 있다. 이민 수용국의 관점에서 보자면 출입국 및 국적관련 법률 및 규정에 따라 정당한 입국 및 체류자격을 부여받고, 체류자격에 명시된 기간 내에 거주하는 이주민은 합법이민자이다. 반대로 적법한 체류자격 없이 입국 및 체류하거나, 체류자격이 있더라도 자격에 따른 거주기간, 활동범위 등의 규정을 위반한 이주민은 불법이민자가 된다. 그러나 체류기간 등의 행정 규정을 위반한 이주민을 과연 범죄자로 보는 것이 적절한 것인가에 대한 논란이 있다(이혜경, 2016a). 이런 이유로 체류규정 위반 이주민에게 불법(illegal) 이주민이라는 표현 대신에 비정규(irregular) 혹은 미등록(undocumented) 이주민라는 표현을 사용하는 경우도 있다. 그러나 '미등록'이라는 표현은 실제 등록서류상 문제가 있는 이민자 외에 모든 유형의 불법체류자를 포괄할 수 없다는 문제가 있다(Collier, 2013).

여섯째, 이민의 방향 및 경로에 따른 분류도 가능하다. 한 이민자가 출신국/본국(origin)인 A나라를 떠나 대상국/ 수용국(destination)인 B나라로 이동하여 그곳에서 정착하게 되면 일방향적(one-directional) 이주라고 할 수 있다. 그러나 이 이민자가 B나라를 떠나 다시 A나라로 돌아가게 되면 귀환이주(return migration)라고 볼 수 있으며, A, B 양국을 오가며 거주 및 활동하는 경우는 순환이주(circular migration)라고 추가적으로 유형화할 수 있을 것이다. 글로벌 통신 및 교통 체계가 발달하고 비용도 저렴해지면서, 본국과의 관계를 유지하면서 순환하는 이주자들이 늘어나고 있다. 또한 이민과정의 단계성이나 연결성에 초점을 둔 유형화도 가능하다. A나라를 떠난 이민자가 B나라를 거쳐 궁극적으로 C나라에 정착하게 된다면, 이를 단계이민(step migration)으로 분류할 수 있다. 한편 이민자가 현지 정착 후 자신의 가족이나 친척 등을 본국으로부터 초청하는 경우 이를 연쇄이민(chain migration) 현상으로 부른다. 노동이민은 더 나은 경제적 기회를 찾아 (부국으로) 이동하는 단계이민의 경향을 강하게 띠며, 최종 목표국에 정착한 후 영주권 이상의 권리를 취득하게 되면 본국으로부터 가족을 초청하는 연쇄이민이 발생할 가능성이 크다. 이로 인해 주요 이민국에서 노동이민보다는 가족이민의 비중이 갈수록 커지게 된다.

그 외에 중요한 이민자 분류 방식으로는 '외국인(foreign nationals) 인구'와 '해외출생(foreign-born) 인구'가 있다. 전자는 국적을 기준으로 한 분류법이다. 즉, 국가 내에서 국적을 가진 자(nationals)와 비국적자(non-nationals)인 외국인을 구분하기 위한 방법이다. 후자의 경우는 출생지를 기준으로 한 분류법으로서 국적 보유 여부와 상관없이 해외에서 출생하였다면 '해외출생자'로 분류된다. 이민자 수용의 역사가 길어지고 순환(귀환)적 이민이 많아지면 국가 내에 이민자의 유형이 다양화된다. 이민정책적 측면에서는 외국국적자(외국인)뿐만 아니라, 귀화를 통해 국적을 보유하였더라도 인종적, 문화적으로 이주민으로서의 실질적 특징을 가지고 있는 인구에 대한 정보를 갖는 것이 중요하다. 이런 이유로 다양한 이민자를 포괄하기 위한 표현으로 이주배경인구(population with immigration backgrounds)라는 표현이 널리 사용된다.[2] 이와 더불어 국가에 따라 '동포'라는 별도의 이민자 범주가 존재한다. 이들은 외국국적자이지만 민족적 동질성(co-ethnicity)을 근거로 여타 외국인과는 별도로 분류되어 정책적 특혜의 대상이 되기도 한다.

이상의 이주와 이주민에 대한 개념과 범주화(categorization)는 직관적이고 유용하다. 그러나 이주민의 삶은 매우 가변적이고 이주의 과정 역시 복잡하다. 따라서 지나친 범주화가 오히려 이주 현상과 이주민의 삶을 총체적으로 이해하는 것을 방해할 수 있다는 지적도 있다. 예를 들어, 파이스트(Faist, 2008)는 순환이주의 증

2 참고로, 한국의 경우에도 법무부에서 집계하는 체류외국인(외국국적자) 통계 외에 행정안전부에서 집계하는 '외국인주민' 통계는 외국국적자와 함께 귀화자 및 출생에 의해 한국국적을 취득한 미성년자녀를 포함한다.

가로 인해 국내이주와 국제이주, 이출이민자(emigrants)와 이입이민자(immigrants)의 구분이 모호해지고, 임시이주와 영구이주 혹은 노동이주와 비노동이주 등의 이분법이 갈수록 유효하지 않다고 주장한다.

2. 이민정책의 개념과 지형

정책(policy)이란 정부 또는 정치단체가 그들의 정치적 · 행정적 목적을 실현하기 위해 마련한 방책이나 방침을 의미한다(이종수, 2009). 이런 관점에서 이민정책(migration policy)이란 이주 및 이주민 관리를 목적으로 수립하고 운영하는 국가의 공식적 방책이라고 정의할 수 있겠다. 소수의 권위주의 국가나 재난이나 전염병 확산 등 특수한 상황이 아니라면 대부분의 민주주의 국가는 자국 내에서의 인간의 이동, 달리 표현하면 '이사'를 통제하지는 않는다. 거주이전은 헌법이 보장하는 자유권적 기본권에 해당하기 때문이다. 반면 국경을 넘는 행위에 대해서는 각 국가는 다양한 제도와 정책을 동원해 규제 및 관리한다. 기본적인 국경관리(출입국관리)에서부터 이주민의 체류 및 국적부여에 이르는 폭넓은 범위의 법과 제도가 이민정책의 범주에 포함될 수 있다.

대부분의 나라는 이민자를 보내기도 하고 받기도 하는 나라이다(de Haas et al., 2020). 그러나 상대적 관점에서 들어오는 이민자보다 나가는 이민자 비중이 높은 나라들을 이민자 송출국(sending countries), 이민자를 주로 받아들이는 입장에 있는 국가들은 이민자 수용국 혹은 유입국(receiving countries)으로 구분할 수 있다. 이민정책이 주로 외국인(비국민)의 유입과 체류라는 측면에서 논의되는 경향이 있긴 하지만, 국제이주는 필연적으로 두 개 이상의 국가가 개입되며, 국가 입장에서는 사회 구성원이자 노동력인 국민의 출국과 해외체류도 중요한 정책적 관심사이다. 따라서 이민정책을 이주를 보내는 나라와 받는 나라의 입장으로 구분하여 균형 있게 이해하려는 노력이 필요하다.

1) 송출국의 이민정책

이민자 송출국 입장에서 중요한 이민정책 이슈는 송금(remittance), 두뇌유출(brain drain), 재외동포들이다. 해외체류 자국민의 본국으로의 송금은 송출국에 남아 있는 가족과 국가 경제에 긍정적인 기여를 할 수 있다(Collier, 2013). 국민이 해외로 나가 벌어들인 소득의 일부를 본국으로 보내오는 경우, 이주로 인해 발생한 노동력 손실이 (일부라도) 상쇄되는 것이다. 실제로 산업기반이 취약한 여러 개발도상국들은 자국민의 해외 송금을 중요한 경제발전의 동력원으로 간주하고 있다(de Haas et al., 2020).

장기적으로 송금이 개발(development)에 얼마나 기여할 수 있느냐는 논란거리다(de Haas et al., 2020; Collier, 2013). 그러나 이주민 해외송금의 규모는 빠르게 증가하고 있으며, 일부 이민 송출국은 자국민의 노동이주를 지원하는 정책을 운영하고 있다. 예컨대 필리핀은 해외취업을 장려하고 해외에서 선호도가 높은 간호사와 가사노동자를 송출하기 위해 국가 차원에서 개입하고 있다.

한편 노동력을 적극적으로 송출하는 국가들도 전문인력의 국외이탈은 통제의 대상이 될 수 있다. 이들은 의료, 산업, 교육, 행정 등의 분야에서 필수기능을 담당하는 인력으로서 최대한 확보해야 할 필요성이 크지만, 동시에 이들 전문인력들은 높은 수요로 인해 해외취업 기회가 많고 이주를 위한 자원도 갖추고 있어 이주의 가능성이 매우 높은 집단이다. 따라서 일부 국가들은 전문직의 해외 이주를 통제하거나, 여러 유인책을 동원하여 해외 체류 중인 자국(계) 전문인력의 귀환을 위해 정책적으로 노력하고 있다.[3]

송출국은 해외로 이주한 자국(계) 국민이 본국과의 유대관계를 유지하면서도 수용국에서 안정적으로 정착 및 생활할 수 있도록 보호하고 지원하는 데 관심을 가진다. 만약 이들이 타국에서 차별 등 부당한 처우를 받는 등의 이유로 정착에 실패하게 된다면 이주를 위해 상당한 자원을 투자한 이민자 본인에게도 손실이

3 두뇌의 이동과 그 영향에 대한 상세한 논의는 본 서 제7장을 참조하기 바란다.

크지만, 송출국 정부의 입장에서도 앞서 언급한 송금이나 사회적 자본 유입 등의 국민의 해외이주를 통해 얻을 수 있는 긍정적 외부효과를 기대할 수 없게 된다.

2) 유입국의 이민정책

이민자 유입국은 이민의 흐름과 이민자를 관리하기 위해 다양한 정책을 수립하고 있다. 이민정책은 주로 정책의 목적에 따라 출·입국관리정책, 체류관리정책, 사회통합정책으로 구분하곤 한다. 혹은 이(주)민의 유형에 따라 이민정책을 분류하기도 한다. 즉, 노동이민정책(외국인력정책), 가족이민정책(결혼이민자 정책 포함), 유학생 정책, 난민정책, 불법체류자 정책, 동포정책 등 이민자 유형별로 정책을 설명하는 방식이다. 정부는 통상 이주민 이민 유형(체류자격)에 따라 이민정책의 내용을 차등(차별)적으로 적용하기 때문에, 영역별 이민정책의 내용을 이해하되 정책의 대상별로 정책의 차이를 구분할 수 있어야 한다.

목적별, 대상별 이민정책을 상술하기에 앞서 이번 장에서는 우선 유입국 이민정책의 지형을 개괄해 보고자 한다. 드 하스 등(de Haas et al., 2020 : 271-274)은 이민정책의 영역을 국경관리(border control), 입국 및 체류(legal entry and stay), 통합(integration), 출국(exit)으로 구분하고, 각 영역별 정책 도구를 일목요연하게 소개하고 있다(표 1-1 참조). 첫째, 국경관리는 가장 기본적인 이민정책의 영역이라 할 수 있다. 국경관리는 시민과 외국인의 이동을 통제하는 데 관여되는 제반 정책이다. 국가는 효과적 국경관리를 위해 장벽, 감시카메라, 생체정보 보안장치, 국경수비대 등의 다양한 기술과 전문인력을 동원한다. 여권(passports), 사증(visa) 및 허가증(permits) 제도 그리고 사증유형(체류자격)에 따른 활동범위와 권리 규정은 이주의 흐름을 통제하기 위한 핵심적인 정책 도구들이다. 더불어, 특정인(예컨대 특정 국가 출신)에 대한 입국금지, 운송사가 탑승자의 입국 적격성에 대해 책임을 지게 하는 조치, 불법체류자 고용 시 사용자의 책임을 묻는 조치 등의 다양한 제재(sanctions)도 국경관리정책에 해당한다.

둘째, 입국 및 체류관리 정책은 이주민이 합법적으로 입국 및 거주할 수 있도록 관리하는 정책 영역이다. 입국 시 자격요건을 갖춘 이주민이라면 부여받는 사증(체류자격) 유형에 따라 합법적으로 입국하여 일정 기간을 거주할 수 있게 된다. 한편 적법한 자격을 갖추지 못한 이주민들도 합법화(regularization) 혹은 사면(amnesty)을 통해 합법적인 체류권을 획득하기도 한다. 이런 조치들은 주로 불법체류자의 규모를 급격히 축소시키거나 불법체류자 문제가 사회문제화 하는 것을 예방하기 위해 단행된다. 특수한 상황에서 이주하게 되는 난민(재정착 난민 포함)이나 인도적 체류자의 입국 및 체류관리에 관한 제도들도 체류관리 정책 영역에 해당한다. 또한 유럽연합(the European Union, 이하 EU)의 사례에서 보는 바와 같이, 권역 내 자유 이동권 보장에 관한 협약과 제도들도 합법적 입국과 체류관리를 위한 정책 도구로 볼 수 있다.

셋째, 통합정책은 이주민이 새로운 사회적 구성원으로서 정착국 사회에서 원만히 적응하도록 돕는 한편, 이주민 유입으로 인한 인종적, 민족적, 문화적 다양성을 관리하기 위한 정책을 가리킨다. 통합정책의 핵심은 이주민이 사회보장, 고용, 사법제도 및 정치권에 접근할 수 있는 가능성, 수준, 조건 등을 관리하는 것이다. 기존의 사회보장제도나 노동시장 정책이 이주민에게도 적용될 수 있도록 하는 조치뿐만 아니라, 소수자로서의 이주민을 보호하기 위한 추가로 마련된 반차별(anti-discrimination) 정책이나 다문화주의적 정책들도 이주민 통합정책에 해당한다. 또한 이주민들의 지역사회 내 원활한 적응과 융화를 돕기 위한 언어, 주거 및 문화 지원 프로그램도 중요한 통합정책의 도구들이다. 더불어 이주민들이 장기적 혹은 영구적으로 유입국 사회에 정착하기 위해 전제가 되는 영주권 및 시민권에 대한 접근성도 이주민 통합의 중요한 요소이다. 끝으로 소위 동포(재외국민 포함)에 대한 지원과 특별 대우 조치들도 넓은 의미에서 통합정책으로 볼 수 있다.

넷째, 출국정책은 체류 중인 이주민을 본국으로 귀환시키거나 국경 밖으로 내보내는 것과 관련된 정책을 의미한다. 이주민 수용국은 송출국과 협약을 통해 체류기간이 만료되기 전 이주민을 '자발적으로' 귀국시키기 위한 조치들을 취할 수 있다. 귀국을 조건으로 한 보험이나 성공적인 본국 재정착을 위한 금융지원 등이 대표적이다. 또한 자발적 귀국자에게 재입국(이주)의 기회를 부여하여 귀국을 유도하기도 한다. 이와 더불어 대부분의 국가들은 입국 요건을 갖추지 못했거나 불법체류자가 된 이주민을 보호소에 수용하거나 강제로 추방하는 제도를 운용한다. 그와는 반대로 특정인에게 출국을 위해 허가를 받게 하거나 출국을 금지시킬 수 있는 제도도 마련하고 있다.

〈표 1-1〉 이민정책 도구상자

정책 영역(policy area)	정책 도구(policy tools)
1. 국경관리	• 국경 감시 기술 및 통제력 • 여행 사증/ 허가증 • 신분증(증명서류) • 입국금지 • 운송자 제재(carrier sanctions) • 사용자 제재(employer sanctions) • 기타 규제
2. 입국 및 체류	• 합법화/ 사면 • 난민지위 결정에 관한 정책 • 난민 재정착 프로그램 • 자유이동권/ 협약(free mobility rights/ agreements)
3. 통합	• 사회보장 혜택(benefits)과 사회경제적 권리에 대한 접근성 • 사법정의 및 정치적 권리에 대한 접근성 • 언어, 주거, 문화적 통합을 위한 프로그램 • 영주권(permanent residency)에 대한 접근성 • 시민권(citizenship)에 대한 접근성 • 동포와의 협력 정책
4. 출국	• 재통합/ 귀환 프로그램(reintegration/ return programmes) • 강제추방 • 재입국(readmission) 협약 • 출국 사증/ 허가증 혹은 출국금지(exit ban)

출처 : de Haas et al.(2020), pp. 271-274로부터 저자 취합 및 번역.

이상에서 살펴본 것처럼 이민 수용국은 입국, 체류, 정착과 출국에 이르기까지 이주의 전 과정에 걸쳐 적용되는 다양한 정책들을 활용하고 있다. 국경과 통치권을 가진 국가는 이론적으로 이주민 유입에 대해 완전한 차단과 완전한 개방 사이에서 자유롭게 선택할 수 있다(설동훈, 2016). 그러나 대부분의 자유민주국가는 양 극단을 택하지 않고, 국익의 극대화를 위해 다양한 정책 도구들을 조합하여 이민을 효과적으로 '관리'하기 위해 노력한다.

물론 각 이민정책 영역별 중요성과 난이도는 국가별로 상이할 수 있다. 캐나다와 호주처럼 지리적 위치로 인해 국경관리가 상대적으로 수월한 국가들도 있고, 미국과 유럽의 경우처럼 역사적, 문화적 배경으로 인해 이주민 체류관리와 통합의 과제가 더 부각되는 나라들도 있다. 또한 시대적으로 이민정책의 내용과 중요성이 변화한다. 최근에는 안보, 범죄 및 질병 관리가 이민정책의 요소로서 그 중요성이 커지고 있다.

Discuss

1. '모든 사람은 이주민이다'라는 말에 동의하는가?
2. 국내이주와 이사를 굳이 구분하여 논의할 필요가 있을까?
3. 여러 이민정책 도구들 중 내국인에게도 적용되는 것들은 무엇인지 토론해 보라.

CHAPTER 02

국제이주와 이민정책 이론

1. 국제이주 이론

2. 이민정책 이론

CHAPTER 02

국제이주와 이민정책 이론

본 장은 국제이주 현상과 이민정책을 설명하는 다양한 이론들에 대해 논의한다. 먼저 국제이주의 발생 및 지속 과정에 관한 이론으로서, 기능주의적, 역사·제도주의적, 대안적 관점의 이론들을 살펴본다. 다음으로 국가의 이민정책의 성립과 변화에 관한 이론들을 살펴본다.

1. 국제이주 이론

국제이주의 원인, 과정, 송출국와 수용국에 미치는 사회적 결과 등에 관한 연구는 매우 다학제적(multi-disciplinary)이다. 그 결과 국제이민 및 이민정책에 대한 이론도 한두 개의 포괄적이고 주도적인 이론이 존재하기보다는 학문적 배경에 따라 다양한 이론들이 제시되고, 비판을 통해 대안적 이론들이 생겨나는 모습을 보인다. 메시 등(Massey et al., 1993)은 국제이민에 대한 다양한 이론들을 체계적으로 정리 및 평가한 바 있는데, 후속 연구들도 이 분류를 대체로 준용하고 있다(예컨대, 조일준, 2016; de Haas et al., 2020; Collier, 2013). 본 장에서도 메시 등(Massey et al., 1993)의 분류를 토대로 주요 국제이주 이론을 소개하고자 한다.

1) 신고전경제학(Neoclassical Economics) 관점

국제이민 현상에 대한 신고전경제학파의 설명은 기능주의적(functionalist) 관점의 이주 이론을 대표한다. 우선 거시적 차원에서 이 모델은 국가 간의 사회·경제·정치적 격차에 의해 국제적 인구이동이 발생한다고 본다(Borjas, 1989). 이런 설명 틀은 '배출–흡인 모델(push-pull model)'로도 불린다. 즉, 출신국을 떠나게 만드는 배출요인(낮은 소득, 높은 실업률, 인구증가, 정치적 억압 등)과 수용국의 흡인요인(고소득, 고용기회, 정치적 자유 등)이 결합될 때 이주가 발생할 조건이 형성된다고 가정한다. 이주자 개인은 단지 소득이 높은 타 국가로 이주를 함으로써 자신의 인적자본(human capital)의 가치를 단숨에 증가시킬 수 있다. 국가 차원에서도 송출국은 자국민을 해외로 내보냄으로써 인구밀도와 실업률을 낮출 수 있고, 이민자 수용국은 자신들이 교육·훈련비용을 투자하지 않은 인적자원을 획득하는 효과가 있다.

이런 관점을 미시적 차원에서 적용해 보자면 이민은 개인이 자신의 효용을 극대화하기 위해 주어진 정보를 활용하여 자유롭게 내린 의사결정의 결과로 볼 수 있다. 예컨대, 만일 어떤 사람이 이민 목적지에서 기대되는 이익(benefit)이 본국을 떠남으로써 발생하는 비용(cost)보다 높다고 판단한다면 기꺼이 이민을 선택할 것이라 예상할 수 있다(Chiswick, 2000). 이 이론은 노동시장을 국제이민을 발생시키는 주된 기제(mechanism)로 보기 때문에 국가의 이민정책 목표도 노동시장에 개입(고용기회, 임금, 근로여건 조정)함으로써 달성하려고 한다.

이러한 국제이민의 발생 원리에 대한 기능주의적 설명은 직관적이고, 무엇보다 국제이민에 대한 일반 대중의 인식에 부합함으로써 설득력을 가진다. 그러나 이 이론의 한계 역시 명확하다. 거시적 차원에서 이 이론은 역사·제도적 요인을 간과함으로써 국제이민이 발생하는 복잡한 기제를 설명할 수 없다. 실제 국제이민의 지리적 흐름, 시기, 유형, 규모는 신고전경제학 이론의 예상과 상당한 차이가 있다. 이를테면, 예상과 달리 왜 가장 가난하고 인구밀도가 높은 나라에서 가장 부유하고 인구밀도가 낮은 국가로 이주가 발생하지 않는지, 왜 가장 기술수준이 낮은 가난한 사람이 국제이주를 감행하지 않는지, 또는 왜 이민자는 특정 국가를 선호하거나 선택하는지 이 이론으로는 충분히 설명할 수 없다(de Haas et al., 2020). 미시적 차원에서도 합리적 행위자로서의 이민자에 대한 가정은 비현실적이다. 개별 이민자는 수용국 사회에서 자신이 얻게 될 경제적 이득(소득)에 대한 충분한 정보를 가질 수 없으며, 본국을 떠남으로써 발생하는 비용에 대한 정확한 정보도 이주 결정 시점에 계산하기 어렵다.

2) 이주의 신경제학(The New Economics of Migration)

이주의 신경제학 이론은 신고전경제학 이론의 여러 가정과 주장을 비판하며 제시되었다. 국제이주에 대한 신경제학적 접근의 핵심적 내용은 이주는 개인의 자율적 결정이라기보다는 보다 넓은 사회단위(가족이나 공동체)에서 내려지는 집합적 의사결정이라는 것이다(Stark, 1991; Taylor, 1999). 이주는 단순히 개인이 더 높은 임금을 얻을 목적으로 내리는 결정이라기보다는, 가족 구성원의 일부를 해외로 보냄으로써 소득의 원천을 다원화하고 위험을 분산하기 위한 가족경제 전략 차원에서 내려지는 결정이라는 것이다. 예컨대, 어떤 가족이 예상치 못한 가뭄으로 흉년이 들어 소득이 급감한 상황에서 국가의 사회보장제도에 의해 생계를 보장받지 못하게 된다면 이들은 가족 구성원 중 하나를 해외로 보내 송금을 받는 방식을 고려하게 될 것이다. 빈곤국에서는 실업으로 인한 소득상실에 대한 사회적 안전망이 갖추어져 있지 않은 경우가 많기 때문에, 해외로의 이민(취업)은 소득상실과 같은 경제적 위험을 관리하는 방안이 될 수 있다.

신경제학 이론 역시 이주의 동기로서 경제적 고려를 중요하게 생각한다는 점에서 신고전경제학 이론과 맥을 같이한다. 그러나 이 이론은 다음과 같은 차별성과 기여점을 가진다. 첫째, 국제이주 현상을 분석하는 적절한 단위는 개인이라기보다는 가족 등 집단이라는 것이다. 둘째, 이주가 단순히 국가 간 소득격차에 의해 결정되는 것이 아니며, 이민 송출국의 국가정책 실패와 시장 실패는 국제이주에 대한 압력으로 작용할 수 있다는 점을 보여준다. 셋째, 신경제학적 접근은 이민자의 송금행위나 그것의 장기적 영향을 분석하거나, 이민, 개발(경제발전), 이민정책 간의 관계를 이해하는 데 있어서도 유용한 관점을 제공한다(Taylor, 1999).

3) 이중 노동시장 이론(Dual Labor Market Theory)

앞의 신고전경제학 이론과 이주의 신경제학 이론은 본질적으로 미시적 차원에서 경제주체들의 의사결정을 분석한 모델이다. 반면 이중 노동시장 이론은 국제이주의 발생 원인을 이주노동자를 필요로 하는 이민 수용국의 노동시장 구조에서 찾는다. 달리 말해, 국제이주는 이민자 유입국의 노동시장의 구조적이고 내재된 특징으로 인해 상시적(chronic)이고도 불가피한(unavoidable) 외국인 노동력에 대한 수요에 의해 발생한다고 보는 것이다(Piore, 1980).

산업화된 국가들의 노동시장은 위계적 구조를 가진다. 즉, 상위로 갈수록 숙련 및 전문직 근로자로 구성되어 있고, 하위로 갈수록 기술수준 및 전문성의 수준이 낮은 직업들 및 해당 근로자들로 구성되어 있다. 노동시장의 수요-공급은 이렇게 분절된 노동시장 구조에 의해 영향을 받게 된다. 소위 1차 부문(the primary sector) 노동시장은 소득 및 직업 안정성이 높아 수요 대비 공급이 원활하다. 반면 하위 부문(the secondary sector)은 노동집약적인 산업의 특성상 경기에 민감하게 반응하고 인건비를 낮춤으로써 이윤율 저하를 막으려 하기 때문에 직업 안정성 및 임금이 낮게 유지된다. 비록 인력 부족이 발생하더라도 사회적 기대와 질서를 무시하고 임금을 상향하는 것은 쉽지 않다. 따라서 저임금과 열악한 근로여건을 견디며 일할 수 있는 인력에 대한 장기적 수요는 계속 발생한다.

그러나 고도로 산업화된 국가에서는 과거와는 달리 저임금의 불안정한 일자리에 더 이상 내국인 십대나 여성 노동자들이 진입하지 않으려 한다. 인구학적 변동(저출산)과 교육의 확대로 인해 미성년자들의 노동시장 진입은 유예되고, 여성들도 노동시장에서의 기대 및 지위가 높아지면서 저임금 시장에서 빠르게 이탈하고 있다. 요컨대, 분절적인 노동시장으로 인해 하위 부문에서 갈수록 인력 부족이 발생하게 되지만, 내국인 인력들은 더 이상 해당 부문으로 진입하려 하지 않는다. 한편 빈곤국의 이주자는 내국인의 임금수준보다 훨씬 낮은 처우를 받더라도 국가 간의 임금 격차로 인한 이득이 크기 때문에 기꺼이 이주하려 한다. 따라서 산업화된 국가의 노동시장 위계구조의 아랫단에는 저임금(비전문) 외국인 노동자가 진입할 수 있는 틈새(niche)가 계속해서 만들어진다.

이중 노동시장 이론은 이민은 미시적 수준에서 개인이 내린 합리적 선택이라는 것을 부인하지 않는다. 그러나 국제이민은 공급자 측면보다는 수요자 측면에서 결정된다고 본다. 본국과 유입국의 임금격차보다는 유입국의 노동시장의 분절적 구조에 의해 수요가 만들어지는 만큼, 외국인이 진입하는 노동시장은 계속해서 저임금의 열악한 상태로 남아있을 가능성이 높다. 또한 약간의 임금상승으로 노동이민자의 유입을 조절하려는 이민 수용국의 정책 시도는 효과가 없을 가능성이 크다. 이중 노동시장 이론은 그 기여점에도 불구하고 국가 간의 이주를 경제적(노동시장적) 요인의 결합으로 과도하게 단순화한다는 비판을 받는다.

4) 세계체제 이론(World Systems Theory)

세계체제 이론은 마르크스주의 정치경제학 이론의 하나인 종속이론(dependency theory)에 뿌리를 두며, 1970~1980년대를 거치면서 포괄적 이론으로 정립되었다(Amin, 1974; Wallerstein, 1984). 세계체제 이론은 글자 그대로 세계를 하나의 체제(system)로 파악한다. 이 이론에 따르면, 세계체제(world-system)는 고도로 산업화된 중심부 국가들(core countries)과 저발전된 주변부 국가들(periphery countries)로 구성되어 있다. 중심부 국가들은 높은 수준의 기술과 자본집약적인 생산방식을 가진 반면, 주변부 국가들은 풍부한 천연자원을 가졌지만 기술수준이 낮고 노동집약적 경제구조를 가지고 있다. 이러한 구조적 격차로 인해 중심부 국가들은 주변부 국가들의 토지, 자원, 노동력을 착취하고, 주변부 국가들은 생존을 위해 중심부 국가에 의존한다. 이러한 종속적 관계는 불공정한 무역 등으로 인해 갈수록 심화된다. 특히 다국적기업들의 약탈적 사업운영은 저발전 국가의 경제를 취약하게 만들고, 주민들의 생활양식의 변화뿐만 아니라, 만성적 빈곤, 도시화, 인구유출(emigration) 등을 야기한다. 남아메리카의 여러 나라들에서 보는 바와 같이, 글로벌 자본은 종종 투자 대상국의 정치 엘리트들과 결탁하여 그 나라의 자원과 노동력을 약탈하고 경제적 의존상태를 유지하려고 한다는 비판을 받는다.

종속이론과 세계체제 이론은 역사-구조적(historical-structural) 관점에서 국제이주를 설명한다는 점에서 앞에서 살펴본 신고전경제학적 관점의 이주 이론들과 차별화된다. 세계체제 이론에 근거해 볼 때, 국제이주는 자본주의 중심부 경제와 저발전 주변부 경제 사이에 종속적 지배관계를 형성하고 영속시키는 메커니즘이 될 수 있다(Castles & Kosack, 1973; Cohen, 1987; Sassen, 1988). 선진국의 경제발전 과정에서 필요로 하는 인력을 저발전 국가로부터 획득하는 과정에서 저임금 노동자의 대규모 유출이 발생하게 되는데, 그 결과 빈곤국은 인력과 자원을 잃고 부유한 국가들은 이를 이용해 더욱 부유하게 되는 것이다. 중심부 국가가 해외로부터의 인력을 획득하는 방식과 정도는 식민지배의 역사, 정치적 압력, 군사적 지배 등 송출국과 수용국 간의 역사적 · 제도적 배경에 의해 결정된다. 영국과 프랑스가 과거 식민지로부터 이민자를 불러들인 것이나, 독일이나 미국이 전후 급속한 산업화 과정에서 상대적으로 가난한 인근 나라들로부터 인력을 동원한 것을 예로 들 수 있다. 또한 베트남전 참전을 계기로 발생한 베트남인과 한국인의 미국 이주도 역사-구조적 관점에서만 제대로 설명될 수 있다(조일준, 2016).

세계체제 이론은 경제력과 정치력의 불균형이라는 구조적 요소와 식민지배와 군사적 개입과 같은 역사적 요소를 통해 국제이주 현상을 설명한다는 점에서 기여점을 찾을 수 있다. 그러나 역사 · 구조(제도)적 관점의 이론들은 이주에 있어서 역사적 요인들을 절대화한다는 비판을 받는다. 신고전경제학파의 이론들이

시장 요인과 이주민 개인의 합리적 선택을 지나치게 강조함으로써 사회적, 제도적 요인들을 간과하였다면, 세계체제 이론과 같은 역사·구조적 이론은 결정론적 관점으로 인해 국제이주의 복잡성과 예측 불가능성에 대해 설명하기 힘들고, 이주에 대한 인간의 자율성을 무시한다는 비판을 받는다(de Haas et al., 2020).

5) 네트워크 이론(Network Theory)

이주민 네트워크는 친족관계, 친구관계, 동일 출신지 등의 연결고리를 통해 이주민을 다른 이주민과, 현재의 이주민을 과거의 이주민(former migrants)이나 본국의 비이주민(non-migrants)과 연결시키는 인간 관계망(inter-personal ties)으로 정의할 수 있다(Massey et al., 1993 : 6). 이 이론에 따르면 이주민들을 연결하는 사회적 네트워크는 이동에 수반되는 비용과 위험을 감소시킴으로써 국제이주를 증가시킨다. 이민을 고려하는 사람은 네트워크를 통해 이주지에 대한 정보를 얻거나 이주 후 적응을 위한 다양한 지원을 얻을 수도 있다. 이주민 네트워크는 새로운 이주자에게 정착국에 대한 지식, 숙소, 일자리, 개인적인 도움 등을 제공함으로써 이민자가 생존하고 적응할 수 있는 가능성을 높여주는 사회적 자본으로서 기능하는 것이다(de Haas et al., 2020).

이주민 네트워크가 활발해지면 수용국 내 이주민 공동체(diaspora community) 형성이 촉진되고, 이는 같은 국가 및 경로로의 추가적인 이주를 자극한다. 이주민 입장에서 낯선 새로운 길보다는 이미 닦여진 길(beaten paths)을 따라가는 편이 안전하기 때문이다(Stahl, 1993). 어떤 나라에 가족이나 친척이 이민을 가서 살고 있다면 후속 이민이 발생할 가능성이 커지고, 그 나라에 교포사회가 잘 형성되어 있다면 새로운 이주민이 성공적으로 정착할 확률도 높아질 것이다. 이런 이유 때문에 콜리어(Collier, 2013)는 디아스포라의 규모를 이주민 유입 규모와 속도를 결정하는 핵심적인 요소로 지목하였다. 그에 따르면 이주율은 디아스포라의 규모에 달려있는데, 디아스포라들이 주류사회로 동화되는 속도가 충분히 빠르지 않은 상황이라면 신규 이주민 유입 속도와 규모가 급속히 증가하게 된다.

네트워크 이론은 신고전경제학적 이주 이론이 설명하지 못하는 현상들, 즉 왜 가장 가난한 나라에서 가장 부유한 나라로 이주가 발생하는 것이 아니라 특정국가로 이주가 발생하는지, 왜 경제위기나 정책변화에도 이주가 지속되는지 상당 부분 설명이 가능하다. 이주민 네트워크는 수용국 사회에서 정착하고 사회경제적 지위를 획득한 디아스포라(와 그들의 사회 · 경제적 기반)에 의해 강화된다. 종종 이들의 정치적 개입으로 인해 국가의 이민정책이 의도대로 작동하지 않거나 변경되기도 한다. 최근 인터넷과 정보기기의 발달로 이주민 네트워크는 전 세계로 확장되고 실시간으로 작동하고 있다. 이를 고려할 때 국제이주에 미치는 네트워크의 영향력은 갈수록 커질 것으로 예상된다.

6) 제도 이론(Institutional Theory)

이주 과정에는 개인과 가족, 그리고 국가가 개입한다. 그러나 민간의 영리 및 비영리 조직들도 이주를 실현하는 데 있어 중요한 행위자들이다. 제도 이론은 이러한 중간 단계의 행위자들의 역할에 주목한다. 일반적으로 이민 수용국에서 받아들이려는 수에 비해 이주를 희망하는 사람의 수가 많기 때문에 특별히 영리 목적의 이주 중개업이 번성한다. 이런 사업들은 합법적인 경우도 있지만, 법을 피해 운영되는 경우가 많고 종종 착취와 범죄로 이어진다. 한편 인도주의적 목적으로 이주자의 권익을 옹호하고 이들의 입국을 돕는 비영리조직들도 수용국에서 출현하게 된다. 메시 등(Massey et al., 1993)은 이러한 영리 및 비영리 조직들(organizations)을 '제도(institutions)'라고 명명했으나, 국가의 공적 제도의 의미가 아니라 이주 중개자(migration intermediaries) 및 이민산업(the migration industry)을 지칭하는 표현임에 주의할 필요가 있다(de Haas et al., 2020 : 66).

영리 중개업의 경우 합법적 이주가 불가능한 경우에 여권이나 사증 등 관련 서류를 위조하거나 은밀한 이동 방법을 제공하는 등의 서비스에 대한 대가로 높은 수수료를 요구한다. 때로는 목적지에 도착한 이후에도 착취가 이어지기도 한다. 한편 인도주의적 조직들은 그들에게 쉼터, 법률상담, 사회서비스 등을 직접 제공하거나 연계한다. 시간이 흐름에 따라 이주 과정에 개입하는 영리 및 비영리 조직들의 활동은 일종의 안정적 제도로서 작동하며 국제이주가 지속될 수 있도록 기여하는 역할을 한다. 국제이주의 흐름은 애초에 이주를 야기한 요인들과 상관없이 점점 더 다양한 제도의 역할에 의존하게 된다. 이러한 이주의 제도화는 정부의 이민 관리를 어렵게 만든다. 예를 들어, 정부의 강력한 이주 통제는 도리어 이주 암시장(underground market)을 활성화시키거나 인도주의 기관·조직들의 저항에 직면할 수도 있다.

7) 이주체계 이론(Migration Systems Theory)

국가 간의 역사적 연결고리나 구조적 의존, 이주민 네트워크 및 이주를 지원하는 조직들의 성장 등의 요소가 결합되면 개인과 가족의 이주를 촉발하고 이를 안정적으로 지속시키는 시스템(migration systems)을 형성하게 된다. 시간이 흐르면서 이주는 뮈르달(Myrdal, 1957)이 '누적적 인과(cumulative causation)'라고 부르는 작용에 의해 영속적인 사회적 과정이 된다(Massey et al., 1993 : 451). 이주는 사회적 맥락(social context)을 변화시킴으로써 지속적인 이주를 만들어 낸다는 점에서 누적적(cumulative)이라고 묘사할 수 있다. 해외로 취업한 가족 구성원이 보내온 송금과 그것을 자원으로 한 연쇄이민은 이러한 누적적 인과과정을 보여주는 좋은 예이다. 가족의 생존전략으로 시작된 한 사람의 국제이민은 송출국 내 가족 간의 경제적 불균형을 만들어 내고, 이들의 성공 경험에 고무되어 다른 가족 구성원이나 또 다른 가족들이 이주를 떠날 수 있다. 이주민 네트워크를 통해 후속 이민을 위한 자금이나 정보를 얻게 된다면 이주는 지속적으로 발생할 수 있다. 드하스(de Haas, 2010)는 이주에 의해 발생됨과 동시에 추가적 이주를 촉발하는 사회적 역동을 '맥락적 환류기제(contextual feedback mechanisms)'로 개념화했다.

〈표 2-1〉에서 보는 바와 같이, 국제이주 현상을 지속시키는 환류기제는 이주민 집단, 출신국 사회, 수용국 사회의 세 수준(level)에서, 그리고 사회, 경제, 문화의 세 영역(domain)에서 작동한다. 국제이주에 의해 이주자 자신뿐만 아니라, 출신국 사회와 수용국 사회에서는 다양한 변화가 발생하고, 그 변화는 후속 이주를 촉발하는 맥락으로 작동한다. 주목할 점은 사회적 계층화나 노동시장의 변화 등과 같은 사회·경제적 맥락이 국제이주를 지속시키는 핵심 요인이지만, 국제이주에 대한 관념이나 정보의 전파에 의해 형성된 이주의 문화(cultures of migration)도 중요한 환류기제가 된다는 것이다. 필리핀에서 보는 바와 같이 해외이주가 사회적으로 폭넓게 수용되고 장려되는 문화가 형성되면 국제이주는 확산되고 지속될 가능성이 매우 높다.

〈표 2-1〉 국제이주 현상을 지속시키는 환류기제

수준(level)	영역(domain)		
	사회	경제	문화
이주민 집단	이주민 네트워크, 중개자와 이주산업	송금에 의한 이주	이주와 관련한 생각과 정보의 전파
출신국 사회	사회계층화, 상대적 박탈감	소득분배, 생산성, 고용	사회적 송금, 이주의 문화
수용국 사회	이주자 집단화, 통합, 동화의 유형	이주산업과 이주민 밀집 영역에 의해 생성된 이주노동력 수요	초국가적 정체성, 고국 출신 결혼상대자에 대한 수요

출처 : de Haas(2010), de Haas et al.(2020), p. 70에서 수정 재인용.

이상 살펴본 이주민 네트워크 이론, 제도 이론, 이주체계 이론은 신고전학파 이론들의 미시적(개인) 차원의 분석과 세계체제 이론이나 세계화 이론의 거시적 차원의 분석의 중간 수준에서 이주를 발생시키고 지속시키는 사회적, 문화적, 경제적 구조를 이해하는 데 유용한 관점을 제공한다. 그러나 이러한 대안적 이론들 역시 한계점이 있다. 이 이론들은 이주가 촉발되고 지속되는 과정을 잘 설명해 주지만, 이주의 흐름이 약해지고 정체되는 현상은 설명하기 어렵다(de Haas, 2010). 이주체계 이론의 가정대로라면 피드백 기제를 통해 이주는 무한히 증가하겠지만, 현실에서는 이주가 중단되거나 방향이 바뀌는 경우가 발생한다. 즉, 네트워크나 이주체계가 약화, 붕괴, 변화하는 조건에 대한 설명이 부족하다. 또한 이주자 네트워크가 새로운 이주자에게 당연히 호의적이라는 가정도 공격받는다. 디아스포라 내부의 결속이 강하면 외부자에 대해 배타적 태도를 취하게 되고, 그 경우 네트워크는 이주자를 지원하는 사회적 자본이 되기보다는 이주민 유입을 억제하는 문지기(gatekeeper) 역할을 할 수도 있기 때문이다(Collier, 2005).

지금까지 국제이주의 발생 원인과 과정을 설명하는 주요 이론들을 살펴보았다. 기능주의적 이론들은 이주는 국가 간의 경제적 격차를 이용하여 더 나은 삶의 기회를 찾아 떠나는 개인이나 집단의 자유로운 선택에 의해 발생하는 것으로 이해한다. 그러나 역사·구조적 관점에서 보면 국제이주는 경제적, 정치적 우위에 있는 국가들이 주변부 국가들로부터 자원(인력 포함)을 동원하는 과정에서 발생하는 구조적 현상이다. 한편 일단 시작된 이주가 지속되려면 새로운 메커니즘을 필요로 한다. 지속적 이주가 가능한 여건이 조성되지 않는다면 대규모의 인력이동도 단회적 이주로 끝날 것이다. 메시 등(Massey et al., 1993)은 임금격차나 상대적 위험과 같이 이주를 촉발시키는(initiate) 요인이라면, 이주민 네트워크(migrant networks), 이주를 지원하는 제도들(institutions), 이민으로 인한 누적적 사회 변화(social changes) 등은 이주를 지속시키는(perpetuate) 요인들이라고 주장하였다. 각 이론들이 나름의 기여점과 한계를 가지고 있음을 인지하면서 국제이주를 포괄적으로 이해하려는 노력이 필수적이다.

2. 이민정책 이론

개인이 이주 의사가 있고 사회적 네트워크나 이주 중개자들의 지원을 얻는다 하더라도, 이주는 오직 국가의 정책에 의해서만 최종적으로 실현될 수 있다. 국제적 인간의 이동은 무역이나 해외투자와 마찬가지로 정책적 공백(void) 상태에서는 발생할 수 없다(Hollifield, 2004). 심지어 불법적 이민조차도 정책의 부재에 의한 것이 아니라 이민을 통제하려는 국가정책의 결과로서 이해될 수 있다(Castles & Miller, 2009). 그런 측면에서 국제이주는 그 어떤 사회현상보다 정책의존적이다. 다음에서는 갈수록 국제이주가 국내 정치(와 정책)에서 핵심 쟁점화되는 배경을 설명하고, 개별 국가의 이민정책 결정에 관련된 이론들을 살펴본다.

1) 이민의 정치화(The Politicization of Migration)

국내 및 국제정치에서 국제이주의 중요성은 점증하고 있으며, 드 하스 등은 이러한 이민의 정치화를 이주의 시대를 특징짓는 현상으로 들고 있다(de Haas et al., 2020). 앞서 논의한 것처럼 소수자로서 이주민은 민주주의 국가들에서 권리 정치의 핵심적 어젠다임과 동시에, 집단으로서의 이민자는 수용국의 정책에 영향을 미치는 이익(압력)집단이 되기도 한다. 특히 이민의 역사가 긴 나라들에서 이민자가 수용국 사회로 통합되는 과정에서 다양한 갈등과 긴장이 발생한다. 최근(특히 2001년 9 · 11 테러 이후) 이민자에 의한 국제적 테러와 범죄 문제가 부상하면서, 국내정치 및 국제정치에서 이주의 안보화(the securitization of migration)가 심화되었다.

이민의 정치화는 반드시 이민자 통제 이슈에만 국한된 것은 아니다. 특정 목적을 위해 이민자를 더 많이 수용하자는 목소리도 정치적 지지를 얻기도 한다. 소위 '바람직한 이민자'의 대표적 예는 외국인 인재들(brain)이다. 세계경제가 통합되고 지식경제로의 전환이 가속화되는 가운데 국적을 불문하고 기술과 재능이 있는 전문인력의 확보를 위해 많은 국가들이 경쟁하고 있으며, 전문인력에게 특혜를 주는 방식으로 이민정책을 개혁하는 것은 이러한 노력의 한 부분이다(Collier, 2013). 이는 비전문인력을 최대한 억제하려는 기존의 정책 시도와는 대조를 이룬다. 이렇듯 이민정책은 여타 공공정책의 영역과 마찬가지로 국익을 실현하는 국가의 전략적 선택이며, 국·내외적 상황에 따라 끊임없이 변화하는 역동적인 것으로 이해되어야 한다.

2) 세계화(Globalization)와 이민정책

주권 국가는 자국의 정책에 대한 결정권을 가짐은 의심할 여지가 없다. 그러나 다양한 역학에 의해 국가를 사회현상 분석의 단위로 당연시하는 국가중심주의, 혹은 '방법론적 국가주의(methodological nationalism)'는 도전받고 있다. 그중 세계화(globalization)는 국가의 정책 자율성을 제약하는 강력한 힘으로 거론된다. 세계화는 "현대의 사회적 삶의 모든 부문에서 세계적 연결성(worldwide interconnectedness)이 넓어지고, 깊어지고, 빨라지는 현상"으로 정의될 수 있다(Held et al., 1999 : 2).

세계화라는 용어가 널리 쓰이면서 20세기 중반 이후 사회변동의 배경으로 세계화를 지목하는 것이 당연시 여겨지기는 하지만, 사실 세계화는 모호한 개념이고 관점도 다양하다. 세계화와 국제이주의 영향 관계도 다양한 측면에서 고찰될 수 있다. 교통 및 통신의 발달로 장거리 이동이 용이해지고, 타국의 임금수준, 고용기회, 생활환경 등에 대한 정보가 널리 공유되면서 국제이주의 가능성이 확대된다. 활발해진 국제적 인구이동은 역으로 다양한 네트워크를 통해 정보, 경제, 문화, 관념, 그리고 심지어 질병까지 세계 곳곳으로 확산시킨다. 이런 측면에서, 국제이주는 세계화의 결과이자 동인(drive)인 것이다. 이제 국제이주 현상과 그 영향으로부터 완전히 자유로운 국가는 없다는 점에서 이주는 확실히 세계화되었다고 평가할 수 있다(de Haas et al., 2020).

그렇다면 세계화로 인한 소위 지구촌과 세계시민의 출현은 개별 국가의 국경,

소속(국적, 정체성), 이민정책의 효력을 무력화하게 되는가? 그렇지 않다는 것을 우리는 잘 알고 있다. 강한 세계화주의자나 탈국가주의(post-nationalism)자들의 주장과는 달리, 국가와 국민 개념은 건재하고 국가의 정책도 여전히 유효하다. 실상은 세계화로 인해 국가의 위상이 약화되기는커녕 세계시장의 출현과 신자유주의적 세계화는 중심부 국가들의 입장이 관철되는 통로가 되고 있다(Weiss, 1977).

이민 수용국가는 이민정책을 포함한 다양한 정책수단을 동원하여 주변부 국가들로부터 필요로 하는 인력을 성공적으로 조달할 뿐만 아니라, 유입된 이주자들의 권리에 차등을 두는 계층화(stratification) 전략을 통해 이들의 체류, 정착 및 통합을 관리하고 있다(Glick Schiller & Salazar, 2013; Morris, 2003). 그러나 이주를 통제하고 관리하려는 국가의 정책시도가 항상 성공하는 것은 아니다. 국가 간의 사회·경제적 격차가 상존하고 유입국의 수요가 지속되는 상황에서 이주 욕구를 가진 개인이 네트워크와 이주산업의 도움을 얻을 때 이주가 발생하고 지속될 가능성이 언제나 존재한다.

이주를 결정하고 실행하는 과정에서 개별 이민자가 시장·사회·국가 및 세계체제가 허락하는 선택지 중에서 제한된 합리성(bounded rationality)을 발휘하는 것과 마찬가지로, 국가의 정책적 자율성도 이러한 세계체계의 역학 속에서 제약된다(설동훈, 2016). 설동훈(2016)은 개별 국가들의 정책적 자율성이 제한되는 방식을 세계체계 모형으로 설명한 바 있다. 그에 따르면 국제적 사회체계인 세계체계(world system) 안에는 이민 송출국 사회와 이민 유입국 사회가 있고, 각 사회는 국가(정부), 사회, 시장으로 구성된다. 시장은 세계적 통합과 자유로운 이동을 지향하는 데 반해, 사회와 국가는 국경으로 분리되어 있기 때문에 오직 제도적 환경이 조성되어야만 이동이 가능하다. 시장은 노동력을 상품화하는 노동시장을 통해 사회를 지배하는데, 국가 간의 발전 정도에 따른 노동력의 수요, 공급, 임금의 불균형으로 국제적 인구이동이 유도되고 지속된다. 그러나 사회가 인종적·문화적 동질성을 유지하려고 하는 경우 이질적 문화를 가진 이방인의 유입에 대해 저항하고, 선별적이고 통제된 이주를 지지함으로써 국가의 결정에 영향을 미친다. 한편 국가는 세계정부가 존재하지 않는 상황에서 정치적, 경제적 우위에 있는 국가들의 영향력에서 자유로울 수 없다. 국내적으로는 사회적 안정성을 유지함과 동시에 시장과 사회의 요구를 반영해야 하는 압력 속에서 자국 사회와 시장의 조건을 종합적으로 고려하여 이민정책을 수립할 수밖에 없다.

3) 자유주의의 역설(The Liberal Paradox)

국제이주를 통제하려는 국가의 이민정책의 어려움을 설명하는 대표적인 개념이 바로 홀리필드(Hollifield, 1992)의 '자유주의의 역설(the liberal paradox)'이다. 제2차 세계대전 이후 선진국 사회는 사회 구성원의 권리 확대를 추진해 왔다. 국내적으로는 차별을 철폐하고 모든 시민의 권리를 확장하는 입법이 진행되었고, 당사자, 정치권, 시민사회가 함께 권리 확대에 적극적으로 동참했다. 국제적으로도 '세계인권선언(1948)'을 시작으로 인간의 보편적 인권을 신장하려는 노력이 다방면으로 진행되었다. 적어도 북미와 유럽 등 산업화 국가들에게 20세기는 권리정치(rights-based politics)의 시대였다(Hollifield et al., 2014). 권리확대를 위한 법적, 정치적 노력은 이주민의 권리에 대한 인식 변화와 차별적 국적법 및 이민정책의 자유화를 불러왔다. 이러한 권리정치의 결과로 인종주의적이고 반이민적인 목소리와 세력은 정치적 입지가 축소되고, 대신 자유주의적 다문화주의(multiculturalism)가 대두되었다(Kymlicka, 1995).

이제 국가는 이민(자) 관리에 있어 경제적 이유로 인한 개방(open)과 권리보장을 위한 일정 수준의 정치적 · 권리적 폐쇄(closure)를 동시에 실현해야 하는 역설적 상황에 놓이게 되었다. 이주민을 수용하거나 배제하는 선택은 이제 예전처럼 정치적 목적대로 자유롭게 할 수 없게 되었다. 외국인을 새로운 사회적 구성원으로 인정하는 문제나 원하지 않는 이민자를 제한하고 추방하는 것은 권리보장을 위해 수립된 자유주의적 입법과 충돌할 가능성이 높아졌다. 입법부와 사법부의 독립성이 보장된 이들 국가들에서 이민자의 권리는 점점 확대될 수밖에 없고, 이민정책 역시 폐쇄보다는 개방의 방향으로 진행될 수밖에 없게 된 것이다. 홀리필드(Hollifield, 1992)의 이러한 분석은 미국처럼 다원주의적 정치체계가 확립된 국가의 이민정책 변화(실패)를 잘 설명한다. 프리만(Freeman, 1995)의 '이해관계 주도 모형(interest-driven model)'이 보여주는 것처럼 인권과 권력분립을 지지하는 자유주의적 헌법, 경쟁적 정당제도, 활성화된 이익집단이 결합할 때 자유주의적 역설은 심화된다.

그러나 정부는 구성원의 권리 보호(확장) 외에도 국가의 안전을 보장하고 경제적 번영을 유지해야 하는 책임도 있다. 그렇기 때문에 정부가 이민정책을 수립할 때도 국가의 다양한 기능과 역할 사이에서 타협점을 찾아야만 한다(Boswell, 2007). 즉, 안보를 이유로 특정 이민자의 유입을 통제하거나 이주민의 권리를 제약할 수도 있고, 경제적 목적을 위해 노동이민자를 선별적으로 수용할 수도 있는 것이다. 국가의 이민정책은 단순히 이익집단(고객)정치의 산물이 아니며, 다양한 이해관계와 제약조건하에서 정부가 상당한 자율성을 발휘하여 산출한 결과인 셈이다. 한 걸음 더 나아가, 설동훈과 스크렌트니(Seol & Skrentny, 2009)는 국가가 이민정책을 결정하는 과정에서 국내법 체계나 이익집단의 영향 외에도 문화적 변수, 이주민과 시민들의 인식, 초국가적 제도와 송출국의 압력이 포괄적으로 영향을 미친다고 주장하였다.

4) 이민레짐(Migration Regime)

어떤 기준(정책의 논리, 구조, 결과 등)에 따라 특정 정책이나 국가를 분류하고 유형화하려는 시도를 '레짐(regime)' 연구라고 부른다(Esping-Andersen, 1990 : 26; Lister et al., 2007 : 2; Williams & Gavanas, 2008 : 15). 개별 국가의 이민정책 역시 각국의 역사적 배경과 제도적, 문화적, 제도적 유산(legacy)과 특징을 반영하여 형성된다는 점에서 레짐연구의 대상이 될 수 있다(Boucher & Gest, 2015; Sainsbury, 2012; Williams, 2012).

예를 들어, 윌리엄스(Williams, 2012)는 이민레짐은 출입국정책, 체류 및 귀화 정책, 이주민 고용 관련 정책, 사회(복지)권 및 정치권, 소수자 관련 규범과 문화 등 다양한 지표(indicators)에 따라 분석될 수 있다고 주장하였다. 같은 맥락에서 김규찬(G. Kim, 2018)은 이러한 분석 지표들을 '유입 및 체류(admission and residency)' 영역과 '정착 및 통합(settlement and integration)' 영역으로 분류하고, 각 영역별 정책의 내용과 특징에 근거해 한국의 이민레짐을 분석한 바 있다(표 2-2 참조).

앞에서 살펴본 것처럼 이민은 정책 의존적 현상이며, 이민레짐의 형성과 변화는 한 국가의 역사, 제도, 문화적 배경의 영향을 크게 받는다. 달리 말해, 정치제도나 복지제도처럼 이민레짐도 경로의존적(path-dependent)이라고 볼 수 있다. 이민레짐과 경로의존성의 개념은 특정 국가의 이민정책의 역사와 내용을 이해하고 향후 진화의 방향을 예측하는 데 상당히 유용한 개념이라고 할 수 있다.

〈표 2-2〉 이민레짐 분석틀

영 역	유입 및 체류 정책	정착 및 통합 정책
의 미	이주민 입국과 체류의 조건과 권리사항을 규정하는 제반 정책들	이주민이 시민권(citizenship)을 얻거나 사회 구성원으로 수용되는 것과 관련한 권리와 정책
지 표	• 입국, 출국, 체류 규정 • 선별 규정 : 할당이나 기술수준 등 • 동반자에 관한 규정 • 경제적, 사회적, 시민적 권리에 관한 규정	• 이주민과 동반자의 국적취득(naturalization) 규정 • 특정 이주민 집단에 적용되는 특혜규정 • 이주민과 그 가족들의 사회통합을 지원하는 정책 • 이주민에 대한 반차별 조치(다문화주의 정책 등)

출처 : G. Kim(2018), p. 107에서 보완.

Discuss

1. 이주 결정을 내리는 주체와 과정에 대해 경험과 사례를 토대로 설명해 보라.
2. 여러 국제이주 이론들 중 한국으로의 이주민 유입 현상을 설명하기 위해 가장 설득력 있는 이론은 무엇이라고 생각하는가?
3. '자유주의의 역설' 개념을 한국의 상황에도 적용할 수 있을지 토론해 보라.

CHAPTER 03

이민정책의 역사적 전개

1. 국제이주의 역사
2. 전후 이민정책의 전개

CHAPTER 03

이민정책의 역사적 전개

이번 장에서는 국제이주의 역사를 주요 분기점을 기준으로 간략히 살펴본 다음, 1945년 이후의 이민국가 유형별 국제이주의 흐름과 이민정책의 주요 변화 내용을 논의한다. 국제이주의 역사적 맥락과 국제적 경향을 이해하는 것은 앞으로 한국 이민정책을 평가하고 발전 방향을 정립하는 데 도움이 될 수 있을 것이다.

1. 국제이주의 역사[1]

인간의 역사는 이주의 역사임에 틀림없다. 고고학적 증거와 사료들은 인류의 지리적 이동의 역사를 수백만 년 전으로 이끌어 간다. 전쟁, 정복, 제국과 국가의 형성과 몰락의 인간 역사는 모두 자발적 혹은 비자발적 이주의 역사와 맞물려 있다(de Haas et al., 2020). 국민국가의 출현 이전에도 이주는 이미 글로벌한 현상이었다. 그러나 1648년 체결된 '베스트팔렌 조약(Peace of Westfalen)'을 기점으로 국경을 토대로 한 주권국가, 소위 '국민국가(nation state)'가 출현하면서 비로소 법

1 이주의 중요성에 불구하고 이주의 역사에 관한 포괄적인 연구는 드물다(이혜경, 2016b). 이하 본 장의 내용은 별도로 출처를 밝힌 경우를 포함하여 드 하스 등(de Haas et al., 2020)에 크게 의존하고 있음을 밝힌다.

적, 제도적 의미에서 '국제적(inter-national)' 이주가 성립되었다고 볼 수 있다. 이후로 국경을 통제하고 국익의 극대화를 위한 인간과 자원의 이동을 관리하는 것(즉, 이민정책)이 국민국가의 핵심적 기능의 하나로서 중요성이 커지게 되었다(Hollifield et al., 2014). 장구하고 보편적인 이주의 역사를 제한된 지면에서 모두 다루기는 어렵기 때문에, 여기서는 이민정책적 측면에서 중요한 시기, 지역, 국가들을 중심으로 기술하도록 하겠다.

1) 제국주의와 이주

제국주의(imperialism)는 군사적, 정치적, 경제적 힘의 우위를 통해 다른 민족이나 국가로 지배권을 확산시키려는 패권주의 정책을 의미한다. 제국주의는 17세기 후반 유럽에서 시작되어 20세기 초에 걸쳐 나타났다. 제국주의는 언제나 상당한 규모의 자발적, 강제적 이주의 증가를 야기했다. 예를 들어, 과거 로마제국, 오스만제국, 중국제국의 군사적 정복을 통한 영토의 확장은 대규모의 인구 이동과 문화적 동화 혹은 상호 교환을 수반하였다. 유럽의 근대 제국주의 역시 이러한 과정을 동반하였으며, 제국주의로 인해 형성된 인구, 정치·경제, 문화적 지형은 오늘날 우리에게 익숙한 세계체제의 밑그림이 되었다(de Haas et al., 2020).

유럽제국들의 식민주의(colonialism)는 크게 두 방향의 이민 흐름을 낳았다(이혜경, 2016b). 첫째는 유럽인들의 아프리카와 아시아로의 이주이다. 이들은 식민지 개척과 운영에 소요되는 선원, 군인, 농부, 무역상, 선교사, 행정가로서 일시적 혹은 영구적으로 이주했다. 예를 들어, 17세기 네덜란드 동인도 회사(the Dutch East India Company)의 직원들의 절반가량은 네덜란드인이 아니라 독일의 빈곤지역 등 유럽에서 온 이민자들이었다(de Haas et al., 2020). 이들은 이주 과정에서 질병과 사고로 사망할 확률이 높았고 식민지에서 매우 고달픈 생활을 해야 하는 경우도 많았다. 하지만 식민지는 이들에게 유럽 본국에서의 빈곤을 벗어나 새로운 삶을 살 수 있는 기회를 제공했다.

둘째 흐름은 아프리카 노예들의 식민지로의 이동이다. 식민주의는 가장 폭력적인 강제이주의 하나인 노예제도에 의해 지탱되었다고 해도 과언이 아니다. 물론 노예나 농노(serf)는 고대로부터 존재했지만 근대 식민주의에 의한 '동산 노예제'[2]는 17세기 후반부터 19세기 중반까지 신대륙의 대규모 농장(plantations)과 광산 개발에 필요한 노동력을 조달하기 위해 조직적으로 운영된 일종의 산업전략이었다. 신대륙에서 노예들에 의해 생산된 설탕, 담배, 커피, 면화, 금 등은 영국, 프랑스, 스페인, 네덜란드와 같은 제국들의 경제적 · 정치적 힘의 원천이 되었다(de Haas et al., 2020). 식민주의 노예제도에 의해 아프리카 등지에서 납치되거나 매매된 노예들이 서인도 제도나 북 · 남미의 농장으로 실려 갔다. 1850년 무렵까지 1천2백만 아프리카 노예들이 아메리카 대륙으로 옮겨진 것으로 추산된다(Lovejoy, 1989). 그 결과 남미, 카리브 해안지역, 미국 남부 등에 대규모의 아프리카계 인구집단이 형성되었다(de Haas et al., 2020).

19세기 후반에 이르러 노예들은 점차 '부자유 계약노동자(indentured workers)'로 대체되었다. 쿨리(coolie)라고도 불리는 이들은 계약에 의해 특정 고용주에게 귀속되어 일정 기간 동안 근로를 제공하는 노동자들을 일컫는다. 이들은 형식적으로는 급여를 받고 노동력을 제공하는 근로자이지만, 계약과 함께 채무를 지고 이를 다 갚을 때까지 속박을 당하기 때문에 마치 오늘날의 인신매매와 같은 상황에 놓이게 되는 경우가 빈번했다. 부자유 계약노동자로서 신대륙으로 이주한 많은 인도인과 중국인들이 현지에 정착하게 되면서 거대한 디아스포라를 형성하게 된다(de Haas et al., 2020). 이 제도는 20세기 중반까지 주요 제국주의 국가들에 의해 여러 식민지에서 활용되었다. 이후 플랜테이션 농업의 쇠락과 제1차 세계대전 이후 자발적인 노동이주가 증가하면서 점차 사라지게 된다(de Haas et al., 2020). 노예제의 폐지와 함께 해방된 노예들과 부자유 계약노동자들은 식민지에서 새로운 정착민으로 뿌리내리게 된다. 이들 식민 지역에서는 제국 정부의 억압에도 불구

2 인간을 재산(chattel)이나 상품(commodity)으로 간주하여 법적으로 소유하는 제도를 '동산 노예제도(chattel slavery)'라 하는데, 노예들은 개인 가정이나 산업체(농장, 공장, 광산 등)에서 강제 노동을 제공했다.

하고 유럽인과 아프리카 노예들 간의 인종적, 문화적 결합이 진행되면서 '크레올화(creolization)'[3]라고 불리는 문화적 융합이 진행되었다(Cohen, 2007).

2) 산업혁명과 이주

식민지 수탈을 통해 서유럽에 축적된 부는 18~19세기 산업혁명을 촉발하는 자본(capital)이 되었다. 18세기 중반 영국에서 시작된 산업혁명은 서양 역사가 근대(the late modern period)로 이행하는 분기점이 되었다. 이 시기에 중세의 신분질서와 경제제도가 붕괴하고 공업과 상업을 중심으로 한 자본주의 경제체제가 확산되기 시작했다. 지주들의 인클로저(the enclosure)로 땅을 잃은 농부들, 도시 빈민들 및 영세 수공업자들은 시장에서 자신의 노동력을 팔아서 생계를 유지해야 하는 노동자계급(proletariat)으로 전환되었다.[4]

산업혁명과 자본주의는 농촌과 농업을 기반한 사회에서 도시화 및 산업화 사회로의 변천을 의미했다. 이 과정에서 먼저 농촌을 떠나 도시로 이동하는 대규모 국내이주가 발생하였다. 그러나 교통과 통신의 발달로 비교적 저렴한 비용으로 원거리 이동이 가능해짐에 따라 유럽 내 타 도시로 이동하거나, 유럽을 떠나 북·남미, 호주 및 뉴질랜드, 그리고 아프리카 동·남부의 식민지로 이주하는 사람이 생겨났다(Stalker, 2000). 앞서 언급한 대로 이러한 자발적인 노동이민자의 증가는 부자유 계약노동자 제도의 붕괴를 가져왔다.

산업혁명의 정점에서 가장 두드러진 유럽인들의 해외이주 흐름은 대서양 건너 미국으로의 이주이다. 1880년대까지 미국으로의 이민은 거의 통제되지 않았기

3 '크레올(creol, criollo)'이라는 말은 본래 순수 유럽계통 사람이기는 하지만 아메리카 대륙에서 태어난 사람들 또는 유럽 이외의 지역에서 태어난 사람들을 가리킨다. '크레올화'는 카리브해를 중심으로 한 아메리카 대륙, 아프리카의 일부, 인도·미얀마·베트남, 호주를 비롯한 동남아시아 지역에서 식민지 본국과 피식민 사회의 관계 안에서 장기간에 걸쳐 서로 영향을 주고받으면서 새로운 문화(언어 등)가 형성된 과정을 가리킨다(네이버 문학비평용어사전, 2006).

4 영국의 경우 노동력이 있는 빈민들은 작업장에서 강제노역을 했고, 아동들은 무급의 도제(apprentice)가 되어 최소한의 생계를 제공받는 대신 노동을 해야 했다(조흥식 외, 2016).

때문에 많은 사람들이 이 기회의 땅에서 새로운 삶을 살기 위해 이주를 감행했다. 19세기 중반까지 영국, 아일랜드, 독일, 스칸디나비아 국가들, 북동유럽 출신 이민자들이 대서양 횡단 이주 흐름을 주도했으나, 도시화와 산업화가 심화되고 인구구조가 변화되면서 이 국가들로부터의 이주가 점차 감소하기 시작하였다(de Haas et al., 2020). 이후 다른 유럽 국가나 멕시코가 새로운 이민자 출신국으로 중요해졌다. 중국 이민자들은 주로 미국 서해안에 정착했으나, 철도 건설에 동원되면서 서서히 내륙으로 이동하였다. 마찬가지로 멕시코인들의 이주도 처음에는 남부 국경 지역에 집중되었으나 철도건설에 고용되면서 점차 북부로 확산되었다.

캐나다는 18세기 후반부터 영국, 프랑스, 독일, 그리고 북유럽 국가들로부터 이민을 받아들였다. 많은 아프리카계 미국인들도 노예제를 벗어나기 위해 국경을 넘어 캐나다로 이주했다. 19세기에는 골드러시(gold rushes)가 이민을 자극했다. 19세기 후반부터는 중국, 일본, 인도로부터의 이주가 증가하였다. 중국인들은 주로 서부 해안에 정착하여 캐나다 철도 건설에 참여했다. 1866년부터는 아시아 이민자를 통제하기 위한 일련의 조치들이 취해졌는데, 대영제국 출신, 미국 시민, 캐나다인의 가족과 영주권자의 이주는 유지하는 반면, 남·동유럽 출신의 이주는 억제되었고, 1923년부터 1947년 사이에는 아시아 이주민의 유입이 전면 금지되기에 이르렀다(Kubat, 1987).

산업혁명 이후 아르헨티나, 브라질 등 남미도 중요한 유럽계 이민자들(주로 스페인과 이탈리아 출신)의 정착지가 되었다. 남미로의 이주는 19세기 후반부터 본격화되었으며, 1910년대까지 증가세를 유지했다. 이후 경제 상황에 따른 등락이 있었지만 대체로 북미로의 이주와 유사한 패턴을 보여준다(de Haas et al., 2020 : 104). 그러나 제2차 세계대전 이후 북미로의 이주는 계속 증가한 반면, 남미로의 이주는 감소세로 돌아선다.

호주는 1788년 영국의 식민지가 되었으며, 이주민은 호주의 경제적 발전과 국가성립에 필수적 요소가 되었다. 식민지로서 호주는 대영제국에 양모, 밀, 금 등 원자재 공급자 역할을 했다. 원자재 생산을 위해 제국 정부는 죄수들을 호주로 강제이주 시킴으로써 노동력을 공급했으며, 나중에는 죄수 외에도 가사노동을 위한 (여성)노동자들을 유럽으로부터 이주시켰다. 이후 인구학적 변동 등으로 영국으로부터 직접적인 인력공급이 어려워지자, 중국, 인도, 남태평양 섬나라들로부터 저렴한 노동력을 조달하기 시작했다. 호주 내 중국 및 다른 아시아 노동자에 대한 태도는 대체로 적대적이었는데, 1901년 의회에서 '백호주의(the White Australia) 정책'이 통과되면서 인종차별적 관행이 제도화되기에 이른다.

뉴질랜드는 1830년부터 영국출신 이민자들의 정착지가 되었다. 1974년까지 영국인의 입국은 제한되지 않았으나 다른 외국인은 특별 허가가 필요했다. 소수의 중국인 노동자들이 입국했으나, 호주와 마찬가지로 엄격한 '백인 뉴질랜드 정책'이 고수되었고, 원주민(마오리족)과 비영국계 이민자는 차별받았다(de Haas et al., 2020). 아시아의 서양이라 불리는 호주와 뉴질랜드에서도 산업화와 민주화가 진전되었지만, 이와 동시에 이주민들에 대한 혐오(xenophobia) 정서를 토양으로 인종차별적 이민정책들이 도입되었다(de Haas et al., 2020).

한편 유럽인들의 역내 이주 또한 자국 내 이주나 해외로의 이주와 함께 활발해졌다. 이러한 전반적인 인구 이동의 증가는 산업화와 이에 동반한 사회적 변화의 필연적 결과였다. 많은 서유럽인들이 해외로 기회를 찾아 떠나자, 유럽 주변 국가들(폴란드, 아일랜드, 이탈리아 등)에서 이들의 노동력 공백을 메우기 위해 서유럽으로 이주했다. 예컨대 영국은 빠른 산업화로 농촌으로부터의 인력 차출이 어려워지자 가장 가까운 식민지인 아일랜드에서 노동력을 동원했다. 엥겔스(Engels, 1962)는 아일랜드 노동자에 의해 영국의 임금이 하락하고 노동조건이 열악해진다고 주장하기도 했다. 이처럼 아일랜드인에 대한 적대감과 차별은 20세기까지 흔했는데(이런 상황은 호주에서도 마찬가지였다), 1945년 이후 새로운 인종적 위계질서가 성립되면서 아일랜드인에 대한 차별은 흑인과 아시아인 노동자에 대한 차별로 대체되었다(de Haas et al., 2020). 한편 러시아로부터의 유대인(Jews) 이민자의 유입과 정착은 영국에서 이주민에 대한 최초의 억제적 정책이 입법되는 계기가 되었다(Garrard, 1971).

독일은 산업화 과정에서 이탈리아, 벨기에, 네덜란드, 폴란드 등으로부터 대규모로 외국인 노동자를 모집했다. 영국에서의 아일랜드인은 대영제국의 신민(subjects)으로서 적어도 법적으로는 다른 노동자들과 차별받지 않았던 것과는 대조적으로, 독일로 유입된 외국인 노동자들은 '외국인'이라는 지위로 인해 다양한 차별을 받았다. 결과적으로 성공하지는 못했지만 독일 정부는 이들이 가족을 동반하거나 영구히 정착하지 않도록 애썼다. 이러한 정부의 시도는 이후 나치(the Nazis) 치하의 강제노동과 1955년 이후 독일의 초청노동자제도(guestworker system)에서도 계속되었다(de Haas et al., 2020).

프랑스는 주로 인접한 이탈리아, 벨기에, 독일 및 스위스로부터, 나중에는 스페인과 포르투갈로부터 이주민을 받아들였다. 이들은 대부분 자발적 이주자였으며, 농업, 광산, 제철 등 내국인 노동자들이 꺼리는 직종에 투입되었다. 프랑스는 산업혁명 시기에 이미 낮아진 출산율로 인해 노동력 부족을 겪었고, 외국인 노동자의 고용을 통해 산업화를 지속할 수 있었다(de Haas et al., 2020). 흥미롭게도 프랑스는 인구학적 변동으로 인한 노동력 부족으로 유럽의 산업혁명기에 대규모의 인구 유출을 경험하지 않은 예외적 국가가 되었다.

3) 세계대전 시기의 국제이주

제1차 세계대전의 발발은 1870년경 시작된 첫 번째 세계화의 종식을 의미함과 동시에 경제위기, 민족주의, 외국인 혐오, 전체주의(파시즘, 공산주의)의 시대를 열었다(de Haas et al., 2020). 강력한 민족주의는 이민자에 대한 적대감과 유럽과 북미에서 민족적, 종교적 소수자(minority)를 형성시키는 결과를 낳았다. 1918~1945년 사이에는 경제위기(대공황), 경제적 보호주의, 이민제한 조치(인종차별적인 배제법과 출신국가별 이민 할당제 등)로 인해 국제 노동이주가 대체로 감소했다(이혜경, 2016b). 이 시기에 현대적인 여권(passport) 시스템이 확립되는 한편(Torpey, 1998), 이민정책의 초점이 유출관리에서 유입관리로 이동했다(Zolberg, 2007).

그러나 경제위기와 이민통제가 국제이민을 완전히 중단시키지는 못했다. 많은 이민자들이 참전을 위해 본국으로 귀환했다. 독일과 러시아 등은 점령지에서 현지인을 징집하였고, 프랑스는 아프리카와 인도차이나 및 중국에서 노동자와 군인을 모집하였다. 더불어 모든 전쟁 당사국들은 전쟁포로를 강제노동에 동원하였다. 프랑스의 경우 징집과 전사자로 노동력 부족이 심화되면서 전쟁기간 중에도 이민유입 증가를 경험하였다(de Haas et al., 2020). 하지만 프랑스는 세계대전 이전의 허용적 이민 제도로 돌아가는 대신 통제적인 노동이민정책을 발전시켰다(Home, 1985).

1929년부터 시작된 대공황으로 일자리가 부족해지면서 외국인에 대한 적대감이 높아지는 상황에서 자국 노동자에게는 특혜를 부여하고 외국인 노동자는 차별하는 정책들이 곳곳에서 수립되었다. 미국은 유럽 출신을 제외하고는 이민자 유입을 극단적으로 제한하는 조치를 취했다. '출신국가별 할당제(national-origins quota system)'를 통해 1960년대까지 대규모 이민유입을 막았다. 동시에 이민자의 미국인화(Americanization), 즉 모든 이민자들이 영어를 배우고, 충성스러운 미국인이 되도록 요구하는 정책을 마련했다. 하지만 농업부문 등 노동력 부족을 겪는 분야를 위해 단기취업 이주노동자를 계속 받아들여야 했다. 대표적으로 멕시코로부터 저숙련 단기취업 노동자를 동원하기 위한 제도였던 브라세로(Bracero) 프로그램이 1942년부터 1964년까지 지속되었다.

제2차 세계대전과 나치 점령기에 대부분의 유럽에서는 전례없는 규모의 강제이주와 대량학살이 벌어졌다. 나치 정권은 군복무를 위해 징집된 독일인 노동력을 대체하기 위해 외국인 노동자를 모집(주로 강제적인 방법으로)했으며, 이러한 강제동원은 독일 점령지 대부분에서 벌어졌다. 한편 유대인에 대한 인종학살(genocide)인 홀로코스트(the Holocuast)로 6백만 명의 유대인이 살해당했다. 안타깝게도 당시에는 미국에서도 난민에 관한 법·제도가 없었으므로 유대인 난민을 도울 방법이 없었다(de Haas et al., 2020). 유럽 외 지역에서는 1931~1945년 사이 일본에 의한 아시아인들의 강제 동원 및 이주가 있었다.

양차 대전기는 전쟁에 의한 대규모 인명 손실과 강제적 인구 이동의 시기였다. 이런 참혹한 경험을 통해 삶의 터전의 상실(displacement) 위기에 효과적으로 대응하기 위한 국제사회의 노력의 일환으로 국제이주기구(IOM : the International Organization for Migration)와 유엔난민기구(UNHCR : the United Nations High Commissioner of Refugees)가 출범하게 된다.

2. 전후 이민정책의 전개

양차 대전을 거치면서 세계사는 현대(the modern period)로 이행하게 된다. 1945년 이후 재편된 세계질서에 의해 이주의 방향과 규모가 변화하고, 각국의 이민정책도 새로운 정치적, 경제적 도전에 대응하면서 변화를 거듭하게 된다. 드 하스 등(de Haas et al., 2020 : 217)은 1945년 이후 유럽을 중심으로 한 국제이주의 변화를 주요 역사적 변곡점, 즉 1973년 석유위기, 1989년 냉전종식,[5] 그리고 2008년 글로벌 경제위기를 기준으로 다음과 같이 네 시기로 구분하였다.

- 1945~1973년 : 세계대전 종전 후 유럽 식민주의의 쇠퇴와 급속한 경제성장, 유럽에서 북미 및 오세아니아로의 이주 감소, 과거 식민지(아프리카, 아시아, 카리브 지역 국가들)로부터의 이민 유입 증가, 서유럽 산업국가들의 지중해 국가 출신 초청노동자 고용
- 1973~1989년 : 석유위기로 인한 경기 침체 및 산업 재구조화, 이주노동자와 그 가족들의 정착, 사회주의 국가 출신들의 동유럽으로의 이주
- 1989~2008년 : 냉전의 종식과 소련의 해체, 솅겐지역(Schengen zone) 설정과 EU 확대로 인한 동-서 이주와 유럽 역내 이주의 증가, 남유럽으로의 노동이주 증가, 유럽 전역에서의 '이주의 정치화'

5 1989년 말타(Malta)에서 열린 미국의 부시(George Bush) 대통령과 소련의 고르바초프(Mikhail Gorbachev) 대통령 간의 회담(말타 회담)을 냉전체제 소멸의 시점으로 볼 수 있다.

- 2008년 이후 : 2008년 경제위기로 유럽 내 경제 강국(영국, 독일 등)으로의 이주 증가, 난민 및 미등록이주자에 대한 정치화 및 안보화(securitization)

제2차 세계대전 종전과 함께 냉전체제가 수립됨으로써 세계는 미국과 러시아를 중심으로 두 개의 진영으로 갈라지게 되었다. 이 냉전체제는 1990년 동·서독 통일 및 1991년 소련의 해체로 막을 내렸다. 냉전기간 동안은 각 진영 내 주변부 지역에서 중심부 국가(미국, 소련)로의 이주만 발생했던 시기이다(이혜경, 2016b). 자본주의 진영 내 이주는 전후 급속한 경제성장 과정에서 서유럽 국가로의 대규모 이주노동자 유입을 특징으로 한다. 이후 두 차례의 주요 경제위기(1973년 및 2008년)를 분기점으로 국제이주의 유형과 흐름, 그리고 각국의 이민정책은 상당한 변화를 경험한다.

전후 국제이주의 역사를 이해하는 데 있어 비교적 유사한 역사적 배경과 제도적 특징을 가진 이민국가들을 유형화해서 접근하는 것이 유용하다. 일반적으로 미국, 캐나다, 호주 등 국가 및 국민이 이주를 배경으로 성립된 나라들을 '전통적 이민국가(classical immigration countries)'(Freeman, 1995) 혹은 '이민자 국가(nations of immigrants)'(Hollifield et al., 2014)라고 부른다. 한편 독일, 프랑스 등 서유럽 국가들은 주로 제2차 세계대전 이후 초청노동자(guest-workers) 형태로 이민자를 받아들이면서 이민국가가 된 나라들로서, 상대적으로 최근에 이민유입국가가 된 나라들과 구분하기 위해 '선발 이민국가'로 불린다(이혜경, 2016). 또한 1980년대 들어 급속한 산업화와 민주화를 겪으며 현저한 이민자 유입을 경험하고 있는 남유럽 일부 국가들과 및 한국, 대만, 일본 등 동아시아의 산업화 국가들은 '후발 이민국가(latecomers to immigration)'(Hollifield et al., 2014)로 분류된다. 다음에서는 이민(유입)국가들의 유형(전통적 이민국가, 선발 이민국가, 후발 이민국가)별 전후 이주의 흐름 및 이민정책의 변화를 간략히 살펴보겠다.

1) 전통적 이민국가들

이민이 국가성립의 토대인 전통적 이민국가에는 미국, 캐나다, 호주 및 뉴질랜드가 있다. 전후부터 1960년대 초반까지 유럽에서 이들 전통적 이민국가로의 이민은 다소 감소하였다. 그러나 미국의 경우 1965년 '이민 및 국적법(the Immigration and Nationality Act)'이 개정되면서 당시 비유럽인의 이주를 막기 위해 시행 중이던 출신국별 이민 할당제도가 폐지되었다. 그 결과 아시아와 남미로부터 이주민 유입이 크게 증가하였다. 캐나다 역시 1967년 비차별적인 점수기반 이민제도(points-based system)를 도입하면서 비유럽계 이민자에게 이민 문호를 개방하였다. 한편 호주나 뉴질랜드도 인종차별적인 정책을 점차 폐기하고 남유럽과 아시아를 포함한 다양한 국가로부터 이민(주로 영주 및 가족이민)을 받아들이기 시작했다. 요컨대, 1970년대 이후 전통 이민국가의 이민정책은 국가별 강조점의 차이는 있지만 가족(재결합)이민, 기술(전문직)이민, 인도적(난민) 이민이라는 세 가지 틀로 발전하게 되었다(이혜경, 2016b).

1973년 석유위기에도 불구하고 미국이나 캐나다로 향하는 이주의 흐름은 유지되었다. 미국으로는 멕시코를 비롯한 중남미와 아시아 출신 이민자 유입이 두드러졌다. 필리핀, 한국, 베트남으로부터의 이주는 미국으로의 이주 흐름에서 아시아인의 중요성을 크게 증가시키게 된다. 주목할 점은 이 나라들로부터의 이주는 해당 국가에 대한 미국의 군사적 개입과 헤게모니(hegemony) 확장과 깊은 관련성을 가진다는 것이다(de Haas et al., 2020). 필리핀으로부터의 이주는 마르코스(Marcos) 정부가 경제개발 전략의 일환으로 해외이민을 장려하는 정책을 폄으로써 촉발되었다(Zong & Batalova, 2018). 베트남으로부터의 이주는 베트남전쟁(1964~1975)으로 인해 발생한 대규모 난민을 수용하면서 크게 증가하였고, 이후 사회적 네트워크가 형성되면서 북미로의 이주 흐름이 지속되게 된다. 한편 한국으로부터의 이주는 1965년 미국의 이민 및 국적법 개정으로 기술이민과 가족이민이 가능해지면서 크게 증가했지만, 1980년대 초부터는 한국의 성공적인 산업화로 유출이민이 점차 줄어들게 된다(O'Connor & Batalova, 2019). 이 시기에 캐나다도 점수제를 도입하면서 그리스, 인도, 필리핀, 자메이카 등 기존의 북 · 서유럽 외 지역 출신 이주민들의 유입도 증가하기 시작했다.

1989년 냉전 종식 이후에도 북미와 오세아니아로 향하는 이주는 지속적으로 증가하였을 뿐만 아니라 출신국도 다양화되었다. 미국으로의 이주 흐름에는 멕시코, 중국, 필리핀 출신들의 비중이 높았다. 캐나다는 서방국가 중 개방적인 이민정책을 펴는 드문 나라로서 아시아, 아프리카, 중동에서 온 입국자가 크게 늘어난 반면 유럽 출신은 줄어들었다. 캐나다로는 주로 전문기술인력들이 주로 유입되고 있지만, 멕시코 출신 비전문(농업) 노동자들의 유입도 지속되고 있다. 한편 호주와 뉴질랜드로는 아시아 국가와 태평양 연안 국가들 출신이 많이 이주했다. 이민 유형 면에서는 경제적 이민을 강조하고 있지만 실질적으로 가족(재결합) 이민이 가장 중요한 이주 유형으로 자리 잡았다. 그 외 유학생(파트타임 근로 가능), 워킹홀리데이 및 단기 이주근로자도 꾸준히 유입되고 있다. 난민(비호신청자 포함) 등 인도주의적 이주도 전통적 이민국가들에게 중요한 이주의 흐름을 형성하고 있다. 9 · 11 테러 이후 전반적으로 난민 심사가 강화되었으나 인도주의적 이주는 지속되고 있다. 21세기에도 다양한 이주의 흐름이 전통적 이민국가의 경제, 문화, 안보, 정치 및 국가 정체성 측면에서 계속해서 지대한 영향을 미치고 있다.

2) 선발 이민국가들

유럽은 20세기 초반까지 대규모 이민 유출이 발생하는 지역이었다. 그러나 전후부터 1973년까지 과거 식민지나 남유럽으로부터 노동이민자 유입이 크게 증가하였다. 유럽연합(EU : European Union) 성립 후에는 역내 이주가 중요해지긴 했지만, 여전히 전 세계에서 다양한 유형의 이주민이 유럽으로 유입되고 있다.

구식민지로부터의 이민이 중요한 의미를 가진 국가는 영국, 프랑스, 네덜란드이다. 영국은 아일랜드, 카리브해 지역, 인도와 아프리카의 영연방 국가들로부터 노동이민자를 지속적으로 받아들였다. 영국은 1948년 영국국적법(the British Nationality Act of 1948)을 통해 모든 영연방(Commonwealth) 국가 국민들에게 영국시민 지위를 부여했다. 그러나 1962년 영연방이민자법(the Commonwealth Immigrants Act of 1962)을 통해 영연방 시민들의 자유로운 영국 입국을 제한하기에 이른다. 구식민지 출신에 대한 특권이 점차 사라지면서 영국으로 입국한 영연방 출신 이민자들은 법 시행 전에 서둘러 입국하거나, 다시 입국하지 못할 것을 두려워해 영국에 영구정착하고 가족을 초청하는 방식을 택했다. 프랑스는 알제리, 모로코, 튀니지 등 아프리카 구식민지로부터 이민자 유입이 많았다. 이들은 노동시장의 최하위 직업에서 착취적 조건하에서 일을 하는 경우가 많았고, 거주지 분리(residential segregation)도 발생하였다. 한편 네덜란드로는 식민지였던 인도네시아 출신자(네덜란드인-인도네시아인 사이에서 출생한 사람들로서 'indos'라고 불림)들이 주로 이주했다. 비록 이들은 네덜란드 시민권자였지만 차별받고 분리되었다.

특별히 초청노동자(guest workers) 제도를 통한 대규모 노동이민자 유입을 계기로 이민국가가 된 나라들로는 독일을 비롯하여 오스트리아, 스위스, 영국, 스웨덴 등이 있다. 초청노동자들은 애초에 정착과 가족동반을 하지 않는 조건으로 입국하였으나 급증하는 노동력 수요로 인해 초청노동자 유치 경쟁이 치열해지면서 점차 관련 규제가 완화되었다(de Haas et al., 2020). 1973년 석유위기와 함께 초청노동자 제도가 폐지되었음에도 상당수 이주노동자들과 그 가족들은 계속 체류하게 되었고, 정부의 부인에도 불구하고 실질적 이민국가로 변모하였다. 이런 이유로 프리만(Freeman, 1995)은 이 국가들을 '초청노동자 (이민)국가'라고 불렀다. 초청노동자들은 주로 이탈리아, 스페인, 그리스, 튀르키예,[6] 모로코 등 지중해 연안 국가들 출신이었다.

1945년 이후 서유럽에서는 구식민지 노동자와 초청노동자는 노동시장에서의 지위와 역할(제조업과 건설업의 저숙련 노동자)은 비슷하였지만 상당히 다른 신분을 가졌다. 식민노동자는 적어도 1960년대 초까지는 시민적 · 정치적 권리를 인정받았으며 영주가 가능하였다. 그러나 초청노동자의 권리는 매우 제한적이었고 단

6 2022년 터키(Turkey)는 국명을 튀르키예(Türkiye)로 변경하였다.

기간 체류하다가 모국으로 돌아갈 것이라 기대되었다. 그러나 역설적이게도 시간이 지나면서 초청노동자들은 사회적 권리와 가족재결합 등 여러 권리들을 획득한 반면, 식민노동자들은 그들의 특권을 대부분 상실하게 된다. 결과적으로 두 집단의 법적 지위는 점차 유사해지면서 서유럽 사회에서 분리되고 차별받는 종족적 소수자(ethnic minorities)로서의 성격을 갖게 되었다.

초청노동자 제도 중단 이후에도 서유럽으로의 이주(특히 가족이민)는 계속되었다. EU의 확대로 비유럽계 이민자들의 유입은 억제된 반면, EU 회원국 간의 인구이동, 특히 동유럽국가들로부터 서유럽으로의 이주가 증가하였다. EU는 1951년 6개국을 회원으로 결성된 ECSC(The European Coal and Steel Community)을 시작으로 명칭 변경과 회원국 확대(1973년부터 2013년까지 7차례)를 거쳐 현재 27개국(2020년 1월 31일 영국 탈퇴)으로 구성된 강력한 지역협력 기구로 진화했다.[7] EU의 확대와 1985년 셍겐조약(the Schengen Agreement)[8] 체결로 EU회원국 및 셍겐조약 체결국 내 취업과 이동 제한이 거의 사라지게 된다. 소위 'EU 국민(the EU nationals)'이라는 새로운 법적 지위가 만들어지고, 이들은 원하는 국가에 자유롭게 취업하고 이주할 수 있게 된 것이다. 그러나 이러한 파격적 제도에도 불구하고 일부가 우려했던 것처럼 유럽 역내 이주는 대규모로 발생하지 않았다(de Haas et al., 2020).

1990년대 이후 경제적 전지구화가 가속화되는 가운데 서 · 북유럽 선발 이민국가들로의 이주도 지속되고 있다. 국가별 차이는 있지만 이들 국가들은 대체로 숙련 및 전문직의 유입을 촉진하는 정책을 펴면서도 저숙련 이주노동자들의 단기, 순환방식 고용을 병행하고 있다. 노동이민만큼이나 가족재결합 등 가족이민의 중요성이 점증하고 있다. 한편으로 경제적 이민자와 인도주의적 이민자(난민 등)가 혼재하는 상황에서 다문화주의적 이민정책에 대한 반감이나 이민자 혐오

7 유럽연합 연혁은 외교부(https://www.mofa.go.kr/www/wpge/m_3854/contents.do)를 참조할 것.

8 회원국 간 무비자 통행을 규정한 국경 개방 조약으로, 셍겐조약 가입국(스위스 등 EU 비회원국도 참여)은 같은 출입국 관리정책을 사용하기 때문에 국가 간 제약 없이 이동할 수 있다. 1985년 룩셈부르크 남부 셍겐에서 5개국이 처음으로 체결하였으며, 현재 26개국이 가입하고 있다(네이버 시사상식사전, https://terms.naver.com/entry.naver?docId=928573&cid=43667&categoryId=43667).

정서가 확산되고 정치세력화하기도 한다. 한 가지 부인할 수 없는 사실은 현재 유럽의 인구 및 경제적 활력은 이주민에 의해 유지되고 있다는 것이다. 경제위기, 인구학적 변동, 사회통합 문제가 복잡하게 얽혀있는 유럽의 선발 이민국가들의 경험은 한국과 같은 후발 이민국가들에게 가지는 함의가 크다.

3) 후발 이민국가들

1973년 석유위기로 인한 세계경제의 침체 및 재편 과정에서 과거 이민 송출국이었던 일부 국가들이 이민 유입국으로 전환하는 현상, 이른바 '이민변천(migration transition)'을 경험하게 된다. 대표적인 국가들은 이탈리아, 스페인, 포르투갈, 그리스 등 남유럽 국가들과 한국, 일본, 대만(중국) 등 동아시아의 일부 국가들이다. 경제성장과 인구학적 변동(저출산) 그리고 민주화를 경험하면서 이들 나라에서 유출이민이 점차 감소하게 되는 반면, 산업화 과정에서 다양한 유형의 이주민에 대한 수요가 급증하게 된다. 그 결과 유출이민보다 유입이민이 커지게 되고, 체류외국인의 인구 대비 비중이 높아지면서 서서히 이민사회로 변모하게 되었다.

1970년대까지만 해도 남유럽의 국가들은 북미, 오세아니아 및 서유럽으로 노동이민자를 송출하던 국가였다. 그러나 이들 국가들은 1980년대 이후 주변 국가들과 남미로부터 이민자들이 유입되기 시작했다. EU 가입은 이들 나라로의 이민 증가에 중요한 계기가 되었다. 그러나 남유럽 이민국가들의 공통적인 특징은 불법체류자 및 미등록 이주자의 비중이 높다는 것이며, 이들에 대한 반복적인 합법화 조치는 큰 논란이 되고 있다.

이탈리아는 체류 외국인의 규모가 1981년 30만 명에서 1991년 60만 명으로 두 배 증가하였고, 2017년에는 백만 명에 이르렀다(de Haas et al., 2020 : 133). 이러한 이민자 수의 급증은 미등록이주민에 대한 빈번한 합법화 조치의 결과로 볼 수 있다. EU 회원국으로부터의 이주는 공식적으로 할당제(quota)에 의해 통제되기 때문에 실질적인 이주민 노동 수요를 반영하지 못한다. 그 결과 비합법적 방식으로 이주 및 체류하는 경우가 줄지 않고 있다. EU 비회원국 출신 이주민으로는 알바니아인과 모로코인의 비중이 높다.

스페인의 경우도 이탈리아와 유사한 패턴으로 이민변천을 겪었다. 1970년대까지 스페인은 유출이민이 지배적이었다. 1975년 이후 민주화와 1986년 유럽공동체(European Communities, 현 EU) 회원국 가입으로 상황이 변화되기 시작했다. 이후 경제성장으로 북아프리카 출신 이주민들의 유입이 크게 증가하였다. 2017년 기준으로 해외출생자의 수는 6백만(인구의 12.4%)에 이르고 있다(de Haas et al., 2020 : 133). 스페인 여성들의 노동시장 참여율이 높아지면서 이들의 가사 및 육아노동 공백을 대체할 여성 이주노동자에 대한 수요가 급증했다. 언어 및 문화적 유사성이 있는 중남미 지역으로부터의 이주가 중요한 이주의 흐름을 형성했다. 스페인으로 향하는 이주민들의 주요 출신국가로는 모로코, 루마니아, 에콰도르, 콜롬비아가 있다. 이탈리아와 마찬가지로 불법체류자 문제를 합법화 조치를 통해 해결하고자 하였으나 미등록이민자의 규모를 감소시키지는 못하고 있다. 한편 상당 규모의 영국인들도 은퇴생활을 즐기기 위해 상대적으로 생활비가 저렴하고 기후가 좋은 스페인으로 이주하고 있다.

그 외에 포르투갈이나 그리스로도 이탈리아나 스페인에 비해 상대적으로 적은 규모지만 1970년대 중반부터 이민자 유입이 증가하였다. 그러나 앞의 두 나라에 비해 경제발전의 속도가 느려 유출이민의 규모도 여전히 상당하다는 점에서 차이가 난다. 그리스는 1990년대부터 이민 유입이 크게 증가하였다. EU 회원국으로부터의 이주가 많지만, 알바니아나 우크라이나 등 구소련 지역으로부터의 이주도 적지 않다. 최근 그리스는 시리아 난민들이 유럽으로 향하는 통로 역할을 하면서 주목받고 있다.

동아시아 국가들의 경우 20세기 초반 미국, 캐나다, 오세아니아 그리고 중남미 지역으로도 노동이주를 떠난 역사가 있다. 제2차 세계대전기에는 일제에 의한 대규모 강제이주를 경험하기도 하였다. 1973년 석유위기 전까지는 서유럽과 중동으로 많은 비전문 노동력이 송출되었다. 1980년대 초반까지 북미와 오세아니아 국가로의 전문·기술이민 및 가족이민이 지속되었다. 그러나 1980년대 중반 이후 한국, 일본, 대만(중국) 등 몇몇 동아시아 국가들은 이민변천을 겪게 되었다(Athukorala, 2006; Piper, 2004). 이들 국가들의 이민변천의 공통적 배경은 급속한 산업화와 경제성장 과정에서 발생한 노동력 수요의 급증이다(Athukorala, 2006; Piper, 2004). 소련의 붕괴와 걸프전쟁(1990년)으로 국제적 노동이주의 흐름이 아시아의 신흥공업국으로 향하게 되었다는 것도 한 원인으로 꼽을 수 있다(Seol, 2000).

1985년 이후 일본과 아시아 신흥공업국들은 빠른 산업화 속도로 아시아 내 여타 국가들과 소득격차를 크게 벌리면서 이주 유인요인들(pull factors)을 제공하였다. 한편 필리핀, 방글라데시 등 해외 노동이주의 역사가 긴 나라들에 더하여, 베트남과 중국 등 아시아의 사회주의 국가들이 경제적 개방정책으로 선회하면서 해외로의 노동력 공급 잠재력은 커졌다. 1990년대부터는 경제적 세계화가 진전되고 아시아가 글로벌 경제 체제에 빠르게 편입되면서 자본, 상품, 정보의 이동이 더욱 활발해진다. 이는 결국 인구의 역내·외 이동을 활성화시켰다. 이런 일련의 과정에서 일본(1990년), 대만(1992년)과 한국(1993년)은 차례로 이주민 유입과 체류 관리에 초점을 둔 이민정책을 수립하게 된다(이혜경, 2016b).

동아시아 국가들의 이민변천은 다음과 같은 공통적 특징이 있다. 첫째, 아직까지는 비전문 노동이민 비중이 절대적으로 높다는 것이다. 이들은 원칙적으로 장기정착이 허락되지 않으며 사증연장과 가족동반이 제한된다. 둘째는 이주 유형별 젠더화 현상이다(G. Kim, 2017). 건설 및 제조업 분야에서는 남성 이민자의 비중이 압도적으로 높은 반면, 가사 및 돌봄(care) 분야에는 주로 여성 이민자들이 진입하고 있다. 더불어 한국 등 일부 국가의 경우 극단적으로 여성화된 결혼이민 흐름을 보이고 있다. 결혼이민은 가족이민의 한 유형이지만 이들이 제한적 노동이민 기회에 대한 대안으로 결혼이민을 택할 가능성이 있으므로 노동이민과 완전히 분리된 현상은 아니다. 국가별 정도의 차이가 있기는 하지만 이러한 '이민의 여성화(the feminization of migration)'는 아시아 이주 흐름을 설명하는 중요한 현상이라 할 수 있다(de Haas et al., 2020 : 10, 182).

한편 중국은 동아시아 국가 중에서 대규모의 유출이민과 유입이민이 동시에 진행되는 독특한 나라이다. 거대한 인구를 보유한 중국은 이주 역사상 여러 나라들의 이민정책에 지대한 영향을 미쳤다. 19세기 후반 미국의 출신국가별 이민 배제 정책이나 호주나 뉴질랜드의 차별적 이민정책은 모두 중국인의 대량 이주에 대한 반감, 소위 황색 공포(yellow perils)와 관련이 있다(이혜경, 2016b). 그러나 최근에는 중국으로 유입되는 이민도 증가하고 있는데, 중국으로 노동이민을 보내는 수요 송출국은 북한, 베트남, 남아시아, 그리고 아프리카 등이다(IOM, 2020). 사업이나 유학을 목적으로 선진국으로부터의 이주도 활발해지고 있는데 대표적인 출신국가는 한국, 일본, 대만, 홍콩, 유럽, 북아메리카, 호주 등이다. 또한 중국정부는 해외 체류 우수인력이나 유학생 등 본국 인재들의 귀환 이주를 유도하는 데도 매우 적극적이다(김혜련, 2019). 향후 중국의 인구노령화 및 산업화가 진전되면 중국의 이민 유입국으로서의 중요성이 더욱 높아질 전망이다.

앞에서 언급한 지역이나 국가들 외에도 이민변천을 겪는 나라들이 있다. 중동 국가들은 1970년대 이후 경제성장을 이룩하며 아시아를 비롯하여 여러 지역에서 노동 이민자를 받아들이고 있다. 석유나 건설 분야 노동자 외에도 가사노동자가 중요한 이주 유형으로 정착되었다. 그러나 학자들은 중동 산유국들의 낮은 정치적, 사회적 민주화 수준으로 인해 이들을 이민국가로 분류하는 것을 주저하는 경향이 있다(de Haas et al., 2020). 한편 1991년 소련의 해체 이후 러시아와 독립한 동유럽 일부 국가들(폴란드나 체코 등 상대적으로 산업화 수준이 높은 나라들) 역시 이민변천을 겪고 있다.

4) 이주의 역사와 이주이론

국제이주의 방향, 유형 및 규모는 개인, 공동체(가족 및 지역사회), 국가, 국제관계 등 다양한 요인의 영향에 의해 결정된다. 제국주의, 산업혁명 및 세계대전 시기의 이주는 '역사-구조이론'이 강조한 대로 국가 역할의 중요성을 여실히 보여준다. 노예나 부자유계약노동자들의 이주와 전쟁기간의 강제이주는 이주민의 자율성(agency)이 제도에 의해 제한되는 극단적인 예들이다. 전후 국제이주에서도 국가(정책) 역할의 중요성이 확인된다. 미국의 브라세로 프로그램이나 유럽의 초청노동자 프로그램은 국가에 의해 대량 이민 유입이 촉발된 사례들인 반면, 미국이나 영국의 이민법(과 국적법) 개정은 기존의 이민 흐름을 중단시키거나 바꾸어 놓았다.

한편 멕시코, 쿠바, 필리핀, 한국에서 미국으로의 이주는 군사적, 경제적, 문화적 연결고리(군인, 선교사, 등)를 통한 이주로서 이민체계이론(migration system theory)의 설득력을 보여준다(de Haas et al., 2020). 무엇보다 경제불황기에도 북미나 서유럽으로의 노동이민자 유입이 지속된 경험은 '이중노동시장 이론'에 의해 잘 설명된다. 이는 국가 내뿐만 아니라 국가 간에도 소득 및 경제발전의 격차에 의해 분절적 노동시장이 형성되어 있다는 증거이다(de Haas et al., 2020). 더불어 남유럽이나 동아시아 몇몇 나라들의 이민변천이나 한때 이민유입지였던 중남미 일부 국가들이 순 이민유출 국가로 돌아선 역이민변천(reverse migration transition)은 국제적 이주 흐름에서 경제적 요인의 중요성을 여실히 보여준다.

개인의 경제적 동기는 국제이주를 발생시키는 강력한 힘임에 틀림없다. 그러나 역사적으로 세계경제 불황기와 비전문 노동이민 수요가 위축되는 상황에서도 이주는 지속되었다. 최근에는 가족 재결합이나 난민 및 비호신청자의 이주와 같은 비경제적 이주가 갈수록 중요해지고 있다. 물론 외견상 비경제적 목적의 이주라고 하더라도 송출국가와 유입국가의 노동시장에 중요한 영향을 미치는 것이 사실이다. 요컨대, 어떤 이민도 단일한 관점과 이론만으로는 충분히 이해될 수 없다. 이민은 여러 층위에서 경제적 요인뿐만 아니라 사회적, 문화적, 정치적 요인들 간의 상호작용에 의해 촉발되고 유지되며 변화되는 것으로 이해되어야 한다.

Discuss

1. 국제이주의 역사에서 중요한 분기점을 되짚어 보고 이 기준들을 한국의 이주 역사에도 적용할 수 있는지 토의해 보라.
2. 전쟁과 경제위기는 국제이민의 역사를 이해하는 데 왜 중요한가?
3. 한국을 포함한 동아시아 후발 이민국가의 이민변천은 지속될 것인지, 그 경우 이들 국가의 이민정책의 핵심 과제는 무엇일지 토의해 보라.

CHAPTER 04

한국 이민정책 추진체계

1. 한국 이민정책의 구조

2. 한국의 이민행정

CHAPTER 04 한국 이민정책 추진체계

본 장에서는 한국정부의 이민정책 구조와 이민행정 체계를 개관한다. 앞서 살펴보았듯이 이민정책은 인구의 출입국 및 체류관리와 사회적 통합을 위한 정책을 포괄하는 개념이다. 한편 이민행정은 이민정책의 내용(관리, 통제, 지원 등)을 추진하고 해당자에게까지 전달하기 위한 법적 · 행정적 구조로 정의할 수 있다. 이민 수용국들은 이민정책의 목표를 실현하기 위한 최적의 이민정책 및 행정 체계를 발전시켜 왔으며, 후발 이민국가인 한국은 외국의 경험과 정책 경향을 반영하여 나름의 이민정책 및 행정 체계를 정착시켜 나가고 있다.

1. 한국 이민정책의 구조

이민정책(migration policy)의 일부 내용은 국적자에게도 적용될 수 있으나, 주로 외국 국적자의 출입국, 체류 및 사회통합에 관여하는 정책 영역이다. 한국의 경우 이에 해당하는 정책들을 '외국인정책'으로 명명하고 있다. 법무부 외국인정책위원회는 외국인정책을 "대한민국으로 이주하고자 하는 외국인에 대해 일시적 · 영구적 사회 구성원 자격을 부여하거나, 국내에서 살아가는 데 필요한 제반 환경의 조성에 관한 사항을 정치 · 경제 · 사회 · 문화 등 종합적 관점에서 다루는 정책"으로 정의한 바 있다(법무부, 2008 : 2). 여기서 "사회 구성원 자격의 부여"란 임시 및 영구 이주를 포괄하는 것으로서 입국, 체류, 귀화 등을 통해 이루어진다고 부언하였다.

여기에서 보듯이 한국정부의 '외국인정책'의 내용은 국제사회에서 통용되고 있는 국경 및 이주(민) 관리에 관한 '이민정책(migration policy)'에 해당되는 것들이다. 그럼에도 정부는 '이민정책'이라는 표현 대신 '외국인정책'이라는 표현을 채택하고 있는데, 이는 실용적 이유 때문이라고 밝히고 있다. 영어에서처럼 유출(emigration)과 유입(immigration) 이주의 방향이 구별되지 않는 한국어의 '이민'이라는 표현의 특성으로 인해 내국인의 해외로의 이주에 관한 정책과 혼동을 피하기 위한 조치라는 것이다(법무부, 2013 : 7). 그러나 '외국인정책'이라는 표현을 고집하는 것이 엄연한 이민국가로서의 한국의 현실을 부정하는 면이 있고, 일부 정책내용(예컨대, 다문화가족정책이나 사회통합정책)의 경우 국적자에게도 적용되는 만큼 '이민정책'이라는 표현을 쓰는 것이 더 적절하다고 판단된다.

1) 외국인정책 추진체계

한국 외국인정책은 현재 총괄기구로서 법무부 '출입국 · 외국인정책본부'에 의해 수립 · 추진되며, 국무총리를 위원장으로 하는 '외국인정책위원회'와 법무부 차관을 위원장으로 하는 실무위원회가 정책 심의 · 조정 역할을 맡고 있다. 외국인정책의 실제 추진을 위해서 외국인정책위원회(간사 : 법무부)를 중심으로 8개의 중앙정부 부처가 관련 정책을 전담하고 지방자치단체가 참여한다(그림 4-1 참조). 이처럼 한국의 이민정책 추진체계는 여러 관련 부처가 각각의 특성에 따른 업무를 계획하여 집행하고, 중앙(외국인정책위원회)에서 이를 조정하는 방식의 범부처 협력구조를 특징으로 한다.

부처별 외국인정책의 핵심 내용을 살펴보면, 법무부 출입국 · 외국인정책본부는 현재 한국 이민정책의 컨트롤 타워로서 외국인정책위원회 운영, 외국인정책 기본계획 및 시행계획 수립, 출입국 · 외국인정책본부 소관 법령의 입안에 관한 사항 등의 업무를 맡고 있다. 또한 이민자 입국·체류·귀화 허가, 영주권 및 국적취득, 난민 처우 관련 업무 및 이민자 사회통합정책을 담당하며 외국인의 체류와 사회적응 정책 전반에 관여한다.

여성가족부는 결혼이주민과 그 자녀들을 주 대상으로 하는 다문화가족정책을 총괄하고 있으며, 다문화가족 사회통합정책 수립, 다문화가족위원회 운영 지원, 다문화가족 자녀 양육 지원, 다문화가족지원센터 운영 지원, 국제결혼 중개업 관리, 이주여성의 인권보호 및 자활 지원을 담당하고 있다. 고용노동부는 외국인력정책위원회 운영, 외국인근로자 고용 관리 등 외국인력정책 업무를 맡고 있다. 농어촌 계절제 이주근로자의 경우는 농림축산식품부에서 관여한다. 한편 보건복지부는 외국인에 대한 사회보장제도 운영 및 다문화가족을 대상으로 한 보육서비스, 긴급 구호 등 사회(복지)서비스를 제공하는 역할을 한다.

이 외에도 행정안전부는 외국인주민 지역사회 정착 지원 업무를, 교육부는 다문화가정자녀 학교교육 지원 업무를, 문화체육관광부는 한국어교재 개발 및 보급 업무를 담당함으로써 이민정책 추진체계의 한 요소를 구성하고 있다. 다음 〈표 4-1〉에서 보듯이, 분절화된 이민정책 추진체계로 인해 정책의 근간이 되는 기초 통계도 부처별로 상이한 기준과 방식으로 집계되고 있다.

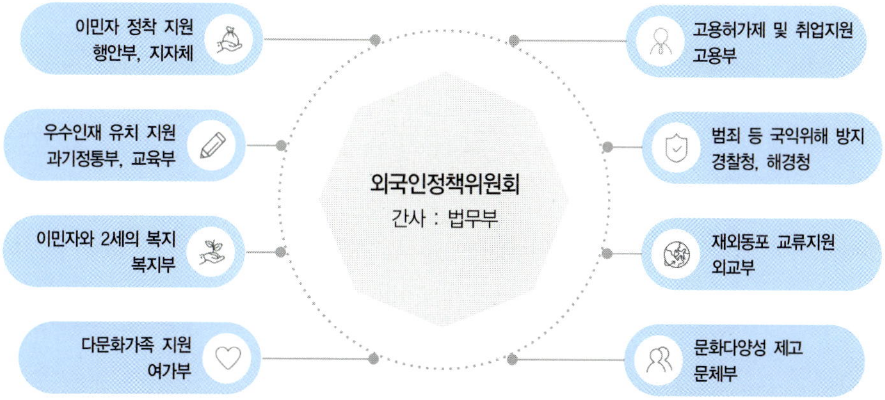

|그림 4-1| 한국 외국인정책 추진구조

출처 : 출입국·외국인정책본부(https://www.immigration.go.kr).

〈표 4-1〉 한국 주요 이민통계

구 분	출입국 · 외국인정책 통계연보(1975~)	지방자치단체 외국인주민 현황(2006~)
목 적	내 · 외국인의 출입국 및 체류현황 파악, 관련 정책 수립 등 기초자료	각 지방자치단체 외국인주민의 거주현황 파악, 관련 정책 수립 등 기초자료
기준일 / 공표	매년 12. 31. / 다음 연도 7월	매년 11. 1. / 다음 연도 11월
작성방법	출입국 · 외국인관서 → 법무부	통계청(인구주택총조사) → 행안부
분류기준	• 출입국자(국민 · 외국인 포함) • 체류외국인(등록외국인, 거소신고자, 단기체류외국인 포함) • 결혼이민자 • 국적취득 · 이탈 · 상실자 • 외국국적동포 • 불법체류외국인 등	• 한국국적을 가지지 않은 자(외국인근로자, 결혼이민자, 유학생, 외국국적동포, 기타 외국인) • 한국국적을 취득한 자 • 외국인주민 자녀
대상기준	대한민국에 체류하고 있는 모든 외국인	기준일 전후 3개월 이상 거주한 자
주요개념	• 체류외국인 – 등록외국인 : D-1~D-10, E-1~E-7, E-9~E-10, F-1~F-3, F-5, F-6, G-1, H-1, H-2 등 장기체류 자격 – 취업자격 체류외국인 : C-4, E-1~E-7, E-9~E-10, H-2 – 결혼이민자 : F-2-1, F-5-2, F-6-1, F-6-2, F-6-3 – 유학생 : D-2(D-2-1~D-2-8), D-4(D-4-1, D-4-7) – 외국국적 동포 : F-4, H-2, 한국계 중국인, 고려인 등 • 국내 체류 중인 외국국적 동포 – 불법체류외국인 : 장기(등록외국인과 거소신고 외국인) 및 단기체류자 중 체류기간 경과자 • 국적취득자 – 귀화자 및 국적회복자	• 한국국적을 가지지 않은 자 – 외국인근로자 : E-1~E-7, E-9~E-10, H-2 – 결혼이민자 : 국민과 혼인한 적이 있거나 혼인관계에 있는 자 – 유학생 : D-2(D-2-1~D-2-8 포함), D-4(D-4-1, D-4-7) – 외국국적 동포 : F-4 중 국내 거소신고자 – 기타외국인 : 그 외 체류자격 ※ 각 유형 내 체류기간 도과자 포함 ※ 출국 중인 체류외국인 미포함 • 한국국적을 취득한 자 – 국적법 제3조 및 제4조에 따라 귀화한 자(국적회복자 제외) • 외국인주민 자녀(출생) – 한국국적을 취득한 자의 자녀 및 한국인과 결혼한 한국국적을 가지지 않은 자의 자녀로 국적법 제2조에 따라 출생과 동시에 한국국적을 취득한 자
관련부서	법무부 이민정보과	행정안전부 사회통합지원과

출처 : 출입국 · 외국인정책본부(2022), p. 6.

2) 외국인정책 기본계획

한국정부는 2006년 외국인정책위원회를 설치하고, 2007년 「재한외국인 처우 기본법」을 제정하면서 이민정책(외국인정책) 추진을 공식화하였다. 2008년부터는 체류외국인의 증가에 따른 다양한 정책문제에 대응하기 위해 그동안 소관 부처별로 추진해 온 이민·이주민 관련 정책들을 중장기적 관점에서 종합하고 체계화시킨 '외국인정책 기본계획'을 수립하여 추진하기 시작했다. 「재한외국인 처우 기본법」 제5조에는 "법무부장관은 관계 중앙행정기관의 장과 협력하여 5년마다 외국인정책에 관한 기본계획을 수립하여야 한다"고 규정되어 있다.

외국인정책 기본계획은 범정부 차원에서 5년 주기로 수립되고 집행되는 한국 이민정책의 최상위 설계도라 할 수 있다. 기본계획에 포함되는 사항은 다음과 같다. ① 외국인정책의 기본목표와 추진방향, ② 외국인정책의 추진과제, 그 추진방법 및 추진시기, ③ 필요한 재원의 규모와 조달방안, ④ 그 밖에 외국인정책 수립 등을 위하여 필요하다고 인정되는 사항. 2008년 제1차 외국인정책 기본계획(2008~2012)이 수립되어 추진되기 시작했고, 제2차 외국인정책 기본계획(2013~2017)을 거쳐 현재 제3차 외국인정책 기본계획(2018~2022)이 시행되고 있다.

지난 15년 동안 세 차례 수립된 외국인정책 기본계획의 비전, 정책목표, 중점과제는 큰 틀을 유지하면서도 조금씩 변화되어 왔다(표 4-2 참조). 제1차 외국인정책 기본계획은 '외국인과 함께하는 세계 일류국가'라는 비전을 제시하며 '이민허용(개방)', '사회통합', '이민행정', '외국인 인권'이라는 네 가지 이민정책의 목표를 설정하였다. 제2차 및 제3차 기본계획은 초기 계획과 연속성을 유지하면서도 국제협력 관련 목표가 추가되어 5개로 정책목표가 확대되었고, '인재유치', '안전', '문화다양성 존중', '난민'과 같은 요소들이 부각되기 시작했다. 이런 변화는 해외두뇌 유치 경쟁의 가열, 외국인에 의한 범죄의 사회문제화, 난민 문제에 대한 국제적 협력 요구 등과 같은 변화되는 여론과 정책환경이 반영된 결과로 볼 수 있다.

〈표 4-2〉 외국인정책 기본계획의 비전, 정책목표 및 중점과제 비교

	제1차(2008~2012)	제2차(2013~2017)	제3차(2018~2022)
비전	외국인과 함께하는 세계 일류 국가	세계인과 더불어 성장하는 활기찬 대한민국	국민 공감! 인권과 다양성이 존중되는 안전한 대한민국
정책 목표	1. 적극적인 이민 허용을 통한 국가경쟁력 강화 2. 질 높은 사회통합 3. 질서 있는 이민행정 구현 4. 외국인 인권 옹호	1. 경제활성화 지원과 인재 유치 2. 대한민국의 공동가치가 존중되는 사회통합 3. 차별방지와 문화다양성 존중 4. 국민과 외국인이 안전한 사회 구현 5. 국제사회와의 공동발전	1. 국민이 공감하는 질서 있는 개방 2. 이민자의 자립과 참여로 통합되는 사회 3. 국민과 이민자가 함께 만들어 가는 안전한 사회 4. 인권과 다양성이 존중되는 정의로운 사회 5. 협력에 바탕한 미래 지향적 거버넌스
중점 과제	1-1 우수인재 유치를 통한 성장동력 확보 1-2 국민경제와 균형발전을 위한 인력 도입 1-3 외국인에게 편리한 생활환경	1-1 내수 활성화 기여 외래관광객 유치 1-2 국가와 기업이 필요한 해외 인적자원 확보 1-3 미래 성장동력 확충을 위한 유학생 유치 1-4 지역 균형발전을 촉진하는 외국인 투자 유치	1-1 우수인재 유치 및 성장지원 강화 1-2 성장동력 확보를 위한 취업이민자 유치·활용 1-3 관광객 및 투자자 등 유치를 통한 경제 활성화 1-4 유입 체계 고도화 및 체류·국적 제도 개선
	2-1 다문화에 대한 이해 증진 2-2 결혼이민자의 안정적 정착 2-3 이민자 자녀의 건강한 성장환경 조성 2-4 동포의 역량 발휘를 위한 환경 조성	2-1 자립과 통합을 고려한 국적 및 영주제도 개선 2-2 체계적인 이민자 사회통합 프로그램 운영 2-3 국제결혼 피해방지 및 결혼이민자 정착 지원 2-4 이민배경자녀의 건강한 성장환경 조성 2-5 이민자 사회통합을 위한 인프라 구축	2-1 이민단계별 정착 지원 및 사회통합 촉진 2-2 이민배경 자녀 역량 강화 2-3 이민자 사회통합을 위한 복지지원 내실화 2-4 이민자의 지역사회 참여 확대

3-1 외국인 체류질서 확립 3-2 국가안보 차원의 국경관리 및 외국인정보 관리 3-3 건전한 국민 확보를 위한 국적업무 수행	3-1 이민자 인권존중 및 차별 방지 제도화 3-2 다양한 문화에 대한 사회적 관용성 확대 3-3 국민과 이민자가 소통하는 글로벌 환경 조성	3-1 안전하고 신속한 국경관리 체계 구축 3-2 체류외국인 관리 체계 선진화
4-1 외국인 차별 방지 및 권익 보호 4-2 보호 과정의 외국인 인권 보장 4-3 선진적 난민 인정·지원 시스템 구축	4-1 안전하고 신뢰받는 국경 관리 4-2 질서 위반 외국인에 대한 실효적 체류관리 4-3 불법체류 단속의 패러다임 다변화 4-4 외국인에 대한 종합적인 정보관리 역량 제고	4-1 이민자 인권보호 체계 강화 4-2 여성·아동 등 취약 이민자 인권증진 4-3 문화다양성 증진 및 수용성 제고 4-4 동포와 함께 공존·발전하는 환경 조성 4-5 국제사회가 공감하는 선진 난민정책 추진
	5-1 이민자 출신국, 국제기구 등과의 국제협력 강화 5-2 국가 위상에 부합하는 난민정책 추진 5-3 동포사회와의 교류, 협력 확산	5-1 이민 관련 국제협력 증진 5-2 중앙부처·지방자치단체·시민사회 협력 강화 5-3 이민정책 및 연구기반 구축

출처 : 법무부(2008; 2013; 2018)로부터 저자 취합.

현재 추진 중인 제3차 외국인정책 기본계획은 '국민 공감! 인권과 다양성이 존중되는 안전한 대한민국'이라는 비전하에서 상생, 통합, 안전, 인권, 협력을 이민정책의 핵심 가치로 천명하였다. 이를 바탕으로 '국민이 공감하는 질서 있는 개방', '이민자의 자립과 참여로 통합되는 사회', '국민과 이민자가 함께 만들어 가는 안전한 사회', '인권과 다양성이 존중되는 정의로운 사회', '협력에 바탕한 미래 지향적 거버넌스'라는 5대 정책 목표와 18개 중점 과제를 제시하고 있다(표 4-3).

〈표 4-3〉 제3차 외국인정책 기본계획

비 전	국민 공감! 인권과 다양성이 존중되는 안전한 대한민국
핵심 가치	상생, 통합, 안전, 인권, 협력
정책 목표	중점 과제
1. 국민이 공감하는 질서 있는 개방	1. 우수인재 유치 및 성장지원 강화 2. 성장동력 확보를 위한 취업이민자 유치 · 활용 3. 관광객 및 투자자 등 유치를 통한 경제 활성화 4. 유입 체계 고도화 및 체류 · 국적 제도 개선
2. 이민자의 자립과 참여로 통합되는 사회	1. 이민단계별 정착 지원 및 사회통합 촉진 2. 이민배경 자녀 역량 강화 3. 이민자 사회통합을 위한 복지지원 내실화 4. 이민자의 지역사회 참여 확대
3. 국민과 이민자가 함께 만들어 가는 안전한 사회	1. 안전하고 신속한 국경관리 체계 구축 2. 체류외국인 관리 체계 선진화
4. 인권과 다양성이 존중되는 정의로운 사회	1. 이민자 인권보호 체계 강화 2. 여성 · 아동 등 취약 이민자 인권증진 3. 문화다양성 증진 및 수용성 제고 4. 동포와 함께 공존 · 발전하는 환경 조성 5. 국제사회가 공감하는 선진 난민정책 추진
5. 협력에 바탕한 미래 지향적 거버넌스	1. 이민 관련 국제협력 증진 2. 중앙부처 · 지방자치단체 · 시민사회 협력 강화 3. 이민정책 및 연구기반 구축

출처 : 법무부(2018), p. 23.

제3차 기본계획에서는 기존 기본계획들과 여러 측면에서 차별화가 시도되었는데, 국민이 '공감'하는 이민정책 수립을 천명하는 한편, 이주민들의 자립, 역량 강화 및 사회참여를 강조하고 있다. 또한 지속가능한 이민정책을 위해 체류외국인 관리 체계 선진화, 중앙부처 · 지방자치단체 · 시민사회 간의 협력 강화, 그리고 이민정책 및 연구기반 구축 등의 과제가 새롭게 제시되었다.

2. 한국의 이민행정

정부가 수립한 이민정책은 구체적 법령, 행정적 체계 및 담당 인력에 의해 실현된다. 각국 정부는 자신들이 선호하는 이민정책의 구현을 뒷받침하기 위해 나름의 이민행정 체계를 구축하고 발전시켜 나가고 있으며, 이민관리의 역사가 짧은 한국도 예외가 아니다.

1) 이민행정의 개념과 영역

이민행정은 공공행정(public administration)의 한 영역이라 할 수 있다. 공공행정이란 법에 의거해 국가의 목적 또는 공익을 실현하기 위해 행하는 국가의 행위 혹은 작용을 의미한다.[1] 따라서 이민행정은 이민정책의 목적 실현을 위해 관계 법령에 따라 내·외국인의 국경을 넘는 행위를 통제 및 관리하고, 외국인의 경우 체류자격, 신분(변동) 및 활동을 관리하는 행위로 정의할 수 있다(한건수, 2016a).

이민행정의 범위는 이민정책의 제 영역, 즉 출입국관리, 체류관리, 사회통합 분야를 포함하며, 각 영역별로 특화된 법규정과 행정체계가 구축되어 있다. 출입국관리는 가장 협소한 의미의 이민행정의 영역으로서 내·외국인이 국경을 넘는 행위를 통제하는 것을 의미한다. 출입국관리 행정은 국경에 위치한 공항, 항만 및 국경사무소에서 수행하는 업무로서, 일차적으로는 밀입국을 방지하거나 단속하는 것이다. 영토 내로 입국하려는 자는 가장 먼저 입국심사를 통해 여권과 사증의 진위 및 유효성을 판정받게 된다. 일반적으로 외국인에 비해 자국민의 입·출국 시 심사는 간소화되어 있다.

체류관리 행정은 외국인의 입국 시(혹은 사전에) 적합한 체류자격을 부여하고, 그 외국인이 해당 체류자격의 조건(거주기간이나 활동범위)에 부합하게 체류하고 있는지 감독하는 업무이다. 이민행정 관서는 외국인의 신청이 있거나, 필요시 직

1 네이버 행정학용어사전(https://terms.naver.com/entry.naver?docId=78410&cid=42152&categoryId=42152).

권으로 체류자격과 조건을 변경(국적부여 포함)하거나 필요시 자격을 취소하고 강제적으로 추방하는 절차를 진행한다.

사회통합은 비교적 최근에 주목받는 이민행정의 영역으로서 내국인과 외국인(귀화자 포함) 및 다양한 외국인 집단 간의 조화로운 공존을 실현하기 위한 일련의 정책 집행 행위이다. 한편 귀화자나 한국국적의 다문화가족 자녀의 경우 외국인이 아니기 때문에 체류관리 행정의 대상은 아니지만 이주배경을 가진 인구로서 사회통합 행정의 대상은 될 수 있다.

2) 이민행정 관련 법령

한국의 이민행정과 관련한 법률로는 「국적법」, 「출입국관리법」, 「재한외국인 처우 기본법」, 「외국인근로자의 고용 등에 관한 법률」, 「재외동포의 출입국과 법적 지위에 관한 법률」, 「다문화가족지원법」, 「난민법」, 「결혼중개업의 관리에 관한 법률」, 「문화다양성의 보호와 증진에 관한 법률」 등이 있다. 그 외에도 모든 광역자치단체는 외국인 주민(주로 결혼이민자나 다문화가족 자녀 등)에 관련된 조례를 제정하여 운영하고 있다.

그중 핵심적인 법령의 주요 내용은 다음과 같다. 「국적법」은 대한민국 국민이 되는 출생, 인지 및 귀화에 의한 국적취득의 요건과 절차 등을 정한 법률로서 「대한민국헌법」 제2조 제1항 '대한민국의 국민이 되는 요건은 법률로 정한다'라는 규정에 근거하고 있다. 「출입국관리법」은 대한민국에 입국하거나 대한민국에서 출국하는 모든 국민과 외국인의 출입국관리를 통한 국경관리, 체류관리와 사회통합 등에 관한 사항을 규정한다. 한국 헌정사상 외국인을 주 대상으로 한 최초의 입법이라고 할 수 있는 「재한외국인 처우 기본법」은 재한 외국인에 대한 처우 등에 관한 사항을 포괄적으로 규정하는 기본법적 성격의 법률로서, 재한외국인의 적응지원 및 통합적 사회환경 조성에 관한 사항을 포함하고 있다. 「외국인근로자의 고용 등에 관한 법률」은 외국인근로자를 체계적으로 도입 · 관리하기 위한 법으로서 원활한 인력수급 및 국민경제의 균형 있는 발전을 도모함을 목적으로 한다. 「다문화가족지원법」은 다문화가족 구성원이 안정적인 가족생활을 영위할 수 있도록 함으로써 이들의 삶의 질 향상과 사회통합에 이바지함을 목적으로 제정되었다. 이 법에 근거해 운용되는 행정체계(기관, 인력 등)를 통해 다양한 지원서비스들이 다문화가족들에게 전달된다. 「난민법」은 난민의 지위(심사 및 인정 등)와 처우 등에 관한 행정 절차 및 지원사항을 규정하고 있는 법령이다.

국가의 이민정책 및 행정행위는 국내 법령뿐만 아니라 제한적이나마 국제법(의정서, 협약, 권고 등)의 영향을 받는다. 「대한민국헌법」에는 "헌법에 의하여 체결·공포된 조약과 일반적으로 승인된 국제법규는 국내법과 같은 효력을 가진다"(제6조 제1항), 그리고 "외국인은 국제법과 조약이 정하는 바에 의하여 그 지위가 보장된다"(제6조 제2항)고 규정되어 있다. 한국이 가입 및 비준한 대표적인 국제이주 관련 국제법규로는 「UN 모든 형태의 인종차별에 관한 국제 협약(International Convention on the Elimination of All Forms of Racial Discrimination)」, 「UN 난민 지위에 관한 의정서(Protocol relating to the Status of Refugees)」, 그리고 이주노동자에게도 적용될 수 있는 다수의 국제노동기구(ILO : International Labour Organization) 협약 등을 들 수 있다. 그러나 한국정부는 이주민에 대한 차별금지 및 권리 보호를 위한 국제법규의 국내법화에 대체로 소극적이라는 비판을 받고 있다. 예컨대 1990년 UN이 채택한 「모든 이주노동자와 그 가족의 권리 보호에 관한 국제 협약(International Convention on the Protection of the Rights of All Migrant Workers and Members of their Families)」에는 현재 서명도 비준도 하지 않고 있다.

3) 이민행정 구조와 인력

한국의 이민행정은 정부수립 시부터 2000년대 중반에 이르기까지 단순 외국인의 입출국과 체류에 관한 업무에 국한되어 이해되는 경향이 강했다(한건수, 2016a). 현재 한국에는 독립된 중앙 이민부처가 없고, 법무부가 1961년 당시 외무부로부터 출입국관리 업무를 이관받은 후 한국 이민행정 주관부처의 역할을 하고 있다.[2] 2007년 법무부 산하의 출입국관리국이 '출입국 · 외국인정책본부(Korea Immigration Service)'로 승격되면서 한국 이민행정의 구조와 기능이 확대 · 강화되었다.

출입국 · 외국인정책본부의 주요 임무는 외국인정책 및 시행계획의 수립, 출입국 및 체류관리, 국적 업무, 외국인의 사회적응과 통합지원, 난민심사 및 지원, 그리고 이민행정 통계수집 및 정보화 등이다.[3] 현재 출입국 · 외국인정책본부는 2개의 정책단(출입국정책단, 국적 · 통합정책단) 아래 11개 과로 구성되며, 과별 주요 업무는 다음 〈표 4-4〉와 같다. 지역별로 출입국 및 외국인의 체류 관리업무를 수행하기 위하여 '지방출입국 · 외국인관서'를 두고 있다.

〈표 4-4〉 출입국 · 외국인정책본부 구성과 업무

부 서		분장사무
출입국 · 외국인정책본부		출입국 · 외국인정책본부 업무 총괄 담당
출입국 정책단	출입국기획과	• 출입국관리행정에 관한 종합계획의 수립 · 시행 • 출입국 · 외국인정책 관련 제도개선 및 홍보에 관한 사항 • 출입국관리 공무원의 배치 · 교육훈련 및 복무감독 • 출입국 · 외국인청, 출입국 · 외국인사무소, 외국인보호소의 조직 및 정원 관리에 관한 자료 작성 • 출입국 · 외국인정책 관련 업무에 관한 예산의 편성 및 배정에 관한 자료 작성 • 출입국 · 외국인청, 출입국 · 외국인사무소, 외국인보호소에 대한 지도 · 감독 • 출입국 · 외국인청, 출입국 · 외국인사무소, 외국인보호소의 시설 및 장비에 관한 사항 • 외국의 출입국 · 외국인정책 담당기관과 협력 강화를 통한 재외국민의 출입국 · 체류 지원 • 출입국 · 외국인정책과 관련된 국제회의 · 행사 개최와 참가 및 지원 등에 관한 사항 • 출입국 · 외국인정책 관련 국제기구와의 국제협력에 관한 사항

2 미국은 국토안보부(Homeland Security)하의 시민권 · 이민서비스(USCIS : US Citizenship and Immigration Service)가 이민행정을 담당하며, 캐나다는 연방정부하의 시민권 및 이민부(CIC : Department of Citizenship and Immigration Canada)가 이민행정 주관부처이다. 한편 영국은 내무부(Home Office)가 이민행정을 총괄한다.

3 법무부 · 외국인정책본부(https://www.immigration.go.kr/immigration/2479/subview.do).

출입국 정책단	출입국심사과	• 내·외국인 출입국심사 및 남북왕래자의 출입심사에 관한 사항 • 입출항선박 등의 검색 및 상륙허가에 관한 사항 • 출입국규제에 관한 사항 • 출입국 관련 대테러 및 경호안전대책의 지원에 관한 사항 • 해상밀입국 등 불법입국의 방지에 관한 사항 • 국제행사의 안전관리 등 출입국관리의 지원에 관한 사항 • 외국의 출입국·외국인정책 담당기관 등을 통한 관련 외국 정책 사례의 수집·교환·관리 • 불법체류외국인 송환 협정 등 출입국·외국인정책 관련 체결·개정협상의 참가·지원에 관한 사항 • 주한미군지위협정(SOFA) 중 출입국 분야에 관한 사항 • 국외주재관 업무연락 및 정기보고·평가에 관한 사항 • 주한 외국공관원과의 외국인정책 관련 업무 협조
	체류관리과	• 외국인 체류관리정책에 관한 사항 • 사증 및 사증발급인정서의 발급심사에 관한 사항 • 사증면제협정 등에 관한 사항 • 산업체에서의 외국인 기술연수의 지원에 관한 사항 • 외국인의 체류자격 부여 등 각종 체류허가에 관한 사항 • 외국인이 취업활동을 할 수 있는 체류자격 신설·변경 등에 관한 사항 • 재입국허가에 관한 사항 • 투자외국인의 체류관리에 관한 사항 • 재외동포의 출입국과 법적 지위에 관한 법률 제2조 제2호에 따른 외국국적동포의 입국·체류·취업자격 부여에 대한 정책 수립·시행 및 총괄·조정 • 전자비자센터 업무의 개선 및 감독에 관한 사항
	이민조사과	• 강제퇴거명령 또는 보호에 대한 이의신청에 관한 사항 • 출입국관리법령 위반조사에 관한 사항 • 고발과 통고처분·과태료부과 등에 관한 사항 • 외국인 동향조사에 관한 사항 • 외국인 활동범위의 제한 또는 준수사항의 결정과 활동의 중지명령에 관한 사항 • 외국인 보호 및 보호외국인의 강제퇴거 등에 관한 사항 • 외국인보호소 및 보호실의 경비에 관한 사항
	이민정보과	• 출입국·외국인정책 관련 업무에 관한 정보화기본계획의 수립 • 출입국관리정보시스템 등 출입국·외국인정책 관련 업무에 관한 정보시스템의 연구·개선 • 생체인식기술 등 국내외 첨단기술을 응용한 출입국·체류심사 제도의 연구·개선 • 출입국자·체류외국인·국적 등 외국인정책 수립에 필요한 통계 작성 및 분석 • 외국인의 출입국, 체류 등과 관련하여 수집한 정보의 분석 • 여권·사증 등 문서의 위조·변조 감식 및 분석기법의 개선에 관한 사항 • 외국인등록에 관한 사항 • 외국인의 부동산등기용 등록번호 부여 및 관리 • 출입국에 관한 사실증명 등 제증명의 발급에 관한 사항

국적·통합 정책단	외국인정보 빅데이터과	• 외국인 신원정보 표준화 방안 마련 • 외국인 신원정보 표준화 플랫폼 구축 • 외국인 정보 관련 빅데이터 산출 방안 마련
	외국인정책과	• 외국인정책의 기본계획 및 시행계획 수립·추진 및 추진실적 평가 • 외국인정책위원회 및 실무위원회 구성·운영 등에 관한 사항 • 출입국·외국인정책본부 소관 법령의 입안에 관한 사항 • 중앙부처 및 지방자치단체와의 외국인정책에 관한 협의 • 외국인정책위원회 및 외국인정책실무위원회 구성·운영 등의 사무처리 • 외국인정책 개발 및 발굴 • 국·내외 이민정책 동향 연구
	국적과	• 귀화(일반, 간이, 특별)·국적회복·재취득·인지 등 국적취득 및 취소에 관한 사항 • 국적판정, 국적상실 및 이탈에 관한 사항 • 국적선택 등 복수국적자 관리에 관한 사항 • 우수인재 선정 등 국적심의위원회 운영 • 귀화민간면접관 관리 등 귀화적격심사에 관한 사항 • 국적법령 정비, 국적정책 수립 • 국적취득자 등에 대한 관보고시 및 가족관계등록관서 통보에 관한 사항
	이민통합과	• 「재한외국인 처우 기본법」에 따른 재한외국인의 사회적응을 위한 사회통합 정책의 총괄 • 다문화사회 전문가 양성, 이민정책 연구·개발 등을 위한 다문화 사회통합 거점대학 관리 및 운영에 관한 사항 • 세계인의 날 관련 행사, 다문화 교육, 홍보 등 다문화 이해증진에 관한 사항 • 재한외국인 또는 그 자녀에 대한 불합리한 차별 방지 및 인권옹호를 위한 교육·홍보, 그 밖에 필요한 사항 • 사회통합프로그램(온라인 교육 포함)의 기획, 운영 등에 관한 사항 • 국제결혼 예정자 소양교육, 결혼이민자와 그 가족에 대한 실태조사 및 연구, 정착지원에 관한 사항 • 결혼이민자 등의 사증·체류 관리 및 정책에 관한 사항
	난민정책과	• 난민의 인정 또는 불인정에 관한 사항 • 재정착희망난민의 국내정착 허가에 관한 사항 • 난민인정자 등의 처우에 관한 사항 • 난민지원시설의 운영에 관한 사항 • 난민여행증명서의 발급에 관한 사항 • 유엔난민기구(UNHCR) 등 국제기구 및 관련 단체와의 협력에 관한 사항
	난민심의과	• 난민불인정 및 난민인정 취소 또는 철회에 대한 이의신청 심의에 관한 사항 • 난민위원회 및 분과위원회 위원의 임명 등 난민위원회의 구성 및 운영에 관한 사항 • 난민위원회 및 분과위원회 심의를 위한 사실조사 및 자료 수집에 관한 사항

출처 : 법무부(https://www.moj.go.kr/moj/265/subview.do#immigration).

이민행정 분야의 특수성을 고려하여 정부는 공무원시험을 통해 출입국관리직렬로 5, 7, 9급을 채용하고 있다. 출입국관리직 공무원은 대한민국 법무부 소속으로 출입국·외국인정책본부 및 지역의 출입국외국인청, 사무소 및 산하 출장소들에 배치되어 출입국 심사, 체류관리(불법체류자 검거 및 강제퇴거 업무 포함) 등의 업무를 수행한다. 출입국관리직 공채시험 과목으로 현재의 행정법이나 국제법보다는 직무연관성이 높은 이민정책론이나 이민(관련)법 과목이 포함되어야 한다는 요구가 많다(이혜경, 2021). 공무원 외에도 법무부는 2008년부터 사회통합프로그램 운영을 위한 인력으로서 '다문화사회전문가'라는 자격증을 마련하고, 대학에서 관련 과정을 운영할 수 있도록 지침을 마련하고 있다. 그러나 현재 다문화사회전문가 자격증의 활용도가 높지 않아, 이를 국가자격증화 함으로써 이민·다문화 분야 전문인력 양성이라는 취지에 맞게 제도를 정비해야 한다는 요구가 있다(조경훈·유민이, 2020).

4) 이민행정 분야 쟁점과 과제

이민정책 거버넌스 및 이민행정의 구조와 내용은 시대적 상황과 요구를 반영하며 끊임없이 변화한다(한건수, 2016a). 국제 항공과 통신(인터넷)서비스가 확대되고 저렴해지면서 인구의 글로벌 이동성(mobility)은 갈수록 활발해지고 있다(Urry, 2007). 이제 어떤 국가도 국제 이주와 그 영향으로부터 완전히 자유로울 수 없다(de Haas et al., 2020). 이주의 방향과 유형 역시 다양화되고 있다. 이러한 정책환경 변화에 대응하기 위해 각국은 국익을 극대화하기 위한 이민정책을 수립하고 이를 실현하기 위해 이민행정을 고도화시키고 있다.

이민수용 국가들은 공통적으로 우수 인재와 같이 선호되는 이주민을 선별적으로 유입시키기 위해 노력하는 한편, 이민 증가가 야기할 수 있는 부정적 사회·경제적 결과를 최소화하기 위한 조치들을 강구하고 있다. 유럽과 미국의 경우 분쟁지역에서의 대량 난민 발생과 이주(민)와 관련된 테러로 인해 다문화주의적 이민정책 노선에 대한 비판과 함께 이민행정에서 안보(security) 이슈가 크게 부각되고 있기도 하다(de Haas et al., 2020 : 232-235).

새롭게 이민 유입국가로 변모한 한국은 글로벌 이주 추세와 이민정책 환경 변화에 대응함과 동시에 국내의 사회변화와 정책 요구를 적극적으로 수용해야 하는 과제를 안고 있다. 한국정부는 제1차 외국인정책 기본계획에서부터 '질서 있는 이민행정'을 정책목표로 설정하고 지속적으로 예산을 투입해 왔다. 그 결과 불법체류나 불법고용 감독 강화, 자동출입국심사 시스템 구축, 체류외국인 통계 수집 및 정보관리 강화, 난민행정 개선 등이 추진되었다. 또한 이민행정 분야 전문인력 공급을 위한 노력도 하고 있다.

이러한 그간의 성과에도 불구하고 구조적 한계로 인한 한국 이민행정의 비효율성을 근본적으로 해소하고, 정부 내 이민정책의 낮은 위상을 제고하기 위해서는 무엇보다 이민정책을 통합 운영할 기관·부처 설립이 필요하다는 지적이 계속되고 있다(강동관, 2020; 한건수, 2016a).[4] 강동관(2020)은 법무부를 중심으로 다수의 관련부처가 영역별 정책을 추진하는 기존 이민정책 추진체계는 중복 행정과 이로 인한 예산낭비 문제를 야기해 왔으며, 급변하는 이민정책 환경변화에 빠르게 대응할 수 없다고 지적한다. 행정체계의 물리적 개편과 함께 대상과 목적별로 산재하고 상호연계성이 미흡한 이민 관련 법률 체계를 재정비하고, 이민정책 수립과 추진을 뒷받침할 포괄적이고 통일된 이민 관련 데이터베이스 구축이 동시에 추진될 필요가 있다.

끝으로 이민정책과 행정의 실효성을 높이기 위해 주요 이민 송출국과의 협력 강화가 필요하다. 투명하고 안전한 이민행정, 양질의 외국인력 확보, 불법체류 방지 및 자발적 귀환 촉진 등을 위해서는 송출국 정부의 협조가 반드시 필요하다. 또한 한국의 국제적 위상을 고려할 때 이주민 인권 보호 및 난민 보호 분야에서 정부역할을 강화하고, 국제 난민·이민 거버넌스에도 적극적으로 참여해야 한다.

---

4 최근 소위 '이민청' 설립과 관련한 논의가 다시 활발해지고 있다(예건대, 재외동포신문, http://www.dongponews.net/news/articleView.html?idxno=46121).

Discuss

1. 한국정부가 '이민정책'이라는 용어를 사용하는 것을 꺼리는 이유에 대해 토론해 보라.
2. 한국에서 '이민청' 설립을 촉구하는 기사나 논문을 더 찾아보고 본인의 의견을 피력해 보라.
3. 세계적인 '이주의 안보화(securitization)' 경향이 한국 이민정책 및 이민행정과 어떤 관련성이 있을지 논의하라.

CHAPTER 05

사증체계와 국적제도

1. 한국의 사증체계

2. 한국의 국적제도

CHAPTER 05 사증체계와 국적제도

이번 장은 한국 이민정책의 구성요소 중 외국인의 입국, 체류 및 정착에 가장 밀접한 관련성을 가지는 사증체계와 국적제도에 대해 살펴본다. 사증체계는 국경관리의 핵심 정책 도구로서 외국인이 적법하게 입국하고 체류하며 활동할 수 있는 근거가 된다. 한편 국적(취득, 상실, 회복)제도는 내국인과도 관련이 있는 제도이지만, 외국인의 국적취득은 이주의 최종적 단계로서 사회통합의 형식적 완성이라는 측면에서 중요성이 크다.

1. 한국의 사증체계

1) 사증 유형

모든 국가들은 국경통제의 기본 수단으로서 외국인의 입국 시 유효한 여권과 사증(visa) 소지를 요구하고 있다. 사증면제 조약에 의해 사증이 면제되는 경우는 예외로 볼 수 있지만, 이 경우에도 사증면제라는 일종의 자격(한국의 경우 B-1)을 부여받고 나서 입국하게 된다. 한국 「출입국관리법」 제7조(외국인의 입국) 제1항은 "외국인이 입국할 때에는 유효한 여권과 법무부장관이 발급한 사증(査證)을 가지고 있어야 한다"고 규정하고 있다. 사증은 1회에 한해 입국 가능한 단수사증과 일정한 유효기간 내에 입국 횟수의 제한이 없는 복수사증으로 구분할 수 있다.

사증은 외국인의 체류자격으로도 이해할 수 있는데, 사증 유형에 따라 외국인의 입국 기간, 활동범위 등의 권리 및 제한사항이 결정되기 때문이다. 「출입국관리법 시행령」 제12조는 90일을 기준으로 외국인의 체류자격(즉, 사증 유형)을 단기와 장기로 구분하고, 편의상 알파벳과 숫자로 조합된 코드를 부여하고 있다(강동관, 2020). 현재 외국인에게 부여되는 한국의 사증 종류는 총 36개로서 5개의 단기체류자격과 31개의 장기체류자격(영주자격 포함)으로 구성된다.[1] 한국의 사증 종류를 출입국 목적과 기간에 따라 〈표 5-1〉과 같이 분류할 수 있다.

〈표 5-1〉 한국의 사증체계

출입국목적	90일 이하	91일 이상
외교 등	외교(A-1), 공무(A-2), 협정(A-3)	
관광, 통과, 각종 행사・회의 참가 등	사증면제(B-1), 관광통과(B-2), 단기방문(C-3)	해당없음
가족・친척 방문, 동거, 결혼, 영주 등	사증면제(B-1), 관광통과(B-2), 단기방문(C-3)	방문동거(F-1), 거주(F-2), 동반(F-3), 재외동포(F-4), 영주(F-5), 결혼이민(F-6)
사업 목적	단기방문(C-3)	주재(D-7), 기업투자(D-8), 무역경영(D-9)
학업 목적	단기방문(C-3)	유학(D-2), 일반연수(D-4)
취업 목적	단기취업(C-4)	교수(E-1), 회화지도(E-2), 연구(E-3), 기술지도(E-4), 전문직업(E-5), 예술흥행(E-6), 특정활동(E-7), 계절근로(E-8), 관광취업(H-1), 방문취업(H-2)
기 타	기타(G-1)	

출처 : 하이코리아(https://www.hikorea.go.kr/info/InfoMain.pt), 「출입국관리법 시행령」 [별표 1]과 [별표1의2]에서 저자 취합.

1 계절근로(E-8)는 2019년 신설된 체류자격으로서 5개월 이내로 농어업 분야 취업활동을 하려는 자에게 부여된다. 「출입국관리법 시행령」 [별표 1의2]에는 계절근로(E-8)가 "20의2"로 특정활동(E-7)과 같은 일련번호를 부여하고 있으나, 만약 E-8을 별도의 체류자격으로 간주할 경우 장기체류자격은 영주(F-5) 포함 총 32개가 된다.

2) 체류자격 유형

사증의 종류에 따라 체류 목적(유형), 체류기간, 경제활동의 범위, 사회보장 접근 및 정치참여의 기회 등 체류 조건과 권리 사항이 결정된다. 다음 〈표 5-2〉는 장기체류자격에 해당하는 자격별 대상자 및 활동범위를 일람하였다.[2] 체류자격을 부여받기 위한 요건은 입국 목적에 따라 매우 다양하며, 입국 시 1회에 부여되는 기간, 갱신 가능 여부, 활동의 범위도 자격별로 상이하다. 일반적으로 단기체류자는 90일이 체류기간의 상한이지만, 장기체류로 분류되는 자격의 경우 1~5년 사이의 체류기간을 부여받게 되는데, 협정이나 계약의 기간에 따라 실제 부여되는 기간이 달라질 수 있다. 대체로 신분이 확실하거나 기술수준이 높은 외국인이 경우 1회에 부여받는 체류기간이 길다고 볼 수 있다.

〈표 5-2〉 장기체류자격별 대상과 활동범위

자격(기호)	체류자격에 해당하는 사람 또는 활동범위
외교 (A-1)	대한민국정부가 접수한 외국정부의 외교사절단이나 영사기관의 구성원, 조약 또는 국제관행에 따라 외교사절과 동등한 특권과 면제를 받는 사람과 그 가족
공무(A-2)	대한민국정부가 승인한 외국정부 또는 국제기구의 공무를 수행하는 사람과 그 가족
협정 (A-3)	대한민국정부와의 협정에 따라 외국인등록이 면제되거나 면제할 필요가 있다고 인정되는 사람과 그 가족
문화예술 (D-1)	수익을 목적으로 하지 않는 문화 또는 예술 관련 활동을 하려는 사람(대한민국의 전통문화 또는 예술에 대하여 전문적인 연구를 하거나 전문가의 지도를 받으려는 사람을 포함한다)
유학 (D-2)	전문대학 이상의 교육기관 또는 학술연구기관에서 정규과정의 교육을 받거나 특정 연구를 하려는 사람
기술연수 (D-3)	법무부장관이 정하는 연수조건을 갖춘 사람으로서 국내의 산업체에서 연수를 받으려는 사람

2 이 표에서는 핵심적 장기체류자격이라 할 수 있는 영주(F-5)는 다루지 않았다. 영주(F-5) 자격의 경우 일정한 연속체류, 품행, 소득 · 재산, 언어능력 등 부여 요건이 까다롭다. 영주권자는 체류 및 활동에 있어 이주민으로서 가장 높은 수준의 권리를 누릴 수 있기 때문이다. 영주자격의 중요성과 국적제도와의 관련성에 대해서는 다음 절에서 상술하기로 한다.

일반연수 (D-4)	법무부장관이 정하는 요건을 갖춘 교육기관이나 기업체, 단체 등에서 교육 또는 연수를 받거나 연구활동에 종사하려는 사람
취재 (D-5)	외국의 신문사, 방송사, 잡지사 또는 그 밖의 보도기관으로부터 파견되거나 외국 보도기관과의 계약에 따라 국내에 주재하면서 취재 또는 보도활동을 하려는 사람
종교 (D-6)	외국의 종교단체 또는 사회복지단체로부터 파견 혹은 초청되어 대한민국에 있는 지부 또는 유관 종교단체에서 종교활동이나 사회복지활동을 하려는 사람
주재 (D-7)	외국의 공공기관.· 단체 또는 회사의 본사, 지사, 그 밖의 사업소 등에서 1년 이상 근무한 사람으로서 대한민국에 있는 그 계열회사, 자회사, 지점 또는 사무소 등에 파견된 자 등
기업투자 (D-8)	외국인투자기업의 경영 · 관리 또는 생산 · 기술 분야에 종사하려는 필수전문인력으로서 법무부장관이 인정하는 사람, 우수한 기술력으로 법무부장관이 인정한 법인 창업자 등
무역경영 (D-9)	대한민국에 회사를 설립하여 경영하거나 무역, 그 밖의 영리사업을 위한 활동을 하려는 사람으로서 필수 전문인력에 해당하는 사람
구직 (D-10)	교수(E-1)부터 특정활동(E-7)까지의 체류자격[예술흥행(E-6) 체류자격 중 일부 제외]에 해당하는 분야에 취업하기 위하여 연수나 구직활동 등을 하려는 사람, 기업투자(D-8)에 해당하는 법인의 창업 준비 등을 하려는 사람
교수 (E-1)	외국인으로서 전문대학 이상의 교육기관이나 이에 준하는 기관에서 전문 분야의 교육 또는 연구 · 지도 활동에 종사하려는 사람
회화지도 (E-2)	외국어전문학원, 초등학교 이상의 교육기관 및 부설어학연구소, 방송사 및 기업체 부설 어학연수원, 그 밖에 이에 준하는 기관 또는 단체에서 외국어 회화지도에 종사하려는 사람
연구 (E-3)	대한민국 내 공공기관 · 민간단체로부터 초청을 받아 각종 연구소에서 자연과학 분야의 연구, 사회과학 · 인문학 · 예체능 분야의 연구 또는 산업상 고도기술의 연구 · 개발 종사자
기술지도 (E-4)	자연과학 분야의 전문지식 또는 산업상 특수한 분야에 속하는 기술을 제공하기 위하여 대한민국 내 공공기관 · 민간단체로부터 초청을 받아 종사하려는 사람
전문직업 (E-5)	대한민국 법률에 따라 자격이 인정된 외국의 변호사, 공인회계사, 의사, 그 밖에 국가공인 자격이 있는 사람으로서 대한민국 법률에 따라 할 수 있도록 되어 있는 법률, 회계, 의료 등의 전문업무에 종사하려는 사람
예술흥행 (E-6)	수익이 따르는 음악, 미술, 문학 등의 예술활동과 수익을 목적으로 하는 연예, 연주, 연극, 운동경기, 광고 · 패션 모델, 그 밖에 이에 준하는 활동을 하려는 사람
특정활동 (E-7)	대한민국 내의 공공기관 · 민간단체 등과의 계약에 따라 법무부장관이 특별히 지정하는 활동에 종사하려는 사람
계절근로 (E-8)	법무부장관이 관계 중앙행정기관의 장과 협의하여 정하는 농작물 재배 · 수확 및 수산물 원시가공 분야에서 취업 활동을 하려는 사람

비전문 취업(E-9)	「외국인근로자의 고용 등에 관한 법률」에 따른 국내 취업요건을 갖춘 사람(일정 자격이나 경력 등이 필요한 전문직종에 종사하려는 사람은 제외한다)
선원취업 (E-10)	6개월 이상 노무를 제공할 것을 조건으로 선원근로계약을 체결한 외국인으로서 「선원법」에 따른 부원(部員)에 해당하는 사람 등
방문동거 (F-1)	친척 방문, 가족 동거, 피부양(被扶養), 가사정리 등의 목적으로 체류하려는 사람, 외교(A-1), 기업투자(D-8), 영주(F-5) 등 체류자격에 해당하는 사람의 가사보조인 등
거주 (F-2)	국민의 미성년 외국인 자녀 또는 영주(F-5) 체류자격을 가지고 있는 사람의 배우자 및 그의 미성년 자녀, 국민과 혼인관계(사실상의 혼인관계를 포함한다)에서 출생한 사람, 난민의 인정을 받은 사람 등
동반 (F-3)	문화예술(D-1)부터 특정활동(E-7)까지의 체류자격에 해당하는 사람의 배우자 및 미성년 자녀로서 배우자가 없는 사람
재외동포 (F-4)	「재외동포의 출입국과 법적 지위에 관한 법률」에 해당하는 사람(단순 노무행위에서 취업활동에 종사하려는 사람은 제외한다)
결혼이민 (F-6)	국민의 배우자, 국민과 혼인관계(사실상의 혼인관계를 포함한다)에서 출생한 자녀를 양육하고 있는 부 또는 모로서 법무부장관이 인정하는 사람, 국민인 배우자로 체류하던 중 자신에게 책임이 없는 사유로 정상적인 혼인관계를 유지할 수 없는 사람
관광취업 (H-1)	대한민국과 관광취업에 관한 협정이나 양해각서 등을 체결한 국가의 국민으로서 협정 등의 내용에 따라 관광과 취업활동을 하려는 사람
방문취업 (H-2)	「재외동포의 출입국과 법적지위에 관한 법률」에 따른 외국국적동포에 해당하고, 18세 이상인 사람 중에서 법무부장관이 지정한 활동범위* 내에서 체류하려는 사람
기 타 (G-1)	단기체류자격이나 이 표의 외교(A-1)부터 방문취업(H-2)까지 또는 영주(F-5) 체류자격에 해당하지 않는 사람으로서 법무부장관이 인정하는 사람

주 : 방문취업(H-2) 자격을 가진 자가 취업할 수 있는 분야는 단순노무 업종으로서 본 서 제6장을 참조할 것.
출처 : 「출입국관리법 시행령」 [별표 1의2]에서 저자 요약.

2021년 말 기준 국내 체류외국인은 1,956,781명으로서 2019년 240만 명을 넘었던 것과 비교해 상당히 감소하였는데, 이는 2020년부터 코로나19(COVID-19)의 영향으로 국제이주가 상당히 위축된 결과이다(출입국 · 외국인정책본부, 2022 : 42). 유형별로 보면 체류외국인 중 사증면제(B-1)를 제외하고 재외동포(F-4), 비전문취업(E-9), 영주(F-5), 결혼이민(F-6), 방문취업(H-2), 유학(D-2) 자격순으로 높은 비중을 차지하고 있다.

〈표 5-3〉 체류외국인 자격별 · 연도별 현황 (단위 : 명)

구분 \ 연도	2017	2018	2019	2020	2021
계	2,180,498	2,367,607	2,524,656	2,036,075	1,956,781
사증면제(B-1)	177,629	228,194	248,753	179,332	165,869
관광통과(B-2)	121,725	149,474	204,541	51,977	43,673
단기방문(C-3)	199,518	218,743	256,696	114,261	97,225
단기취업(C-4)	1,719	1,302	1,645	2,356	1,691
유학(D-2)	86,875	102,690	118,254	101,810	111,178
기술연수(D-3)	2,705	2,461	1,964	1,634	1,654
일반연수(D-4)	49,939	59,729	63,691	52,952	53,870
종교(D-6)	1,723	1,594	1,561	1,254	1,378
주재(D-7)	1,340	1,308	1,400	1,057	1,028
기업투자(D-8)	5,939	5,889	5,909	5,587	5,955
무역경영(D-9)	2,982	2,520	2,352	2,136	2,053
교수(E-1)	2,427	2,341	2,187	2,053	2,017
회화지도(E-2)	14,352	13,749	13,910	12,621	13,403
연구(E-3)	3,214	3,145	3,132	3,110	3,638
예술흥행(E-6)	3,704	3,633	3,549	3,011	3,285
특정활동(E-7)	21,206	21,884	21,314	19,534	20,675
비전문취업(E-9)	279,127	280,312	276,755	236,950	217,729
선원취업(E-10)	16,069	17,447	17,603	17,552	17,921
방문동거(F-1)	111,449	118,192	122,886	105,382	96,015
거주(F-2)	40,594	41,099	43,671	43,666	42,367
동반(F-3)	22,457	22,360	22,890	20,050	21,237
재외동포(F-4)	415,121	444,880	464,152	466,682	478,442
영주(F-5)	136,334	142,151	153,291	160,947	168,118
결혼이민(F-6)	155,457	159,206	166,025	168,594	133,987
기타(G-1)	21,197	29,822	36,507	33,196	30,158
방문취업(H-2)	238,880	250,381	226,322	154,537	125,493
기 타	46,816	43,101	43,696	73,834	96,722

출처 : 출입국 · 외국인정책본부(2022), p. 43.

한국정부는 이민 관리의 효율성을 높이기 위해 「출입국관리법 시행령」을 개정하여 체류자격을 추가 혹은 변경해 왔다. 예컨대, 결혼이민자 유입 증가에 대처하기 위해 국민의 배우자에게 부여하던 F-2 자격 대신 2011년 '결혼이민(F-6)' 자격을 신설하였다. 2019년에는 농·어업 분야 계절제 이주노동자 수요가 급증함에 따라 관련 정책을 강화하면서 '계절근로(E-8)'[3] 자격을 도입하기도 했다. 체류자격의 요건 및 활동범위는 정책적 필요성에 의해 자주 변경되기 때문에 현행화된 비자 및 체류자격 매뉴얼을 수시로 확인해야 한다.

체류자격과 관련하여 한 가지 주목해야 할 점은 정부는 적합한 사증(체류자격)을 부여할 수 있을 뿐만 아니라, 법령에 따라 외국인의 입국을 거부할 수 있다는 것이다. 한국의 경우 「출입국관리법」 제11조에 따라 감염병 환자, 무기 소지자, 범죄자 등의 입국을 거부할 수 있고, 정신장애인이나 국내체류비용을 부담할 능력이 없는 사람 혹은 과거 강제추방(퇴거)된 사람의 입국도 금지할 수 있다. 흥미로운 것은 일제강점기(1910~1945) 학살·학대 지시 및 가담자의 입국을 제한하는 규정도 있다.

지금까지 이민정책의 첫 단계이자 국경관리의 가장 핵심적인 정책 분야라 할 수 있는 사증(체류자격) 정책에 대해 살펴보았다. 한국의 이민정책은 매우 세분된 사증체계를 특징으로 한다(G. Kim, 2018). 정부는 이민 흐름의 변화나 노동시장의 요구 등을 반영하여 사증체계를 발전시켜 왔다. 이민정책의 목표를 달성하기 위해 체류자격의 분류체계, 요건, 기간, 활동범위 등을 정책환경 변화에 맞게 조정함으로써 신속히 대응하고 있다는 점은 긍정적으로 평가할 수 있겠다.

그러나 사증 및 체류자격의 복잡성과 잦은 변경은 여러 문제점을 낳고 있기도 하다. 무엇보다 언어장벽 등으로 정보 접근성이 낮은 이주민들은 의도하지 않게 출입국 및 체류 관련 규정을 위반할 위험성이 있거나 반대로 적절한 혜택을 받지 못할 가능성이 높다. 이민행정을 담당하는 공무원이나 지원서비스 제공자들도 수시로 개정되는 수백 페이지에 달하는 사증업무 매뉴얼을 숙지하는 것이 결코 쉬운 일은 아닐 것이다. 정부가 출입국 및 사증정보 포털(hikorea.go.kr)을 운영

3 E-8 자격은 2007년 고용허가제 전면 도입 이전 연수취업자에게 부여했던 체류자격 코드였다.

하고 있기는 하지만, 현재 영어와 중국어 정도만 지원되고 있어 다국어 지원을 확대하여 정보접근성을 시급히 향상시킬 필요가 있다.

2. 한국의 국적제도

이민행정에서 가장 중요한 업무 영역 중 하나는 국적 업무이다. 이민자 수용국의 입장에서 외국인에게 국적을 부여하는 것은 출산 외에 국민을 확보하는 유일한 방법이다. 한편 이주민 입장에서 정착국의 국적을 취득한다는 것은 해당국의 국민으로서 동등한 자격과 신분을 얻게 되는 것으로서 국제이주 단계가 종결됨을 의미한다. 또한 이주민의 사회·정치적 통합이 적어도 형식적 차원에서는 완결된다는 의미가 있다.

1) 영주자격 제도

영주권(permanent residency)은 이주민이 정착국에서 영구히 거주할 수 있는 체류자격으로서 국적취득 외 외국인이 도달할 수 있는 가장 높은 수준의 권리이다. 따라서 영주자격은 다른 유형의 체류자격과 달리 이주민의 장기적 체류 및 궁극적 정착을 전제하고 부여된다. 한국은 2002년 처음으로 영주자격을 신설하였으며, 영주자격 취득 및 갱신요건을 완화하는 방식으로 점차 적용 대상자 범위를 확대하는 추세이다(강동관, 2020).

영주자격 제도와 국적제도는 밀접한 연관성을 가진다. 주요 이민국가들은 외국인이 국적을 취득, 즉 귀화(naturalization)를 신청하는 자격을 부여하는 조건으로 영주권을 먼저 취득하도록 규정하고 있다. 한국도 오랜 논의를 거쳐 2018년부터 국적 제도 개선방안의 하나로 국적취득을 원하는 외국인은 먼저 영주자격을 취득하고, 일정 기간 이상 국내에 체류하면서 국민으로서의 기본적 소양을 갖춘 후 국적 신청이 가능하도록 요건화하는 소위 '영주자격 전치주의'를 제도화하였다(법무부, 2013; 2018).[4] 정부는 '영주자격 전치주의' 도입에 따라 영주자격 외국인을 일반 체류자격 외국인과 구분하여 권리와 의무를 규정하고 있다.

「출입국관리법 시행령」 [별표 1의3]에 따르면, 영주(F-5) 자격에 부합하는 주요 대상은 다음과 같다 : ① 대한민국 「민법」에 따른 성년으로서 [별표 1의2] 중 10. 주재(D-7)부터 20. 특정활동(E-7)까지의 체류자격이나 [별표 1의2] 중 24. 거주(F-2) 체류자격으로 5년 이상 대한민국에 체류하고 있는 사람, ② 국민 또는 영주자격(F-5)을 가진 사람의 배우자 또는 미성년 자녀로서 대한민국에 2년 이상 체류하고 있는 사람 및 대한민국에서 출생한 것을 이유로 법 제23조에 따라 체류자격 부여 신청을 한 사람으로서 출생 당시 그의 부 또는 모가 영주자격(F-5)으로 대한민국에 체류하고 있는 사람 중 법무부장관이 인정하는 사람, ③ 재외동포(F-4) 체류자격으로 대한민국에 2년 이상 계속 체류하고 있는 사람으로서 대한민국에 계속 거주할 필요가 있다고 법무부장관이 인정하는 사람 등.

2018년 9월부터는 영주자격을 신청하기 위해서는 거주기간 등의 요건 외에도 사회통합프로그램을 이수 완료하거나 영주용 종합평가에 합격해야 한다.[5] 영주권 신청자에게 한국어능력, 한국사회의 법과 문화에 대한 지식 등 충분한 소양을 갖추도록 요구하는 조치는 사회 구성원으로서 적합한 외국인에게만 국내에 장기간(혹은 영구적으로) 체류할 기회를 주려는 목적으로 도입되었다고 볼 수 있다. 결국 영주자격 전치주의는 최종적으로 국적을 부여하기 전에 외국인이 한국의 국민으로서 적합한가를 검증하는 일종의 대기기간(probationary period)의 성격으로 볼 수 있다(Cohen, 2015).

4 일부 특별귀화 대상자의 경우는 '영주자격 전치주의'의 예외를 인정하고 있다.

5 사회통합프로그램을 이수하고 영주용 종합평가에 합격한 외국인은 영주자격 신청 시 한국어시험 면제 등 혜택을 부여한다. 관련정보는 법무부 사회통합정보망 참조(https://www.socinet.go.kr/soci/contents/PgmBaseValu.jsp?q_global_menu_id=S_SIP_SUB04).

2) 국적정책과 현황

한 국가의 국민으로서의 자격은 법률로서 규정된다. 「대한민국헌법」 제2조 제1항은 "대한민국의 국민이 되는 요건은 법률로 정한다"고 명시하고 있으며, 이에 근거하여 한국의 국적제도는 「국적법」에 구체화되어 있다. 법무부 출입국·외국인정책본부의 국적과가 국적취득(귀화)·회복·취소에 관한 사항, 국적의 판정 및 복수국적자 관리, 그리고 귀화적격심사에 관한 업무 등을 주관하고 있다.

한국의 국적부여 원칙은 1948년 「국적법」이 제정된 이후 혈통주의(jus sanguinis)와 단일국적주의 원칙을 따르고 있다. 애초에는 부계(父系)혈통주의를 채택하였으나 1998년 법 개정을 통해 부모양계(父母兩系) 혈통주의로 변경하였다. 그와 동시에 대한민국 국민과 결혼한 외국인 여성이 결혼과 동시에 대한민국 국적을 취득하도록 한 규정을 폐지함으로써 외국인이 혼인을 통한 국적취득 요건을 강화하였다. 한편 2010년 개정을 통해서는 엄격한 단일국적주의를 일부 탈피하여 고령의 동포[6]나 외국인 우수인재 등의 경우 예외적으로 복수국적 보유를 허용하고 있다.

「국적법」이 규정하고 있는 한국 국적의 취득 방법에는 '출생에 의한 국적 취득'(제2조), '인지에 의한 국적 취득'(제3조), '귀화에 의한 국적취득'(제4조) 및 '국적회복에 의한 국적 취득'(제9조)이 있다. 출생 당시에 부(父) 또는 모(母)가 대한민국의 국민인 자는 자동적으로 한국 국적을 취득할 수 있다. 그러나 부모가 모두 분명하지 아니한 경우나 국적이 없는 경우에는 대한민국에서 출생한 자도 국적을 부여하고 있어, 원칙적으로 혈통주의를 따르지만 속지주의적 요소도 일부 포함되어 있다고 볼 수 있다. '인지에 의한 국적 취득'이란 대한민국의 국민인 부 또는 모가 대한민국의 국민이 아닌 미성년자를 그들의 자녀로 인지(認知)하고 신고함으로써 국적을 취득하는 방법을 의미한다. 한편 '국적 회복'은 대한민국의

6 한국정부는 2022년 현재 65세 이상의 동포에게 복수국적 보유를 허락하고 있다. 관련 기사 참조(연합뉴스, https://www.yna.co.kr/view/AKR20200811158400371).

국민이었던 외국인이 법무부장관의 허가를 받아 다시 대한민국 국적을 취득하는 방법을 가리키며, 주로 재외동포들에게 적용된다.

한편 혈통적 관련성이 없는 외국인은 법무부장관의 귀화허가(歸化許可)를 받아야 대한민국 국적을 취득할 수 있는데, 일반귀화, 간이귀화, 특별귀화로 나눌 수 있다. 일반귀화는 5년 이상 대한민국에 주소지를 둔 자 중 일정한 연령(성년), 소득 및 재산, 국어능력 및 품행단정 등의 기준을 충족한 경우에 허가될 수 있다. 그러나 대한민국에서 출생한 사람의 자녀나 결혼이민자의 경우, 혹은 미성년 자녀를 양육하고 있거나 양육하여야 하는 결혼이민자는 앞서 언급한 일반귀화의 요건보다 완화된 요건을 적용하여 간이귀화를 허용하고 있다. 또한 대한민국에 특별한 공로가 있는 사람이나 과학 · 경제 · 문화 · 체육 등 특정 분야에서 매우 우수한 능력을 보유한 사람으로서 대한민국의 국익에 기여할 것으로 인정되는 사람은 특별귀화를 통해 국적을 취득할 수 있다.

한국 국적자가 자진하여 외국 국적을 취득하게 되면 한국 국적을 상실하게 되는 것이 원칙이다(이를 '국적상실'이라고 한다). 또한 한국은 원칙적으로 복수 국적을 허용하지 않기 때문에, 한국 국적을 취득한 외국인은 1년 이내에 외국 국적을 포기해야 한다. 예외 규정이 있기는 하지만 복수 국적자가 외국 국적을 포기하지 않으면 한국 국적을 잃게 되는데 이를 '국적이탈'이라고 한다. 출생과 동시에 복수국적이 된 자는 일정 기간 복수국적을 유지할 수 있지만 만 22세가 되기 전까지 하나의 국적을 선택해야 한다. 당연한 내용이지만 대한민국 국적을 상실하거나 이탈한 자는 그 즉시 국민만이 누릴 수 있는 권리를 누릴 수 없게 된다. 일부 국적 상실자는 법무부장관의 국적회복허가를 받아 대한민국 국적을 다시 취득할 수 있다. 그러나 심대한 범죄나 병역기피를 목적으로 국적을 상실하거나 이탈한 경우는 국적회복을 제한하고 있다.

1948년 「국적법」이 제정된 이후 2021년 말까지 귀화허가 또는 국적회복허가를 받아 대한민국 국적을 취득한 사람은 총 282,611명이다(출입국 · 외국인정책본부, 2022 : 64). 다음 <표 5-4>에 제시된 것처럼, 2021년도 기준 귀화자 및 국적회복자는 총 13,637명이다.[7] 귀화의 경우, 이민행정상의 이유로 2019년 일시적으로 감소한 것을 제외하면 최근 7년간 연 1만 명 수준을 유지하고 있다. 국적회복자 수도 꾸준히 증가하는 추세이며, 연간 2,300~2,800명 수준을 유지하고 있다. 표에서 제시되지는 않았지만, 귀화자 중에는 중국, 베트남 등의 비율이 높은데, 이는 한국인과의 혼인을 통한 간이귀화 비율이 높기 때문이다. 반면 국적회복자는 미국이나 캐나다 출신 비중이 높은데 65세 이상인 고령동포의 복수국적 허용 등의 영향으로 미주지역 외국국적동포들의 국적회복 사례가 증가하였기 때문으로 풀이된다. 한편 2021년도 국적을 상실하거나 이탈한 자의 수는 25,579명으로, 같은 해 귀화자 및 국적회복자를 합한 13,637명의 약 두 배에 달한다. 국적상실자 규모가 경향적으로 증가하지 않는 것과 대조적으로, 이중국적자의 국적이탈 건수는 최근 빠르게 늘고 있다.

〈표 5-4〉 국적처리 통계 (단위 : 명)

구분 연도	소 계	귀 화	국적회복	소 계	국적이탈	국적상실
2015	13,534	10,924	2,610	17,529	934	16,595
2016	12,411	10,108	2,303	36,404	1,147	35,257
2017	12,861	10,086	2,775	21,269	1,905	19,364
2018	14,254	11,556	2,698	33,594	6,986	26,608
2019	12,357	9,914	2,443	24,539	2,461	22,078
2020	15,649	13,885	1,764	28,685	3,651	25,034
2021	13,637	10,895	2,742	25,579	4,308	21,271

출처 : 출입국 · 외국인정책본부(2022), pp. 65-69로부터 저자 취합.

한국의 국적제도는 국제이주의 증가와 사회변동에 발 맞추어 꾸준히 개선되고 있다. 영주권 전치주의와 영주권 및 국적신청 시 사회통합프로그램 이수를 유도

7 2020년의 경우 귀화자 및 국적회복자가 15,649명으로 예년 대비 급증하였는데, 이는 2018년 영주권 전치주의를 포함한 개정 「국적법」 시행을 앞두고 귀화 신청자가 증가하였고 이를 2020년에 집중 처리한 결과이다(출입국 · 외국인정책본부, 2022 : 64).

하는 등의 노력은 새롭게 국민이 되는 외국인의 사회통합 가능성을 높이기 위한 바람직한 정책방향이라고 생각한다. 또한 결혼이민자 및 다문화가족 증가에 대응하기 위한 간이귀화제도 개선이나 외국국적동포와 우수인재의 귀화를 유도하기 위해 제한적으로나마 복수국적제도를 운영하기 시작한 것도 긍정적 변화라고 평가할 수 있겠다(법무부, 2018).

하지만 앞의 국적통계에서 보듯이 한국국적을 신규로 취득하거나 회복하는 사람의 수보다 국적을 상실하거나 이탈하는 사람의 수가 훨씬 더 많은 상황이다. 이는 저출산 등으로 인구(특히 생산가능인구) 축소 위기에 있는 한국의 입장에서 매우 아쉬운 상황이 아닐 수 없다. 또한 복수국적제도 도입을 통해 의도한 우수인재나 전문인력의 귀화 성과가 미미한 것도 아쉬운 점이다(장주영, 2020). 특별히 병역회피 목적의 국적이탈이 지속적으로 사회문제화 되고 있는 만큼, 이중국적의 청년들이 병역의무와 국적문제를 조화할 수 있는 현실적 방안을 시급히 마련할 필요가 있다.

Discuss

1. 한국의 사증체계와 영국이나 미국의 사증체계를 비교해 보고, 차이점에 대해 논의하라.
2. '영주권 전치주의'의 도입배경을 알아보고 그 유용성에 대해 비판적으로 토론해 보라.
3. 이중국적자의 병역기피 목적의 국적이탈 사례를 찾아보고, 주요 쟁점과 개선방안에 대해 토론해 보라.

CHAPTER 06

비전문 외국인력정책

1. 비전문 외국인력의 개념과 정책

2. 한국의 비전문 외국인력정책

CHAPTER 06 비전문 외국인력정책

이번 장에서는 노동이민 정책 중 외국인 비전문인력 정책에 대해 살펴본다. 비전문인력으로 분류되는 외국인 노동자는 한국으로의 이민유입 흐름에서 가장 큰 비중을 차지하고 있으며, 이들을 유치, 활용 및 관리하는 정책은 한국 이민정책에서 매우 높은 중요도를 가진다. 이번 장을 통해 비전문 외국인력의 일반적 특성과 정책적 쟁점, 그리고 한국의 비전문 외국인력정책의 주요 내용과 특징을 학습한다.

1. 비전문 외국인력의 개념과 정책

1) 비전문 외국인력의 개념

이주의 동기와 발생 메커니즘은 다양하다(본 서 제2장 참조). 그중에서도 취업이나 사업 등 경제적 동기는 국제이주를 발생시키는 강력한 기제이다. 특히 취업을 목적으로 한 이주민을 '노동이민자(labor migrants)', '이주노동자(immigrant workers)' 혹은 '외국인근로자(forgeign workers)'로 부른다. 이 용어들은 사실상 같은 의미이지만 사회적 함의는 다를 수 있다. 언어권별로 차이는 다소 있겠으나 '외국인근로자'나 '이주노동자'는 전문성이 낮고 단기간 체류하는 저임금 근로자라는 의미를 내포한다. 현재는 자주 쓰이지 않지만 '초청노동자(guest worker)'라는 표현은 비전문 외국인력에 대한 부정적 함의를 가장 뚜렷이 내포한다.

비전문 외국인력은 다음과 같은 측면에서 전문 외국인력과 구분된다. 첫째, 비전문 외국인력은 기술 수준이나 전문성의 수준이 낮은 노동이민자를 가리킨다. 이들은 이주 후 통상적으로 단순노무나 비숙련직종에서 종사하게 된다. 그러나 전문인력과 비전문인력을 구분하는 국제적으로 통용되는 명확한 기준은 존재하지 않으며, 이주 과정이 진행되면서 이주민의 기술 · 전문성의 수준은 변화할 수 있고, 정책상의 분류방법도 달라질 수 있다. 둘째, 비전문 외국인력은 진문인력의 경우와는 달리 고용계약 기간 내에서 한시적(temporary)으로 체류할 것으로 기대된다. 뒤에서 살펴보겠지만 비전문 외국인력을 유치하는 나라들은 이들을 대체할 이주 인력이 대기 중인 만큼 기존 인력의 장기 정착을 유도하기보다는 단기순환 방식으로 이들을 유치하려는 경향이 강하다.

노동이민자의 개념을 이해하는 데 있어 주의할 점은 이것이 반드시 취업목적의 체류자격(사증)을 소지한 이주민만을 의미하는 것은 아니라는 점이다. 보통의 경우 취업을 목적으로 이주하는 경우 업종 · 직종 및 기술수준에 따라 부여되는 취업목적 체류자격을 먼저 취득하고 입국하게 된다. 한국의 경우 8종의 전문 · 숙련인력 체류자격(C-4, E-1~E-7)과 4종의 비전문인력 체류자격(E-8, E-9, E-10, H-2)으로 세분화되어 있다. 그러나 거주(F-2), 영주(F-5), 결혼이민(F-6) 등의 자격을 가진 외국인은 제한 없이 취업활동을 할 수 있으며, 다소 제약이 있기는 하지만 재외동포(F-4)나 심지어 유학(D-2) 자격을 가지고도 경제활동에 참여할 수 있다.

또 하나 주목할 점은 비전문인력 자격으로 입국한 외국인도 시간이 경과하면서 기술 · 전문성의 향상(upskilling)을 통해 체류자격이 변화될 수 있다는 것이다. 그 경우 이들의 장기정착 기회가 증가하고 및 사회 · 경제 · 정치적 권리가 향상되는 등 이주민의 삶에 많은 변화가 동반될 수 있다. 달리 말해 앞에서 언급한 비전문 외국인력과 전문 외국인력의 차이나 경계는 유동적으로 이해되어야 한다는 것이다.

2) 비전문 외국인력정책

유입국의 제조업이나 건설업 등에서 노동력 수요가 급증하거나, 가사 · 돌봄서비스 등 내국인 고용이 갈수록 어려워지는 분야가 발생하게 되면, 정부는 외국으로부터 인력을 유치하는 방안을 고려하게 된다. 물론 자동화나 생산시설의 해외이전 혹은 국내 유휴인력(예컨대, 노인이나 여성)의 활성화(activation)를 통해 인력부족 문제를 해소할 수도 있다. 그러나 저출산과 노령화로 생산가능인구가 만성적으로 축소되는 상황에서는 이주노동자를 활용하는 것이 빠르고 효과적인 인력공급 방안일 수 있다.

노동이민은 모든 기술수준, 직종 · 업종 및 국가에서 발생하지만, 비전문인력의 노동이주는 주로 저임금 국가에서 고임금 국가로 발생하기 쉽다. 고소득 국가로의 지리적 이동만으로 노동생산성이 급격히 높아지는 효과가 발생하기 때문이다. 그러나 국가 간의 고용기회나 임금의 격차가 존재한다고 해서 바로 외국인력의 유입으로 이어지지는 않는다. 이들의 이주를 가능하게 만들어 줄 수 있는 제도, 즉 외국인력정책을 필요로 한다. 국제이주라는 것 자체가 제도 의존적 현상이지만, 노동력 공급자(이주민 본인)보다는 노동력 수요자(고용주나 유입국의 정부)가 주도권을 가지고 있는 비전문인력의 이주의 경우 제도의 중요성이 더욱 크다.

대부분의 이주노동력 유치 국가들은 전문인력과 비전문인력을 대상으로 상이한 이민정책을 운용한다. 전문 외국인력을 대상으로 한 정책의 경우 기술 · 전문성 수준에 차등이 있기는 하지만, 대체로 자유로운 구직활동을 보장하고, 부여되는 체류기간이 더 길며 자격의 연장이나 변경도 허용한다. 또한 원활한 사회적 통합을 지원하고 영주나 시민권 취득의 기회도 제공함으로써 이들의 장기 혹은 영구 정착(settlement)을 지원한다. 한편 비전문 외국인력을 대상으로 한 정책은 노동수요를 반영하여 외국인력의 유입을 탄력적으로 통제하려고 한다. 즉, 고용가능 분야, 업종, 규모를 설정하여 고용주의 책임하에 외국인력을 엄격히 제한된 범위와 규모로만 도입하려고 노력한다. 또한 비전문인력의 자격 연장과 변경 그리고 장기적 정착은 최대한 억제하려고 한다.

농 · 어업이나 제조업 등의 인력 부족을 해소하기 위해 해외로부터 비전문인력을 제도적으로 동원한 역사는 제국주의 시대까지 거슬러 올라갈 수 있다. 양차 세계대전을 거치면서 노예제가 계약에 의한 노동이주의 형태로 변화되고 국가는 비전문 외국인력제도를 통해 이를 뒷받침하게 되었다. 미국, 캐나다, 호주 등 정착 이주민에 의해 국가가 성립된 전통적 이민국가들도 브라세로 프로그램(Bracero program)[1]과 같은 단기순환적 노동이주 제도를 운영한 바 있다. 과거 대규모 유출 이민을 겪었던 유럽 국가들의 경우 전후 경제 재건 과정에서 이와 유사한 제도를 도입하였다. 전후 독일, 스웨덴 등 서유럽 곳곳에서 소위 '초청노동자 프로그램(guest-worker programs)'이라고 불리는 비전문 노동이주 제도가 도입되어 1973년 석유위기 때까지 운용되었다.

한국, 일본, 대만(중국), 싱가포르 등 1980년대 이후 새롭게 이민유입 국가가 된 나라들에서도 급속한 산업화를 뒷받침하기 위해 비전문 외국인력 도입을 제도화하였다. 이들 국가들은 제도 도입 시기와 내용 면에서 약간의 차이는 있지만, 공통적으로 상당히 선별적이고 통제된 형태의 비전문 외국인력정책을 발전시켜 나가고 있다. 이는 유럽에서 초청노동자 제도를 운영했던 나라들의 시행착오를 피하면서도 국가 경제 발전에 이주노동력을 전략적으로 활용하기 위한 노력으로 볼 수 있다.

비전문 외국인력의 유입과 관련된 가장 핵심적인 쟁점은 외국인력이 유입국의 노동시장에 미치는 영향이다. 대규모의 저숙련 외국인력의 유입은 비슷한 기술 수준을 가진 내국인과 같은 일자리를 놓고 경쟁함으로써 내국인의 고용을 악화시키고 임금이나 근로조건의 하락을 야기할 가능성이 제기된다(이규용, 2016). 그

1 브라세로 프로그램(Bracero program)은 1942년부터 시작된 미국과 멕시코 정부가 체결한 노동력에 관한 일련의 외교적 합의다. 이 프로그램은 제2차 세계대전으로 노동력 부족 현상을 겪던 미국의 농업분야에 종사할 멕시코 노동력을 공급할 목적으로 도입되었다. 참고로 '브라세로'는 스페인어로 육체 노동, 즉 단순 노동을 의미한다.

리고 고용주가 저임금과 열악한 근로조건을 감내하는 외국인력에 의존해 경쟁력이 떨어지는 사업체를 유지하는 경우 국가 산업의 전반적인 생산성이 저하되는 문제도 생길 수 있다. 또한 유럽의 초청노동자 국가들이 경험했듯이 저숙련 외국인력들이 체류 연장이나 불법체류 등의 방식으로 장기 체류하고 궁극적으로 정착하는 경우 애초에 의도치 않았던 사회·경제적 비용이 발생할 수 있다.

이러한 이유로 비전문 외국인력정책을 수립할 때 국내 노동시장을 교란하거나 산업 구조조정을 저해하지 않도록 한다는 것이 가장 중요한 고려사항이다. 따라서 외국인력의 투입이 필요한 분야에 최소한의 규모로 인력을 투입하여 활용하는 방식으로 제도가 설계된다. 따라서 외국인력 고용 허용 분야와 업종별 쿼터를 적용하고, 고용 가능 사업체의 규모 및 고용 가능 인원을 제한하는 내용이 포함된다. 외국인을 고용하는 업체에 부담금을 물려 외국인력 의존도를 낮추려는 시도를 하기도 한다. 이러한 도입 단계에서의 통제와 함께 도입된 비전문 외국인력의 이탈, 장기체류 및 정착을 방지하기 위한 통제 장치들이 포함된다. 체류기간의 연장을 제한하고 고용계약 종료 시 즉각적인 귀환이 이루어지도록 유인하는 정책 도구들도 동원된다.

요컨대, 비전문 외국인력정책은 내국인 노동시장을 보호하면서도 필요한 인력을 도입하여 활용하겠다는 매우 통제적이고 전략적인 정책이다. 이러한 정책목표를 실현하기 위한 선별적 혹은 차별적 접근은 법적, 정치적 논란이 될 수 있다. 자유민주의 국가에서 기본권을 침해하는 수준의 차별적 정책은 이주민 당사자를 포함한 시민사회로부터의 저항에 직면하거나, 삼권분립의 원칙과 국제사회의 압력 등으로 인해 정부의 의도대로 정책 추진이 불가능해지기도 한다. 이런 이유들로 인해 비전문 외국인력정책은 전문 외국인력정책과 달리 상당한 사회적 갈등과 이해관계자들 간의 충돌 속에서 도입되고 운영되는 경향이 발견되는데, 한국도 예외가 아니다.

2. 한국의 비전문 외국인력정책

1) 비전문 외국인력정책의 도입과 발전

한국은 1960~1980년대 급속한 산업화를 거치면서 이민 송출국에서 수용국으로 변모하였다(G. Kim, 2017). 성공적인 산업화와 경제성장 과정에서 내국인 인력풀(pool)은 빠르게 소진되었고, 커져가는 노동력 수요를 충족하기 위해 1980년대 후반부터는 해외로부터 비전문 외국인력이 유입되기 시작하였다. 1990년대 초반에 이르러는 외국인력 도입을 제도화하기 위한 논의가 본격화되었다.

한국의 비전문 외국인력정책의 발전과정은 '산업연수생제도'에서 '고용허가제'로의 전환 · 발전 과정으로 요약할 수 있다. 이규용(2016 : 347-349)은 이를 네 시기로 구분한 바 있는데, 본 서에서도 이를 토대로 그 과정을 다음과 같이 정리하고자 한다. 첫 단계는 산업연수생제도 도입기(1993~2000. 4)이다. 정부는 이른바 3D 업종 기피 현상으로 제조업 분야 단순기능인력 공급 부족이 심화되자 외국인력을 통해 이를 완화할 목적으로 1993년 11월에 '산업연수생제도'를 도입하였다. 이 제도는 그 명칭에서 알 수 있듯이 근로자가 아니라 산업연수생(industrial trainee) 신분으로 외국인력을 도입하는 제도이다. 이런 근본적인 한계로 인해 송출비리, 불법체류, 인권침해 등의 문제가 빈번히 발생하였다. 이에 대응하기 위해 1995년에는 「외국인산업기술연수생의 보호 및 관리에 관한 지침」을 마련하고 고용허가제 도입을 위한 논의를 시작하였으나 외환위기로 인해 추진이 미루어지게 된다.

두 번째 단계는 산업연수생제도 보완 및 대안 탐색기(2000. 4.~2004. 8)이다. 이 기간에는 기존의 산업연수생제도를 보완하기 위한 일련의 조치들이 취해지는 한편, 보다 근본적인 해결책 마련을 요구받는 시기이다. 외국인 연수생들의 이탈과 불법취업이 빈번히 발생하자 정부는 2000년 4월부터 산업연수생 제도를 보완한 '연수취업제'를 도입하였다. 처음에는 '연수 2년+취업 1년' 형태로 시행되다 2002년 4월부터는 '연수 1년+취업 2년'으로 취업기간이 확대되었다. 이 시기에 처음으로 비전문 외국인력 도입 규모의 총량 규제가 시작되었고, 외국인근로자의 인권을 보호하기 위한 입법이 추진되기도 했다. 연수취업제는 산업연수생제의 태생적 한계를 극복하지는 못했으나 연수생 신분이었던 비전문 외국인력들에게 처음으로 '근로자'로서의 법적 자격을 부여한 제도로서 의의가 있다. 한편 2002년에는 외국국적 동포(외국인으로서 내국인 친인척이 있는 자 혹은 그들의 직계존비속)들의 서비스 분야 취업을 공식화한 '취업관리제'가 도입되었다. 산업연수생은 음식업이나 가사업 등 서비스업에는 종사하지 못하도록 제한받았는데, 이 틈새 노동시장에 동포들이 광범위하게 진출해 있었고 취업관리제는 그런 현실을 양성화한 조치라고 볼 수 있다.

세 번째 단계는 고용허가제 도입 및 정착기(2004. 8.~2007. 3)이다. 이 시기는 2004년 8월에 고용허가제가 도입되어 일정 기간 기존의 산업연수생제(연수취업제)와 병행 운영되던 시기이다. 2003년에 외국인근로자에 대한 고용절차와 보호를 주요 내용으로 하는 「외국인근로자의 고용 등에 관한 법률」이 제정되고, 이를 근거로 2004년 8월부터 고용허가제가 시행되었다. 이때 최초로 고용허가제를 통해 92명의 필리핀 근로자가 3년 만기 귀환을 조건으로 국내에 도입되게 된다. 고용허가제는 일반외국인을 대상으로 한 프로그램과 동포들을 대상으로 한 특례제도(기존의 취업관리제를 흡수)로 이원화된 구조로 설계되어 정착되게 된다.

마지막 단계는 고용허가제의 발전기(2007. 3.~현재)이다. 2007년 이후 고용허가제는 한국의 외국인력정책의 근간으로서 비전문 외국인근로자의 도입과 활용 전반의 체계화와 효율화를 추구하면서 지속적으로 고도화된다. 그간 고용허가제는 무엇보다 내국인 노동시장을 교란하지 않는 선에서 중소기업의 인력난을 효과적으로 해소하는 데 기여해 왔다. 그와 동시에, 문제점이 없지 않지만 외국인근로자의 노동법상 권리가 보장되고 인권이 침해받지 않도록 하는 데도 상당한 기여를 했다고 평가할 수 있다.[2]

2 고용허가제 운영의 핵심 기관인 산업인력공단은 2011년 UN 공공행정대상(United Nations Public Service Awards)을 수상했는데, 외국인근로자 도입절차를 투명하게 운영해 송출비리, 인권침해, 불법체류 등의 문제를 크게 개선한 점을 높게 평가받았다(이데일리, https://www.edaily.co.kr/news/read?newsId=02164806596285000&mediaCodeNo=257&OutLnkChk=Y).

2) 고용허가제(Employment Permit System)

고용허가제는 주로 중소기업의 사용자가 내국인을 고용하지 못하는 경우 정부로부터 '고용허가(employment permit)'를 받아 외국인근로자를 고용할 수 있도록 하는 제도이다. 자발적인 구직을 통해 고용계약을 맺은 외국인이 근로 및 거주를 목적으로 유입국 정부로부터 발급받는 취업허가(work permit)와 대조된다. 이런 차이를 볼 때, 고용허가제는 수요자(고용주)의 입장에서 운영되는 외국인력 도입 제도인 것이다. 「외국인근로자의 고용 등에 관한 법률」에는 고용허가제도의 목적이 인력난을 겪는 중소기업을 위해 "외국인근로자를 체계적으로 도입 · 관리함으로써 원활한 인력수급 및 국민경제의 균형 있는 발전을 도모"(제1조)하는 것임을 분명히 밝히고 있다.

고용허가제의 중요한 특징 중의 하나는 운영주체가 정부라는 것이다. 정부는 국무총리실에 외국인력정책위원회(위원장 : 국무총리실장)를 설치하여 송출국가를 선정하고 매년 국내 인력수급 동향과 연계하여 외국인근로자 도입규모 및 허용업종 등 도입계획을 수립한다. 외국인력정책위원회의 구성은 기획재정부, 외교부, 법무부, 산업통상자원부, 고용노동부의 차관, 중소벤처기업부장관 및 대통령이 정하는 관계 중앙행정기관의 차관(문화체육관광부, 농림축산식품부, 보건복지부, 국토교통부) 등을 위원으로 하여 20명 이내로 구성된다.

앞서 언급하였듯이 한국 고용허가제는 이중 트랙(tracks), 즉 일반외국인을 대상으로 한 제도와 동포들을 대상으로 한 제도로 구성되어 있다는 특징이 있다. 따라서 각 트랙별로 대상, 허용업종, 절차, 체류 관리 등을 구분하여 이해할 필요가 있다. 또한 노동시장 여건이나 코로나19 등 예기치 않은 상황 변화에 따라 규정과 절차가 빈번히 변경되므로 다음의 내용을 토대로 큰 틀을 이해하되 세부적인 사항은 고용노동부 고용허가제 홈페이지(eps.go.kr)나 관련 법령정보를 수시로 참고할 필요가 있다.

(1) 일반고용허가제

일반고용허가제는 한국정부와 인력송출 협약을 맺은 국가들[3]로부터 비전문 외국인근로자를 도입하는 제도이다. 일반고용허가제를 통하여 도입되는 외국인근로자는 입국 전 고용계약을 맺고 E-9 사증을 발급받아 입국하게 된다. 이들의 취업 허용기간은 실제 계약기간 내에서 최장 3년이다. 그러나 출국 전 고용주가 재고용 허가를 요청하는 경우 출국하지 않고도 1회에 한해 2년 이내(1년 10개월)로 취업을 연장할 수 있다. 이 경우 최장 4년 10개월간 취업 · 체류할 수 있게 되는 셈이다. 하지만 장기체류자격(영주자격 등)을 신청할 수 있는 5년 연속 거주 요건은 충족하지 못하게 되는데, 이는 고용허가제의 반정착(anti-settlement) 원칙에 위배되지 않게 하려는 조치로 볼 수 있다. 그러나 2012년 7월에 '성실근로자 재입국 특례제도'가 도입됨으로써, 일정 요건을 갖춘 외국인근로자는 중간에 1개월(애초 3개월에서 단축) 출국 후 다시 입국하여 최장 4년 10개월을 체류할 수 있게 되었다.[4] 이를 합산하면 중간에 공백이 있기는 하지만 최대 9년 8개월을 체류하게 되는 것으로, 단기 · 순환적 외국인력 도입이라는 애초의 고용허가제 설계에서 상당히 변화되었다는 것을 알 수 있다.

고용허가제를 통해 외국인이 취업할 수 있도록 허용된 업종은 농 · 축산업, 어업, 제조업, 건설업, 서비스업 등이다(표 6-1). 그러나 일반고용허가제 대상 외국인이 취업할 수 있는 '서비스업종'은 폐기물처리업 등 상당히 제한적이다. 이들은 특례고용허가제의 경우와는 달리 음식점업이나 숙박업 등 일반적인 서비스업에는 취업할 수 없다. 업종뿐만 아니라 사업장 규모에 따른 제한도 있다. 제조업의 경우 상시근로자 300인 미만 또는 자본금 80억 원 이하의 업체만 고용허가제를 이용할 수 있다. 물론 이 기준을 충족하지 못하더라도 지방중소기업청에서 발급한 '중소기업 확인서'를 제출하면 외국인근로자를 고용할 수 있다. 건설업의

3 2021년 12월 기준 16개국으로서, 필리핀, 몽골, 스리랑카, 베트남, 태국, 우즈베키스탄, 파키스탄, 인도네시아, 캄보디아, 중국, 방글라데시, 키르기스스탄, 네팔, 미얀마, 동티모르, 라오스이다.

4 재입국의 요건은 사업장 변경 없이 농·축산업 및 어업에 종사하였거나 100인 미만 제조업에 종사하는 경우이다. 최근 사업장을 변경하였어도 동일 업종에 계속 종사한 경우는 특례를 적용하도록 제도가 개선되었다.

경우 모든 건설공사가 해당되지만 건설면허가 산업환경 설비인 경우에는 적용이 제외된다.

〈표 6-1〉 고용허가제 취업허용 업종

<table>
<tr><th>업 종</th><th>일반고용허가제</th><th>특례고용허가제</th></tr>
<tr><td>제조업</td><td colspan="2">상시근로자 300인 미만 또는 자본금 80억 원 이하(상기기준에 충족하지 않더라도 지방중소벤처기업청에서 발급한 ‘중소기업 확인서’ 제출 시 가능)</td></tr>
<tr><td>건설업</td><td colspan="2">모든 건설공사(발전소, 제철소, 석유화학 건설현장의 건설업체 중 건설면허가 산업환경설비인 경우에는 적용 제외)</td></tr>
<tr><td>농축산업</td><td colspan="2">작물재배업(011), 축산업(012), 작물재배 및 축산 관련 서비스업(014)</td></tr>
<tr><td>어 업</td><td colspan="2">연근해어업(03112), 양식어업(0321), 천일염 생산 및 암염 채취업(07220)</td></tr>
<tr><td rowspan="2">서비스업</td><td colspan="2">재생용 재료수집 및 판매업(46791), 냉장 · 냉동 창고업(52102), 서적, 잡지 및 기타 인쇄물 출판업(581), 음악 및 기타 오디오 출판업(59201)</td></tr>
<tr><td>건설폐기물처리업(3823)</td><td>하수 · 폐수 및 분뇨처리업(37)
폐기물 수집, 운반, 처분 및 원료재생업(38)
육지 동물 및 애완 동물 도매업(46205) : 단, 열대어 및 관상어 도매업 제외
기타 산업용 농산물 도매업(46209)
생활용품 도매업(464)
기계장비 및 관련용품 도매업(465)
기타 생활용품 소매업(475)
기타 상품 전문 소매업(478)
무점포 소매업(479)
육상여객 운송업(492)
호텔업(55101) : 관광진흥법 제3조의 호텔업은 제외되나, 같은 법 시행령 제2조 및 제22조에 의한 1 · 2 · 3급 관광호텔업은 포함
여관업(55102)
한식 음식점업(5611)
외국식 음식점업(5612)
기타 간이 음식점업(5619)
사업시설 유지관리 서비스업(7410)
건물 및 산업설비 청소업(7421)
여행사 및 기타 여행보조 서비스업(752)</td></tr>
</table>

		사회복지 서비스업(87) 자동차 종합 수리업(95211) 자동차 전문 수리업(95212) 모터사이클 수리업(9522) 욕탕업(96121) 산업용 세탁업(96911) 개인 간병 및 유사 서비스업(96993) 가구 내 고용활동(97)

주 : 괄호 안 숫자는 '한국표준산업분류'상 기호.
출처 : 고용노동부 고용허가제(http://eps.go.kr).

정부는 매년 일반고용허가제 대상 외국인력 도입쿼터를 업종별로 설정하고 있다(표 6-2). 허용인원 규모는 2013년 62,000명까지 급속히 증가했다가 약간 감소하였으며, 2017년부터 2020년까지 56,000명으로 유지되었다. 주목할 점은 2015년 이후 총 도입인원을 '허용인원+추가허용인원(α)' 방식으로 변경함으로써, 업종별로 허용인원을 배분하되 '추가허용인원'을 두어 노동시장의 수급 상황에 따라 유동적으로 재분배하고 있다는 점이다. 2021년의 경우 코로나19 상황으로 전년 대비 다소 축소된 52,000명으로 확정되었다. 코로나사태 종식 이후에는 다시 원래 도입 규모를 회복할 것으로 예상하는 것이 합리적일 것이다. 2021년 기준 제조업에 배정된 인원이 37,700명으로 전체의 71%를 차지하고 있으며, 서비스업의 경우는 100명으로 유지되어 미미한 수준이다. 한편 특례고용허가제 대상 인원은 2010년부터 업종별 쿼터를 설정하는 대신 체류인원 총량(30만 3천 명 정원)만 규제한다.

〈표 6-2〉 비전문인력(E-9) 업종별 도입쿼터 추이 (단위 : 명)

연 도	계	α	제조업	건설업	서비스업	농축산업	어 업
2021	52,000	3,000	37,700	1,800	100	6,400	3,000
2020	56,000	3,500	40,700	2,300	100	6,400	3,000
2019	56,000	4,000	40,700	2,300	100	6,400	2,500
2018	56,000	2,000	42,300	2,400	100	6,600	2,600

2017	56,000	2,000	42,300	2,400	100	6,600	2,600
2016	58,000	2,000	44,200	2,500	100	6,600	2,600
2015	55,000	1,900	42,400	2,300	100	6,000	2,300
2014	53,000		42,250	2,350	100	6,000	2,300
2013	62,000		52,000	1,600	100	6,000	2,300
2012	57,000		49,000	1,600	150	4,500	1,750
2011	48,000		40,000	1,600	150	4,500	1,750
2010	34,000		28,100	1,600	100	3,100	1,100

출처 : 고용노동부 고용허가제(http://eps.go.kr).

각 사업장에서 실제 고용할 수 있는 외국인근로자의 수는 제조업과 서비스업의 경우 내국인 고용보험 피보험자 수(3개월 평균), 건설업의 경우 연평균 공사금액, 농·축산업의 경우 영농규모 등에 따라 차등적으로 결정된다(표 6-3). 예컨대 제조업의 경우 내국인 고용보호를 위해 내국인 1인 이상이 반드시 고용되어 있어야 한다. 또한 뿌리산업(국가뿌리산업진흥센터에서 발급하는 뿌리산업증명서 제출 시)인 경우 고시된 고용허용인원의 20%까지 추가 고용이 허용되며, 신규 고용허가서 발급한도보다 1명을 추가로 고용할 수 있도록 허용하고 있다. 지방 사업체의 인력난을 고려하여 비수도권 업체가 신청하는 경우 고시된 고용허용인원의 20%까지 추가 고용이 가능하다. 또한 서비스업의 경우 서비스업 중 음식점업에 한해 내국인 피보험자 6~10인 시 특례외국인근로자를 4인까지 고용할 수 있다. 한편 개인 간병인, 가구 내 고용활동은 가구당 1인으로 한정된다.

일반외국인근로자를 고용하는 절차는 ① 내국인 구인노력, ② 외국인고용허가서 신청, ③ 고용허가서 발급, ④ 근로계약 체결, ⑤ 사증발급인정서 발급, ⑥ 외국인근로자 입국 및 취업교육, ⑦ 사업장 배치, 고용 및 체류지원 순서이다. 외국인근로자의 고용을 희망하는 사업주는 먼저 고용지원센터에 내국인 구인신청 후 7~14일간 내국인 구인노력을 해야 한다.[5] 내국인 구인노력 기간 경과 후 3개

5 내국인 구인노력은 신문 등 언론매체를 통해 구인광고를 할 수도 있고, 한국고용정보원에서 운영하는 '워크넷(https://www.work.go.kr)'에 등록하는 방식으로 증명할 수 있다.

월 이내에 고용지원센터에 외국인근로자 고용허가를 신청한다. 사업주는 고용허가서 발급을 신청하고 고용지원센터에서 외국인근로자를 3배수로 알선하면 그중 적격자를 선택한다. 그 다음 사용자는 자신이 선정한 외국인과 근로계약을 체결하고 산업인력공단은 근로계약 체결 등 외국인력 도입 업무를 대행·지원한다. 사용자는 법무부에 고용허가서, 표준근로계약서 등을 제출하여 '사증발급인정서'를 신청하여 발급받게 된다. 선발된 외국인은 E-9 비자를 받아 국내 입국 후 국가별, 업종별 취업교육기관에서 취업교육을 이수해야 하며, 이후 사용자에게 인계되어 사업장에 배치되어 근무를 시작하게 된다.

〈표 6-3〉 고용허가제 사업장 규모별 구인 인원

업 종	내국인 고용보험 피보험자 수	고용허용인원	신규 고용허가 발급한도
제조업	1인 이상 5인 이하	5인 이하	3인 이하
	6인 이상 10인 이하	7인 이하	
	11인 이상 30인 이하	10인 이하	4인 이하
	31인 이상 50인 이하	12인 이하	
	51인 이상 100인 이하	15인 이하	5인 이하
	101인 이상 150인 이하	20인 이하	
	151인 이상 200인 이하	25인 이하	6인 이하
	201인 이상 300인 이하	30인 이하	
	301인 이상	40인 이하	
서비스업	5인 이하	2인 이하	2인 이하
	6인 이상 10인 이하	3인 이하	
	11인 이상 15인 이하	5인 이하	
	16인 이상 20인 이하	7인 이하	3인 이하
	21인 이상	10인 이하	

출처 : 고용노동부 고용허가제(http://eps.go.kr).

(2) 특례고용허가제

특례고용허가제는 방문취업(H-2) 자격을 발급받고 입국한 외국국적 동포에게 비전문업종에 취업할 수 있도록 허용하는 제도이다. 이 제도는 1999년 제정된 「재외동포의 출입국 및 법적 지위에 관한 법률」에 근거해 재외동포에 대해 왕래나 경제활동상의 특혜를 부여하기 위한 취지로 도입되었다. 중국이나 구소련국가 출신 동포에게 체류 및 활동 범위에 제약이 거의 없는 재외동포(F-4) 자격을 부여하는 것은 국내 노동시장 교란 가능성이 있으므로 별도의 저기술 노동이주 프로그램을 만들어야 할 필요성이 제기되었다. 이에 정부는 2003년부터 친척초청 방식의 취업관리제를 도입하였고, 이것이 2007년부터 고용허가제의 특례제도로 발전하였다.

국내 방문취업이 가능한 국가는 2021년 기준 6개국으로서 중국, 우즈베키스탄, 카자흐스탄, 키르기스스탄, 우크라이나, 타지키스탄이다. 방문취업자격 취득의 주요 유형으로는 상기 국가의 18세 이상 국민 중에서 ① 출생 당시 대한민국 국민이었던 자로서 대한민국 가족관계등록부에 등재되어 있는 사람 및 그 직계비속, ② 국내에 주소를 둔 대한민국 국민 또는 영주(F-5)에 해당하는 사람의 8촌 이내의 혈족 또는 4촌 이내의 인척으로부터 초청을 받은 사람, 그리고 ③ 유학(D-2) 자격으로 1학기 이상 재학 중인 자의 부모 및 배우자 등이다.[6] 한국과 혈연적 관계가 없는 소수의 '무연고 동포'도 특례고용허가제의 대상이 될 수 있는데, 국내 노동시장의 상황 및 총량 규모를 고려하여 전산추첨을 통해 입국이 허용되고 있다.

특례고용허가를 받은 동포는 3년간 유효한 복수사증을 발급받고 사증의 유효기간의 범위 내에서 자유로운 출·입국 및 최대 4년 10개월까지 체류가 가능하다. 이들이 취업을 희망하는 경우 취업교육 및 구직신청 절차를 거쳐 단순노무분야 허용업종에서 취업활동이 가능하다(앞의 표 6-1 참조). 이들은 일반 외국인 근로자들과 마찬가지로 제조업, 건설업, 농축산·어업 분야에 취업할 수 있다.

6 그 외 해당요건에 대해서는 「출입국관리법 시행령」 [별표 1의 2] 장기체류자격(제12조 관련)을 참고할 것.

이에 더하여 음식업, 숙박업, 사회복지서비스업 등 광범위한 서비스업종에 진입할 수 있고, 간병인이나 가사도우미로 취업할 수도 있다. 업종별 고용인원 상한은 앞의 〈표 6-3〉을 기준으로 하며, 제조업, 농축산업, 어업의 경우 일반 외국인근로자 고용허용인원만큼 외국국적동포를 추가로 고용할 수 있다.

특례고용허가제의 고용절차는 일반외국인의 경우보다 훨씬 간소하다. ① 내국인 구인노력, ② 특례고용가능 확인서 신청 및 발급, ③ 근로계약 체결, ④ 근로개시 신고 순서로 진행된다. 특례외국인근로자는 사증(H-2)을 발급받아 입국한 후 자유로운 구직활동을 통해 고용계약이 이루어진다는 점에서 일반고용허가제와 상당한 차이가 크다. 특례대상 외국인근로자를 고용하고자 하는 사용자는 일반외국인의 경우와 마찬가지로 먼저 14일간의 내국인 구인노력을 증명하여야 한다. 그럼에도 불구하고 근로자를 채용하지 못하는 경우에 관할 고용센터를 통해 '특례고용 가능확인서'(유효기간 3년)를 발급받을 수 있다. 사용자는 한국산업인력공단에서 취업교육을 20시간 이수하고 고용노동부 고용센터에서 구직 등록을 필한 특례대상자만 고용할 할 수 있는데, 표준계약서를 사용하여 3년 이내 기간으로 자유롭게 계약할 수 있다. 해당 외국인근로자가 근로를 시작하면 근로개시 신고를 하여야 하며, 신고기한은 근로개시 후 10일 이내이다.

이상 고용허가제의 두 트랙인 일반고용허가제와 특례고용허가제의 특징과 내용을 간략히 살펴보았다. 〈표 6-4〉에서 보듯이 트랙별 상당한 차이점이 존재한다. 특례대상자(동포)의 경우 일반외국인과 체류(취업)기간은 동일하지만 선입국 후취업이 가능하고 자유로운 구직활동을 통해 사업장 변경도 자유로운 등 상당한 특혜가 부여됨을 알 수 있다. 또한 폐기물처리업 등 특수 분야를 제외하고는 서비스업종에 진입할 수 있는 배타적 권리를 가지고 있음을 알 수 있다.

〈표 6-4〉 일반고용허가제와 특례고용허가제의 비교

구 분	일반고용허가제	특례고용허가제
대상 국가	네팔, 동티모르, 라오스, 몽골, 미얀마, 방글라데시, 베트남, 스리랑카, 우즈베키스탄, 인도네시아, 중국, 캄보디아, 키르기스스탄, 태국, 파키스탄, 필리핀	중국, 우즈베키스탄, 카자흐스탄, 키르기스스탄, 우크라이나, 타지키스탄
대상 요건	한국어시험 및 건강검진 등 절차를 거쳐 구직등록한 자	중국, 구소련지역에 거주하는 외국국적 동포
체류자격 및 기간	비전문취업비자(E-9)로 입국 후 입국일로부터 3년간 취업 * 사업주 요청 시 재고용 가능	방문취업비자(H-2)로 입국 후 3년간 취업 * 사업주 요청 시 재고용 가능
허용 업종	제조업, 건설업, 서비스업, 농축산업, 어업 등 외국인력정책위원회에서 정하는 업종	일반고용허가제 허용업종에 일부 서비스업종 추가
취업절차	한국어시험 → 근로계약 → 비전문취업비자(E-9)로 입국 → 취업 교육 → 사업장배치 * 사업장변경 제한	방문취업비자로 입국 → 취업 교육 → 구직등록 → 고용지원 센터의 알선 또는 자유 구직 선택 → 근로계약 후 취업 * 사업장변경 무제한
고용절차	내국인 구인노력 → 고용지원 센터에 고용허가 신청 → 고용허가서 발급 → 근로계약 후 고용 * 근로개시 신고의무 불필요	내국인 구인노력 → 고용센터에 특례고용가능 확인서 발급 → 근로계약 → 근무시작 및 근로 개시 신고 * 근로개시 신고 필요
적용 기업	사업장 규모별로 외국인근로자 고용허용 상한 설정	제조업, 농축산업, 어업의 경우 일반 외국인근로자 고용허용인원만큼 외국국적동포 추가 고용 가능 * 건설업, 서비스업은 일반외국인과 외국국적 동포의 합이 고용허용인원을 넘을 수 없음

출처 : 산업인력공단(https://eps.hrdkorea.or.kr/h2/h2empl/empPermComp.do).

(3) 외국인근로자 고용관리

한국의 비전문 외국인력제도는 단기순환 및 비정착 원칙에 의해 운영된다. 그러나 이 원칙들을 실현하는 것은 상당히 어려운 과제이다. 비전문인력의 규모도 상당한 데다 저임금 · 저기술 분야 고용기회가 폭넓게 존재하기 때문에 불법체류나 불법취업(혹은 고용) 등의 가능성이 상존한다. 고용주가 인건비 절감 등을 이유로 불법체류자의 고용을 선호하는 경우도 있기 때문에 비전문 외국인근로자의 체류 및 취업규정 위반 가능성은 전문인력에 비해 상당히 높은 것이 사실이다. 참고로, 불법체류는 사증에 부여된 체류기간을 넘겨서 체류하게 되는 경우이며, 불법취업이나 고용은 취업자격이 없는 외국인이 취업하거나 취업허용업종 외에 분야에 취업하는 경우이다. 불법취업이 불법체류와 밀접히 관련되기는 하지만, 이 두 개념의 차이를 인식하고 '불법외국인근로자'와 같은 부정확한 표현을 쓰지 않도록 주의할 필요가 있다(이연옥, 2015).

불법체류나 불법고용 · 취업의 가능성으로 인해 고용허가제 운영에서 외국인근로자의 고용관리 및 귀환지원은 매우 중요한 요소이다. 먼저 외국인근로자의 고용관리를 위한 다음의 정책수단들이 동원된다. 첫째, 사업자에게 외국인근로자의 고용 및 제반 근무상황 변화를 즉각 신고하도록 의무화하는 것이다. 둘째, 근로자의 사업장 변경 제한이다. 외국인근로자는 최초의 근로개시를 한 사업장에서 계속 근무하는 것이 원칙이다. 이는 외국인근로자를 근무지 이탈을 예방하고 소재지 파악을 원활하게 하는 효과적 조치이지만 인권적 측면에서 논란이 되는 방법이다. 이런 이유로 인해 사업장의 휴 · 폐업, 임금체불 등으로 인해 정상적인 근로관계 지속이 어렵다고 인정되는 경우에 한해 예외적으로 사업장 이동을 최대 4회까지 허용하고 있다. 셋째, 불법고용 발생 시 고용주를 처벌하는 것이다(employer sanctions). 불법체류자를 고용하는 사업주에게는 3년 이하의 징역 또는 2천만 원 이하의 벌금 부과(출입국관리법 제94조)와 함께 합법적인 외국인을 고용할 수 있는 기회를 제한하고 있다(외국인고용법 제20조).

불법체류자의 추방이나 불법취업자 및 고용주를 사후적으로 처벌하는 것보다 윤리적으로나 정책 효율성 면에서 더 바람직한 방법은 외국인근로자가 근로계약기간 및 사증유효기간의 종료시점에 자발적으로 귀국함으로써 이들이 소위 '불법화' 되지 않도록 하는 것이다. 자발적 귀환을 유도하기 위한 조치로서는 외국인근로자 전용보험들이 있다. 외국인근로자의 출국 등에 따른 퇴직금을 지급하기 위해 사업주가 의무적으로 가입해야 하는 '출국만기보험'이 있다. 한편 외국인근로자가 의무적으로 가입해야 하는 보험으로는 귀국경비 확보를 위한 '귀국비용보험'이 있다.

이런 조치에도 불구하고 다양한 이유로 불법체류 및 불법고용(취업)이 발생할 수 있다. 이에 대한 대응으로서 정부는 불법체류자의 자발적 출국과 고용주의 자진신고를 유도하기 위한 유인책(incentives)을 제공하고 있다. 정부가 설정한 기간 내 자진 출국하는 외국인은 범칙금을 감면할 뿐만 아니라 재입국 기회를 부여하고 있다. 불법체류자가 되었더라도 '자진출국 확인서'를 발급받은 자는 일정기간 경과 후 단기방문(C-3, 90일), 고용허가제(E-9) 구직자 명부 등재를 위한 한국어능력시험 응시기회 부여, 혹은 계절제 근로자 비자 발급 기회 부여를 부여하고 있다. 또한 중소 제조업체 사업주가 불법체류 외국인근로자를 고용한 사실을 정한 기간 내 자진신고하면 범칙금 처분을 면제하고 불법고용으로 인한 고용허가제상의 외국인근로자 고용제한 조치 적용을 면제해 주고 있다.

한편 신병치료, 임신·출산 등 부득이한 사유로 불법체류자가 된 경우도 인도적 고려와 인권보호 차원에서 즉각적인 출국이 어려운 경우 한시적인 체류를 허용하고, 질병·장애 치료 시까지 출국기한을 유예(최장 1년)하는 한편, 기한 내 자진출국 시 단기방문(C-3, 90일) 자격으로 재입국할 수 있는 기회도 제공하고 있다. 불법체류자에 대한 이러한 용인 조치들은 코로나19 상황 등으로 인한 인도주의적 차원의 것이기도 하지만, 국내 중소기업의 인력난으로 인해 불법체류나 불법고용이 일정 부분 불가피하게 발생하는 현실을 정부로서도 부인하기 어렵기 때문인 측면도 있다.

3) 외국인 계절근로 제도

비전문 외국인력정책에서 매우 특수한 영역의 제도로서 외국인 계절근로(seasonal worker) 제도가 있다. 이 제도는 농·어번기 일손 부족 해결을 위해 단기간 외국인을 고용할 수 있게 한 제도다. 계절근로 제도는 계절적 요인에 의해 노동력 수요 변동이 크고 장기간 계속 고용이 어려운 분야에 인력공급을 위해 마련된 제도로서, 호주, 캐나다 등 다양한 나라에서 활용하고 있다(이혜경 외, 2018).

한국의 계절근로 제도는 2015년 괴산에서 시범사업으로 처음 시작되었고 2017년 전국으로 확대되었다. 처음에는 단기취업(C-4, 90일) 자격을 활용한 방식으로 설계되었으나, 2019년 12월부터는 5개월까지 취업 · 체류할 수 있는 계절근로(E-8) 자격이 신설되어 지방자치단체별 사정에 따라 선택할 수 있게 되었다. 2020년 3월부터는 코로나19로 외국인근로자 입국이 어려워지자 국내 거주 외국인의 계절제근로 참여를 한시적으로 허용하기도 했다.

법무부가 관련 부처(농식품부 · 해수부 · 고용부 · 여가부 등)와 협의하여 제도를 운영하지만, 계절근로자 도입 주체는 지방자치단체(시 · 군 · 구)이다. 도입방식은 지방자치단체가 양해각서(MOU)를 맺어 해외로부터 외국인근로자를 유치하는 방식, 지역에 거주하는 결혼이민자의 본국 가족을 초청하는 방식, 이미 국내에 체류 중인 결혼이민자의 부모 등 가족을 고용하는 방식 등이 있으며, 지방자치단체는 세 가지 방식 중 하나를 선택하거나 복수로 운용할 수 있다(이혜경 외, 2018). 계절근로자를 도입한 지방자치단체는 입국 시 사전 교육, 외국인 주거 및 음식 제공과 관련된 사항을 점검, 산재보험 등 각종 보험가입을 지원해야 하며, 임금체불, 가혹 행위 등 인권침해 예방 계도 및 적정조치를 해야 하는 등의 관리 책임을 지게 된다(이혜경 외, 2018).

코로나19가 장기화되면서 해외 인력수급이 더욱 어려워지는 가운데, 어렵게 도입된 계절근로자들의 무단이탈이 잇따르면서 농어촌의 인력난이 갈수록 심화되고 있다. 이로 인해 정부는 2022년부터 제도를 크게 개선하여 농 · 어가당 최대 12명의 계절제근로자를 허용된 인원수 내에서 계속 고용할 수 있도록 했다. 또한 기존의 방문동거(F-1) 및 동반(F-3) 자격 외국인 외에 유학생, 특별체류허가를 받은 아프간인, 비취업서약 방문취업(H-2) 동포, 문화예술(D-1), 구직(D-10) 자격 외국인도 계절제근로자로 고용할 수 있도록 완화하였다.

계절근로자 도입 확대뿐만 아니라 이들의 주거 및 근로여건 등 인권 문제도 최근 많은 이슈가 되고 있다.[7] 외국 지방자치단체와 계절근로자 도입 MOU 체결 시 인권보호 부분을 명시하도록 하는 한편, 근로조건이나 인권보호 취약 지역의 점검을 강화하고 근로자에게 귀책사유가 없다면 근무처 변경을 허용하는 등의 인권보호 대책을 강화하고 있는 추세이다.

4) 쟁점과 과제

지금까지 한국으로의 노동이주 흐름을 주도하고 있는 비전문 외국인력에 대한 정책들을 살펴보았다. 한국의 비전문 외국인력정책은 지난 30여 년에 걸쳐 많은 변화를 겪어왔다. 그간 여러 시행착오를 겪으면서 중소기업의 인력 부족을 완화하는 데 크게 기여하였다. 무엇보다 2007년부터 전면 시행된 고용허가제는 이전의 산업연수생제도의 문제점과 한계를 상당 부분 극복한 진일보한 정책으로 평가할 수 있겠다. 외국인력의 유치 및 운용과정 전반의 투명성과 효율성이 증가하였을 뿐만 아니라, 외국인근로자의 근로자로서의 동등한 권리보호를 위한 관리 · 감독도 강화되었다.

그러나 정부에서도 인정하듯이 단순노무 분야에서 외국인근로자에 대한 의존이 심화되면서 국민 일자리 침해 우려가 계속 제기되고 있고, 제도 수정이 거듭되면서 단기 · 순환 원칙으로 도입된 비전문 외국인력의 정주화도 진행되고 있다(법무부, 2018). 이들이 실질적으로 지역사회에서 장기적으로 체류하면서 생활하고 있음에도 불구하고, 이민자들의 적응과 사회통합을 위한 정책은 기존의 결혼이민자 중심에서 벗어나지 못하고 있다.

산업 구조조정이 진행되면서 경쟁력이 저하된 일부 노동집약적 산업은 퇴출되겠지만, 저기술 · 저임금 노동력에 대한 수요는 높게 유지될 것으로 전망된다. 제조업이나 건설업뿐만 아니라 자동화(automation)에 한계가 있는 농 · 어업과 대인서비스업(가사 및 돌봄 등)의 인력수요는 오히려 더 늘어날 것이 분명하다. 고용허

7 KBS News(https://news.kbs.co.kr/news/view.do?ncd=5133497&ref=A).

가제 운영에 있어 이러한 산업구조와 노동시장의 변화에 빠르게 대응함으로써 수요–공급 불일치가 발생하지 않도록 하는 것이 핵심적인 과제가 될 것이다. 또한 비전문 외국인력의 유입 추세가 지속되고 이들이 '사실상' 장기 체류자로서 한국사회에서 살아가게 된다면 이들에 대한 기존의 반정착적이고 배제적인 정책 기조의 변화가 불가피할 것이다.

Discuss

1. 한국의 고용허가제의 장단점에 대한 다양한 평가를 찾아보고 본인의 의견을 제시해 보라.
2. 불법체류자나 불법고용 사업주에게 자진출국 · 신고를 전제로 처벌을 유예하고 재입국기회를 주는 조치는 바람직한가?
3. 농어촌의 인력난과 현행 계절근로 제도의 문제점을 조사해 보고 해결방안에 대해 토론해 보라.

CHAPTER 07

전문 외국인력정책

1. 전문 외국인력의 개념과 정책
2. 한국의 전문 외국인력정책

CHAPTER 07

전문 외국인력정책

이번 장에서는 노동이민 정책 중 전문 외국인력정책에 대해 살펴본다. 전문인력으로 분류되는 이주노동자는 아직까지 한국으로의 이민 유입 흐름에서 비중은 크지 않지만, 이들을 유치하고 활용하는 정책은 한국 이민정책에서 지속적으로 높은 우선순위가 부여되는 분야이다. 이번 장을 통해 전문 외국인력의 특성과 정책적 쟁점, 그리고 한국의 전문 외국인력정책의 구조와 주요 내용을 학습한다.

1. 전문 외국인력의 개념과 정책

1) 전문 외국인력의 개념

전문 외국인력은 국제적으로는 '해외 두뇌(foreign brains)'로 널리 지칭되며, 한국어로는 '해외 인재' 혹은 '외국인 우수인재' 등으로도 불린다. 이들은 특정 분야의 전문성을 보유하거나 기술수준이 높은 인력군으로서, 비전문 외국인력과 대조적으로 전문성과 고기술을 요하는 업종 및 직종에 종사하는 이주민으로 이해될 수 있다. 전문인력과 비전문인력을 구분하는 절대적인 기준이 있는 것은 아니며, 어떤 유형의 외국인을 전문인력으로 분류하는가는 수용국의 정책적 판단일 뿐이다. 따라서 국가별로 전문 외국인력으로서 분류되는 기준과 요건이 상이하며 분류체계가 변경되기도 한다.

여기서 또 하나 주의할 점은 전문 외국인력은 일차적으로 '외국인(foreigners)' 인력을 의미하는 것이기는 하지만, '해외에(overseas)' 체류 중인 자국민 전문인력을 포함하는 개념으로 사용될 수 있다는 점이다(김규찬, 2021a; 설동훈, 2015). 예를 들어, 한국정부는 해외인재의 개념을 "풍부한 경험을 바탕으로 창의적인 아이디어와 고도의 전문성을 보유하고 있거나, 잠재성이 높은 외국인 또는 해외 거주 한국인"으로 규정하고 있다(관계부처합동, 2014 : 6). 본 장은 한국 이민정책의 한 범주로서 '외국인' 전문인력과 그들에 대한 정책에 초점을 맞추겠지만, 해외 전문인력에 대한 정의를 폭넓게 이해하는 것은 두뇌들의 국제적 이동을 둘러싼 쟁점과 정책을 이해하는 데 도움을 준다.

2) 전문 외국인력정책

일반적으로 취업을 목적으로 한 국제이주는 저개발 국가 출신의 비전문직 노동자들이 선진국의 단순노무 분야에 취업하는 모습을 떠올리게 한다. 그러나 노동력의 국제적 이동은 비단 비전문 · 저기술 근로자에게 국한되지 않는다. 실제로 교육수준이 높거나 전문직자일수록 국가 간의 이동이 활발하고 유동적(mobile)인 특성을 띤다(Cohen & Kennedy, 2000; Urry, 2007). 그 이유는 우선 전문인력은 이주에 소요되는 돈이나 지식과 같은 자원(resource)을 보유하고 있기 때문이다. 또한 세계 다양한 지역에서 지식산업으로의 산업재구조화가 진행되면서 전문지식과 고급 기술을 갖춘 전문인력에 대한 수요가 늘어나면서 기존의 선진국뿐만 아니라 개발도상국에서도 이들의 취업기회가 빠르게 늘어나고 있기 때문이기도 하다(de Haas et al., 2020).

전문인력의 이동은 송출국의 입장에서는 '두뇌유출(brain drain)', 유입국의 입장에서는 '두뇌획득(brain gain)'으로 표현된다. 일반적으로 두뇌유출은 개발도상국으로부터 선진국의 방향으로 발생하기 쉬운데, 이는 국가 간의 소득격차로 인해 단순히 선진국으로 이동하는 것만으로도 자신의 기술과 전문성에 대해 더 높은 보상을 받을 수 있기 때문이다(Chiswick, 1999). 그러나 다른 노동이민의 흐름과 마찬가지로 두뇌들의 이주도 선진국 내에서 혹은 선진국에서 중·후진국으로 혹은 중·후진국들 사이 등 다양한 방향으로 발생할 수 있다. 어느 경우이든 이 흐름에 관여된 모든 국가에 영향을 미친다.

전문인력들의 국제이주는 비록 규모는 비전문인력의 경우보다 작지만, 사회·경제적 영향과 정책적 중요성은 오히려 클 수 있다. 무엇보다 두뇌유출은 송출국의 경제에 상당히 부정적 영향을 끼칠 가능성이 있다. 해외로 취업한 전문직자가 본국으로 소득의 일부를 송금(remittance)하는 경우 손실의 일부를 상쇄할 수는 있겠지만, 전문인력의 유출은 장기적으로 송출국가의 인적자원을 크게 감소시킬 수 있다(Newland, 2003). 또한 전문직자를 양성하는 데는 상당한 규모의 공적재원(교육·훈련비 등)이 투입되는 경우가 많은데, 이들이 영구 이주해 버리면 송출국의 국부가 해외로 유출되는 것과 같은 효과가 발생한다. 이 경우에 유입국의 입장에서는 본국이 비용을 투자하지 않고 양성된 인재를 무상으로 획득하는 효과가 있는 것과 대조된다(Collier, 2013).

물론 두뇌유출이 송출국에 부정적인 영향만을 주는 것은 아니라는 반론도 있다. 스타크(Stark, 2004)는 다음의 두 가지 측면에서 두뇌유출이 송출국에도 도움이 될 수 있다고 주장한다. 첫째, 인재들이 해외에서 높은 소득을 누릴 수 있는 가능성을 인지하게 되면 더 많은 사람들이 고등교육을 받고 전문기술을 갖추기 위해 투자하게 될 것이다. 이로 인해 새롭게 축적되는 인적자본의 양이 두뇌유출로 감소된 인적자본의 양보다 크다면 두뇌유출은 오히려 송출국의 인적자본을 증가시키게 될 것이다. 둘째, 해외로 유출된 두뇌가 본국으로 귀환하는 경우 그들이 그간 해외에서 습득한 지식, 기술, 문화 등은 본국의 사회·경제적 발전에 귀중한 밑거름이 될 수 있다. 만약 본국 출신 인재들의 귀환이주(return migration)을 담보할 수 있다면 유학이나 해외취업으로 인한 두뇌유출은 반드시 우려할 만한 현상은 아니라는 것이다. 이런 측면에서 두뇌의 영구적 유출과 획득이라는 일방향적 접근보다는 두뇌의 순환(brain circulation)을 고려하는 전문인력정책이 더 현실적이라는 주장이 설득력을 얻고 있다(권기헌 · 이홍재, 2005; 김규찬, 2021a; 이규용 외, 2005).

전문인력의 확보는 다양한 산업화 단계에 있는 국가들의 공통적인 정책 과제로 볼 수 있다. 저개발국의 경우에는 의료와 교육 등 필수적인 공공 서비스 제공 인력이나 사회경제적 발전을 위해 최대한 두뇌유출을 억제함으로써 핵심적인 노동력을 보유하려고 한다(Collier, 2013; GCIM, 2005). 한편 개발도상국과 고도로 산업화된 국가들은 인재들의 해외이주를 강제적으로 막기는 어렵기 때문에 지속적인 경제발전과 국가 경쟁력 강화를 위해서 해외로부터 전문 · 기술인력을 공급하는 방안에 집중하게 된다. 이미 선진 산업화 국가들의 연구 · 개발 분야는 개발도상국 출신 과학자들과 엔지니어들에게 상당히 의존해 있는 것이 현실이다(IOM, 2006). 이러한 상황으로 인해 공학, 정보통신, 의료, 교육 등 다양한 분야의 전문성과 기술을 가진 전문인력을 유치하기 위한 전 지구적 전문인력 확보 경쟁이 격화되고 있다.

이민정책의 개혁은 전문인력 유치 경쟁에서 우위를 점하기 위한 가장 핵심적인 정책 노력이다(Castles et al., 2014). 대부분의 이민 유입국들은 단순 · 저기술 외국인 인력의 유입은 중단하거나 최소화하고 전문 · 고기술 이민자는 적극적으로 유치하는 방향으로 (노동)이민정책을 전환해 왔다. 산업구조가 고도화될수록 단순 · 저기술 직종보다는 생산성이 높은 지식기반의 전문 · 고기술 직종의 중요성이 커지기 때문이다. 또한 전문 · 고기술 이민자는 단순 · 저기술 이민자에 비해 불법체류 가능성이 낮고 정주하더라도 사회통합 실패의 우려나 사회복지 부담이 더 작다는 장점도 있다(이혜경, 2016a).

전문인력 중심의 노동이민정책은 제2차 세계대전 이후 초청노동자(guest worker)로 표현되는 단기순환 이주근로자들이 결국 장기 정착함으로써 의도치 않았던 이민인구의 증가를 경험했던 서유럽의 경험을 되풀이하고 싶지 않은 나라들의 입장에서 가장 좋은 대안으로 인식되었다(de Haas et al., 2020). 자본과 노동력의 이동이 빈번한 세계화된 시대에 국경을 완전히 닫은 채 국가를 운영할 수는 없기 때문에, 전문인력 중심의 이민레짐(migration regime)은 대부분의 자유민주주의 국가들이 직면하는 개방과 통제 사이의 딜레마를 다소나마 해소하는 선택이 될 수 있다(Freeman, 1986). 또한 전문 외국인력정책은 국가경쟁력 제고에 기여하되 내국인 노동시장 잠식이나 이민자 사회통합 우려가 낮은 인력을 받아들인다는 점에서 정치적 지지를 얻기도 수월하다.

이러한 정책적 · 정치적 정당성을 근거로 미국이나 캐나다와 같은 전통적 이민 국가들은 학력, 기술, 언어능력 등의 개인의 자질(qualifications)에 점수를 부여하여 이민자를 선발하는 점수제(Points-Based System)를 기반으로 한 기술이민자 제도를 정착시켰다. 이민유입의 역사가 상대적으로 짧은 나라들 역시 비전문노동력의 유입을 통제하고 전문인력 중심의 해외인력을 유입시키기 위해 기술수준별로 체류기회와 권리수준을 차등적으로 적용하는 전략을 채택하고 있다(김규찬, 2020; G. Kim, 2018). 비전문 외국인력에 대해서는 진입할 수 있는 업종과 직종을 구분하고 할당을 부여하는 등 유입을 통제하고, 현지에서의 사증갱신, 가족동반이나 초청, 사회복지 급여 등을 거부하거나 축소함으로써 장기체류(정착)의 가능성을 억제하고 있다. 반면 전문인력에 대해서는 도입규모 통제가 없는 경우가 많고, 입국, 체류, 생활(적응) 전반에 걸쳐 다양한 특혜를 부여함으로써 이들을 유인하고 있다(이규용, 2016; 이병관, 2013).

2. 한국의 전문 외국인력정책

취업목적 이민자의 도입 및 활용에 관한 정책들은 한국 이민정책의 핵심 축을 구성하고 있다. 전문 외국인력 유치 활성화는 외국인정책(이민정책)의 주요 목표 중 하나로서 꾸준히 강조되어 왔다(법무부, 2008; 2013; 2018). 정부는 해외 사례를 참조하면서 한편으로는 국내 인재들의 유출을 억제할 수 있는 방안을 모색하고(강윤경, 2016; 박현아 외, 2016), 다른 한편으로는 외국인 전문인력의 입국 및 장기

체류를 유인할 방안 마련을 위해 노력하고 있다(김혜련, 2019; 이주실 · 전대성, 2016; 이진영 · 정호원, 2014; 이창근 · 정선양, 2016). 한국의 전문 외국인력 유치정책은 앞서 논의한 국제적 두뇌정책 경향을 따라가고 있으며, 해외인재 획득을 위해 이민정책적 수단뿐만 아니라 노동정책, 사회보장정책, 교육정책 등 넓은 영역에 걸쳐 다양한 정책 도구들이 동원되고 있다.

1) 전문 외국인력의 체류자격

한국의 전문 외국인력정책의 일차적 대상자는 취업목적의 체류자격 중 전문인력 사증을 발급받게 되는 외국인이라고 볼 수 있다. 전문인력 사증에는 교수(E-1), 회화지도(E-2), 연구(E-3), 기술지도(E-4), 전문직업(E-5), 예술흥행(E-6), 그리고 특정활동(E-7)이 있다. 이 외에도 단기취업(C-4) 자격으로 입국하는 사람 중에도 강의나 강연, 연구, 기술지도 등 전문인력에 해당하는 외국인이 포함될 수 있다.[1] 또한 졸업 후 구직 중인 유학생(D-10-1), 창업 준비 중인 외국인(D-10-2), 기업투자(D-8) 사증도 넓은 의미에서 전문인력 체류자격에 포함된다고 볼 수 있다.

전문인력 체류자격은 학위나 전문성의 수준에 따라 요건 및 체류기간 등이 위계적으로 구성되는 것이 특징이다. 먼저 가장 높은 수준의 전문성을 보유하고 있는 우수인재에 해당하는 박사급 인력은 교수(E-1)나 연구(E-3)의 자격을 부여받는다. 교수(E-1)는 전문대학 이상의 교육기관이나 이에 준하는 기관에서 교육 또는 연구지도에 종사하는 외국인이나, 고급과학 기술인력에게 발급되는 체류자격이다. 연구(E-3)는 교수(E-1)의 체류자격에 해당하는 사람을 제외한 자연과학 분야의 연구 또는 산업상 고도기술의 연구개발에 종사하거나, 고급과학 기술인력에 대해서 발급되는 체류자격이다. 이들은 주로 국 · 공립연구소나 기업부설연구소 등 이공계 연구기관에서 근무하게 된다. 이 두 체류자격의 1회 부여 체류기간 상한은 5년이다.

1 법무부가 발간하는 '출입국이민정책 통계연보'에는 단기취업(C-4)을 전문인력 범주에 포함하고 있다. 그러나 단기취업(C-4)은 90일 이하의 단기 체류자격으로서 엄밀한 의미에서 전문직으로 볼 수 있는 사람들에게도 발급될 수 있다.

중간수준의 전문적 지식과 기술을 가진 인력은 분야에 따라 기술지도(E-4)와 전문직업(E-5) 자격을 부여받을 수 있다. 기술지도(E-4) 자격은 공·사 기관에서 자연과학 분야의 전문지식 또는 산업상의 특수 분야에 속하는 기술을 제공하는 외국인에게 부여된다. 유학(D-2) 자격 또는 구직(D-10) 자격을 소지하고 합법체류 중인 사람이 전문기능인력으로서의 일정한 자격요건을 구비하고 취업하려는 기관 등과 고용계약을 체결한 경우에도 기술지도의 자격으로 체류자격을 변경할 수도 있다. 이 자격의 1회 체류기간의 상한은 5년이다. 한편 전문직업(E-5)은 한국의 법률에 의하여 인정된 외국의 국가공인자격증을 소지한 사람으로서 한국의 법률에 의하여 전문업무에 종사하는 자에게 부여되는 체류자격이다. 의사, 항공기 조종사, 선박 운항 전문가 등이 이에 해당된다. 기술지도(E-4)와 전문직업(E-5) 역시 수요가 높은 우수인재로 인식되며 1회 최대 5년의 체류허가를 받을 수 있다.

상대적으로 하위 전문직에 부여되는 자격으로는 회화지도(E-2)와 예술흥행(E-6)이 있다. 회화지도(E-2) 자격은 주로 학사학위 소지자로서 사설 외국어전문학원이나 초등학교 이상의 교육기관 및 기업 부설어학기관에서 종사하려는 사람에게 발급된다. 예술흥행(E-6) 자격은 음악, 미술, 문학 등의 예술활동과 연예, 연주, 연극, 운동경기, 광고, 패션모델 등으로 출연하는 흥행활동에 대해 부여하는 체류자격이다. 그런데 이 자격의 하위 자격인 E-6-2는 호텔과 유흥업소 등에서 종사하는 외국인에게 발급되는데, 열악한 근로조건으로 취업하는 경우가 많고 불법체류율도 매우 높아 전문인력 분야로 인정하기 어렵다. 전문직으로 인정하기 다소 애매한 성격 등으로 인해 회화지도(E-2)와 예술흥행(E-6) 자격은 1회 체류기간 상한이 2년으로 다른 전문인력 자격에 비해 짧은 것이 특징이다.

특정활동(E-7)은 가장 넓은 범위의 전문 외국인력을 포괄하는 체류자격이다. 이 자격은 통계청의 한국표준직업분류상의 대분류 항목과 이에 상응하는 직능수준에 따라 전문인력, 준전문인력, 숙련기능인력으로 다시 세분되며, 자격 심사 시 이 세부 유형에 따라 별도의 기준이 적용된다. 전문인력과 달리 준전문인력 및 숙련기능인력에 대해서는 국민고용 침해 소지가 없도록 고용업체 자격요건 및 업체당 외국인고용 허용인원 상한, 최저 임금요건 등을 설정하여 적용한다. 체류관리에 있어서도 전문인력은 상대적으로 긴 체류기간 상한 부여, 체류자격 변경의 허용, 신고만으로 근무처의 변경이나 추가를 허용하는 등 적극적으로 체류를 지원하는 데 반해, 준전문인력은 전문인력 기준을 준용하되 직종별 특성을 감안하여 별도의 제한 규정을 설정하기도 한다. 특정활동 자격의 1회 부여 체류자격의 상한은 3년(일부 우수인재의 경우 5년)이다. 이 자격은 전문인력과 비전문인력의 경계에 걸쳐있는 만큼 내국인 노동시장 잠식의 우려도 크지만, 전문인력의 총 규모에서 차지하는 비중이 높고 상시적인 공급 부족을 겪는 숙련인력이라는 측면에서 한국의 전문 외국인력정책상 가장 중요하고도 쟁점이 되는 체류자격 중 하나이다.

2) 전문 외국인력정책의 구조와 내용

한국정부는 이미 1970년대부터 해외로부터 우수인재를 유치하기 위한 정책을 추진해 왔다(이규용, 2016; 정기선 외, 2013). 2000년대 들어서 국제적 전문인력 확보 경쟁이 가열되는 가운데 한국의 해외전문인력 유치정책의 관점, 대상 및 내용이 보다 고도화되기 시작했다. 그 결과 외국인 두뇌 확보를 위한 정책뿐만 아니라 우수동포의 귀환정책 및 국내로 유입되는 유학생을 인재로 활용하는 정책 등으로 다양화되고 있다(관계부처합동, 2014; 김규찬, 2021a). 정책의 우선적 대상은 전문인력에 해당하는 외국인들이지만, 실제로는 다양한 분야에서 전문성이나 기술을 보유한 준전문·숙련인력도 포함된다. 또한 재외국민 중 전문인력이나 일부 유형의 국내체류 중인 외국인도 전문인력정책의 대상이다.

한국정부는 지난 3차에 걸친 외국인정책 기본계획에서 국가경쟁력 강화와 경제활성화를 위해 '(우수)인재 유치'를 이민정책 목표의 하나로 설정해 강조해 왔다(표 7-1). 정부는 우수인재를 "특별한 지식, 정보, 기술 등을 보유하고 있거나, 새로운 지식·정보·기술 등의 창출에 기여할 수 있는 자"로 폭넓게 정의하고(법무부, 2008 : 15), 외국인 전문인력 신규 유치뿐만 아니라 유학생 및 해외투자자 등으로 해외인재 정책의 대상 범위를 확대해 오고 있다.

〈표 7-1〉 한국 외국인정책 기본계획의 전문인력 확보 관련 정책목표와 추진과제

단 계	정책목표	하위 추진과제
제1차(2008~2012)	적극적인 이민 허용을 통한 국가경쟁력 강화	우수인재 유치를 통한 성장동력 확보
		외국인에게 편리한 생활환경 조성
제2차(2013~2017)	경제활성화 지원과 인재 유치	국가와 기업이 필요한 해외 인적자원 확보
		미래 성장동력 확충을 위한 유학생 유치
		지역 균형발전을 촉진하는 외국인 투자 유치
제3차(2018~2022)	국민이 공감하는 질서 있는 개방	우수인재 유치 및 정주 인프라 강화
		유학생 등 교육기반 고도화
		우수인재 성장지원 확대

출처 : 법무부(2008; 2013; 2018)로부터 저자 작성.

한국의 전문 외국인력정책은 정책의 대상뿐만 아니라 내용 역시 범위가 매우 넓다. 우수인재 유치를 위한 비자제도 개선, 자격별 차등 대우를 위한 점수제 도입, 장기정착을 유도하는 체류제도 개선, 우수인재 발굴 및 취업알선, 잠재적인 우수인재인 유학생 유치 및 육성 지원, 창업 및 투자이민 활성화와 같은 정책이 망라되어 있다(이규용, 2016). 이러한 다양한 해외인재 유치정책의 핵심은 보다 많은 해외 우수인재가 한국으로 진출하고 가능하면 장기간 체류하도록 특혜나 지원을 제공하는 것이라 할 수 있다. 한국의 전문 외국인력 유치 및 정착지원과 관련한 대표적인 정책들은 다음과 같다.

첫째, 해외인재 발굴 및 국내 취업·취학 지원서비스 제공이다. 대한무역투자진흥공사(Kotra)는 '해외전문인력유치센터(Contact Korea)'를 운영하는데, 이 포털사이트를 통해 노동부, 법무부 등이 공동으로 외국인 전문인력들에게 취업상담 및 알선, 출입국 지원, 생활정착 지원 등 종합지원서비스를 제공하고 있다.[2] 한편 교육부는 '세계 수준의 연구중심대학(WCU : World Class University) 육성사업' 등을 통해

2 Contact Korea(https://contactkorea.kotra.or.kr/index.do).

해외로부터 우수 학자 및 연구자를 유치하려고 노력하고 있으며, '한국유학종합시스템(Study in Korea)'을 운영하여 우수 유학생 유치를 위해서도 노력하고 있다.[3]

둘째, 전문인력들에 대한 온라인 사증 신청 · 발급서비스 제공이다. 사증은 법무부장관의 권한을 위임받은 재외공관의 장이 발급하도록 하는 것이 원칙이나, 교수(E-1), 연구(E-3), 기술지도(E-4), 전문직업(E-5) 자격 해당자 등 전문 외국인력은 재외공관을 거치지 않고 HuNet KOREA 시스템(www.visa.go.kr)을 통해 온라인으로도 사증을 발급받을 수 있도록 편의를 제공하고 있다.[4] 2010년 제도시행 이후 혜택을 받는 외국인의 범위가 유학생 등으로 확대되고 있는 추세이다(강동관, 2020).

셋째, 외국인 우수 · 기술인력에게 사증발급 및 체류상의 우대를 부여하기 위한 '전문인력 고용추천서제도' 운영이다. 고용추천서의 종류로는 중소기업진흥공단이 국내의 공 · 사기관에서 근무하고자 하는 전문 외국인력의 특정활동비자(E-7) 발급이 용이하도록 발급하는 '골드카드(GOLD CARD)'와 교육부장관이 외국인의 사증발급 및 체류에 관한 편의제공을 위해 전문대학 이상의 교육기관이나 정부출연 연구기관, 국 · 공립 연구기관, 기업부설 연구기관 등에서 근무하고자 하는 해외 고급과학기술인재에게 발급하는 '사이언스 카드(SCIENCE CARD)'가 있다.[5]

넷째, 점수제를 적용한 체류 및 구직 기회 제공이다. 정부는 외국인 전문인력의 연령, 학력, 소득 등을 점수화하여 일정 점수 이상을 취득한 전문인력에게 기존의 체류자격에 관계없이 거주(F-2)자격을 부여받을 수 있게 함으로써 자유로운 취업활동을 할 수 있는 기회를 제공하고 있다.[6] 또한 국내 전문 직종에 취업이나 창업을 하려는 목적으로 연수나 구직활동 등을 하려는 외국인 인재에게 별도의

3 Study in Korea(https://www.studyinkorea.go.kr/ko/main.do).

4 「출입국관리법 시행령」 제7조의2에 근거하며, 외국인 본인이나 초청하는 주체가 대한민국 비자포털(www.visa.go.kr)에 접속하여 신청할 수 있으며, 심사와 발급에 걸리는 시간이 최소화된다.

5 법무부 「온라인 사증발급 및 사증추천인에 관한 업무처리지침」 제2조 제5호를 참조할 것.

6 거주(F-2) 자격으로의 변경 조건은 호텔 · 유흥업소 등에서의 공연활동자(E-6-2)를 제외한 전문 외국인력(E-1~E-7), 또는 유학(D-2), 취재(D-5), 종교(D-6), 주재(D-7), 기업투자(D-8), 무역경영(D-9), 구직(D-10) 자격으로 1년 이상 합법 체류 중인 전문인력으로서 결격사유에 해당하지 않고 120점의 평가점수 중 80점 이상이다.

체류자격(D-10)을 부여하여 국내 취·창업을 유도하고 있다. 구직 체류자격은 특별히 외국인 유학생들에게도 중요한 의미를 가진다. 국내 대학에서 학사 이상의 학위를 취득(예정)하거나, 국내 전문대학에서 전문학사 학위를 취득(예정)한 유학생, 또는 학술연구기관 등에서 수료(예정)한 유학생도 구직 체류자격을 얻어 일정기간 체류할 수 있게 됨으로써 '육성형 인재'인 유학생의 학업과 취(창)업의 연계를 지원하고 있다(허지은, 2020).

다섯째, 유입된 전문인력의 장기 체류 및 정착(영주 및 귀화) 유도이다. 전문인력의 체류기한은 예술흥행(E-6)과 특정활동(E-7) 자격을 제외하고는 실제 고용계약기간에 따라 1회 최대 5년까지 부여된다. 그러나 고용만 유지된다면 출국하지 않고 무제한 연장이 가능하기 때문에 장기 체류가 가능하다. 비전문 외국인근로자의 경우 최대 4년 10개월까지만 연속으로 체류할 수 있게 함으로써 영구정착 가능성을 원칙적으로 차단하고 있는 것과 대조를 이룬다. 일반비자 취득자의 경우 영주자격(F-5) 신청 자격인 연속 5년 거주 요건을 충족해야 하지만 전문직의 경우 체류요건이 훨씬 짧다. 체류기간이 중요한 이유는 많은 이민 유입국에서도 그러하듯이 체류 가능성은 이주민의 권리의 양과 질에 크게 영향을 미치기 때문이다(김규찬, 2020). 전문인력은 체류기간뿐만 아니라 직장 및 체류자격을 변경할 수 있는 권리도 부여된다. 일반적으로 3년 체류 후에는 외국인으로서 가장 높은 권리수준을 가진 영주(F-5) 자격으로의 변경 신청을 허용하고 있어 영구 정착의 기회를 제공하는 셈이다. 전문인력의 귀화는 두뇌의 안정적 확보에 도움이 될 수 있기 때문에 이들의 귀화를 유도하기 위한 조치들도 시행되고 있다. 우수인재에 대하여 사실상 이중국적 보유를 허용하고 있고, 일반귀화의 요건인 필기시험을 면세하고 귀화심사기간도 단축해 준다.

여섯째, 전문인력의 가족동반 허가 및 동반인에 대한 특혜 제공이다. 가족을 동반하거나 초청할 수 있는 것은 전문인력이 누리는 권리 중의 하나이며, 동반가족의 적응과 생활만족도는 전문인력의 장기체류와 귀화에 중요한 요소가 될 수 있다. 따라서 배우자나 심지어 동반한 가사보조원의 체류상 지위와 권리도 폭넓게 보호한다. 전문인력 체류자격자의 배우자는 국내에서 동반비자로부터 취업비자로 변경이 가능하다. 전문인력의 가사보조원에게도 동반비자의 발급이 허용될 뿐만 아니라, 고용주의 동의가 있으면 국내에서 이직하여 근무처의 변경이 가능하며, 비자발급기간 내에 유학이나 회화지도와 같은 체류자격 외의 취업활동도 가능하다.

3) 쟁점과 과제

위에서 소개한 다양한 정책적 노력에도 불구하고 한국의 전문 외국인력정책의 성과는 현재까지 매우 제한적이라고 평가할 수 있다. 한국으로의 전문인력의 유입 규모는 |그림 7-1|에서 보는 바와 같이 2005년 대비 1.8배 증가하여 2021년 기준 약 4만 3천 명에 이르고 있다. 예컨대 대표적인 전문인력인 교수(E-1) 자격을 가진 체류외국인은 2005년 1,094명에서 2012년 2,631명에 이르기도 했다. 한편 준전문인력인 특정활동(E-7) 자격 소유자는 2005년 4,533명에서 2021년 20,675명으로 늘어났다.[7] 그러나 전체적으로 전문 외국인력의 유입 규모는 2000년대 중반부터 2010년대 초반까지는 증가세였으나 이후로는 정체되거나 약간 감소하는 경향을 보이고 있다. 전문인력이 취업자격 체류외국인 중 차지하는 비중은 지난 2020년까지 7%대로 거의 변화가 없었다. 2021년 전문 외국인력 비중이 크게 증가한 것은 코로나19 여파로 비전문인력(E-9, H-2) 유입이 급감한 결과이다. 팬데믹 상황에서 비전문인력은 유입이 크게 줄어든 반면, 전문인력의 감소율은 상대적으로 낮다는 점은 주목할 만하다. 비전문인력들과는 달리 전문인력들은 국경통제 강화와 경기 위축에도 불구하고 이주 및 해외 체류를 지속하는 경향이 있음을 알 수 있다.

7 출입국 · 외국인정책본부. 「출입국 · 외국인정책 통계연보」(각 년도)

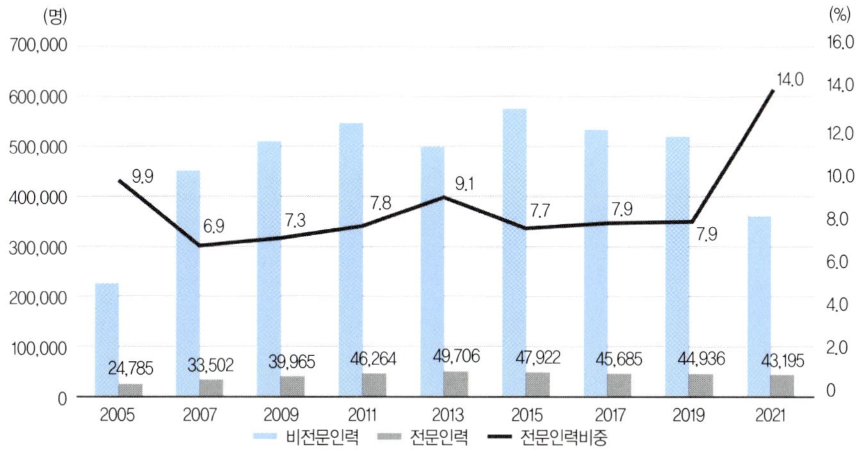

|그림 7-1| 기술수준별 외국인력 체류 추이

주 : 비전문자격은 E-8(2005~2009), E-9, E-10, H-2, 전문자격은 E-1~E-7 사증 소지자 현황이며, 전문인력비중은 전문인력과 비전문인력의 합에서 전문인력이 차지하는 비중.

출처 : 출입국 · 외국인정책본부. 「출입국 · 외국인정책 통계연보」(각 년도)로부터 저자 취합.

한국으로 유입되는 전문 외국인력이 양적으로 정체 혹은 심지어 축소되는 경향도 문제이지만, 질적 수준이 제고되지 않는 한계도 보인다. 코로나19의 영향을 받기 전인 2019년 기준 단기취업(C-4) 자격을 제외한 국내 체류 전문 외국인력의 규모는 44,936명으로, 이는 전체 취업자격 체류외국인의 7.9%에 해당하는 수이다(출입국 · 외국인정책본부, 2020). 표면적으로 이는 적지 않은 규모이지만 전문인력의 질적 수준은 높지 않다고 볼 수 있다. 다음 〈표 7–2〉에서 보듯이, 가장 높은 수준의 전문성을 가진 인력으로 볼 수 있는 교수(E-1)와 연구(E-3) 자격에 해당하는 최고급 인재 규모는 각각 2~3천 명대 초반으로 미미한 수준이며, 기술지도(E-4)와 전문직업(E-5) 자격에 해당하는 인력은 합하여 1천 명이 채 되지 않는다.

한국으로 유입되는 전문인력의 약 85%는 중급수준의 기술수준을 가진 인력이 차지하고 있다. 구체적으로는 특정활동(E-7) 자격 소지자가 21,314명으로 가장 많고, 마찬가지로 전문성 수준이 높지 않은 회화지도(E-2)가 13,910명으로 그 뒤를 잇고 있다. 또 하나 주목할 점은 일부 전문인력의 불법체류율이 상당히 높아 심지어 비전문취업(E-9)의 불법체류율(16.7%)보다 높은 경우도 있다는 점이다. 가장 큰 규모의 전문인력유형인 특정활동(E-7)의 경우 12.4%에 달하고, 규모는 작으나 예술흥행(E-6) 자격의 경우는 불법체류율이 39.8%에 이르러 사회통합에 유리하고 사회문제를 감소시킬 것으로 예상되는 전문 외국인력제도의 취지를 무색하게 하고 있다.

전문인력의 유입 규모와 질의 문제와 더불어 해외인재 정책의 성과 측면에서 간과할 수 없는 부분은 이들이 얼마나 장기 혹은 영구적으로 한국에 체류하고 있느냐 하는 문제이다. 국내적으로 저출산으로 인해 생산가능인구 축소에 직면해 있는 상황에서 외국인정책은 인력정책이자 인구정책적 의미를 가지고 있다. 특별히 전문인력의 경우는 노동력이자 동시에 사회 구성원으로서 긍정적으로 수용되는 경향이 있다. 그간 한국정부는 2011년 전문인력의 복수국적 보유를 허용하고 귀화요건을 완화했으며, 2015년부터는 우수 전문인력의 경우 1년만 체류해도 영주권을 부여하는 등 파격적인 정착유도 정책을 펴왔다. 그러나 지난 10년간 한국국적(복수국적)을 취득한 우수인재는 149명으로 전체 복수국적자의 0.1%에 그치는 것을 볼 때 해외인재 귀화 유도에는 실패하고 있음을 의미한다(장주영, 2020).

〈표 7-2〉 한국의 전문인력의 자격별 규모(2019년) (단위 : 명, %)

구 분	총 체류	합법체류	불법체류	자격별 비중	불법체류율
계	44,936	40,826	4,110	100	9.1
교수(E-1)	2,187	2,186	1	4.9	0
회화지도(E-2)	13,910	13,875	35	31	0.3
연구(E-3)	3,132	3,130	2	7	0.1
기술지도(E-4)	220	218	2	0.5	0.9
전문직업(E-5)	624	617	7	1.4	1.1
예술흥행(E-6)	3,549	2,136	1,413	7.9	39.8
특정활동(E-7)	21,314	18,664	2,650	47.4	12.4

주 : 2020년 1월 이후 코로나19 사태로 인해 이민자 유입이 정상적으로 이루어지지 못한 점을 고려하여 2019년 법무부 자료를 기준으로 삼았음.

출처 : 출입국 · 외국인정책본부(2020).

지금까지 한국의 해외인재 유치정책은 국제적 추세에 맞추어 다양한 정책 도구를 사용하고 있다. 그러나 핵심 우수인재의 유입 및 장기정착 규모가 매우 적고 질적 수준도 높지 않다는 것을 알 수 있다. 이런 결과는 전문인력 도입정책은 기본적으로 공급자가 주도권을 가진 만큼, 여러 제도들을 갖추어놓는 것만으로는 실제 유입을 담보할 수 없다는 현실을 보여준다(이규용, 2011). 또한 독일의 경우에서도 보듯이 해외인재 유치정책이 효과를 발휘하기까지는 매우 긴 시간이 필요할 것 또한 사실이다(이진영 · 정호원, 2014).

이러한 어려움에도 불구하고 인구학적 변동 속에서 지식기반 경제로의 전환이 시급한 한국의 입장에서는 경제정책적으로나 이민정책적으로 당위성이 높은 해외인재의 유입을 촉진하기 위한 노력이 계속되어야 한다. 여러 연구들을 통해 알 수 있는 사실은 현재로서는 경쟁국과 비교해 개인적 배경이나 획기적으로 높은 급여 등 특별한 경우가 아닌 한은 외국국적의 고급인력을 한국으로 유치하기가 상당히 어렵다는 점이다(김규찬, 2021a; 이병관, 2013). 또한 중국의 사례에서 보듯이 외국인의 특수성이나 기대를 고려하여 의료, 교육, 교통 등 모든 공공서비스를 빠르게 재정비하는 것도 쉽지 않다(김혜련, 2019). 이런 현실을 인정하며 몇 가지 발전 과제를 제안해 본다.

첫째, 목표로 하는 전문인력의 수준과 규모에 대한 현실적이고 비판적인 평가가 우선되어야 한다. 무조건 많이 유치하자는 접근보다는 한국에서 인재 부족 현상을 겪는 분야와 기술수준은 무엇인지 엄밀히 분석한 후, 만약 고급 과학인재보다 중간기술 수준의 숙련인력의 수요가 절대적으로 높다면 이들에게 집중하는 것이 현재적 효용이 더 높을 것이다(이규용, 2011). 최근 법무부(2021)의 제3기 인구정책 TF 외국인정책반 과제 발표에서 제안되었듯이 숙련기능인력의 공급 확대에 우선 집중할 필요가 있어 보인다. 여기에는 우수 유학생의 국내 취업 지원이 포함되어야 할 것이다. 또한 향후 고령화에 대처하기 위한 사회복지 분야 인력과 같이 새로운 전문 및 숙련 인력수요가 급증할 수 있는 만큼, 어떤 분야에서 어떤 유형의 전문인력이 어떤 조건으로 공급되어야 하는지에 대한 분석이 계속되어야 할 것이다.

둘째, 재외동포(외국국적동포+재외국민) 인재의 귀환에 보다 집중할 필요가 있다. 인재 풀(pool)로서 재외동포는 충분한 규모와 가능성을 가지고 있으며, 실제 법 개정을 통해 동포의 범위도 계속 넓어지고 있다. 재외국민 유학생의 경우는 학위취득 직후에는 취업기회에 따라 귀환 여부를 결정하는 데 있어 유연한 입장을 가진 만큼, 두뇌정책의 대상으로서의 잠재력이 크다. 물론 동민족성(co-ethnicity)에 근거해 해외에 거주하는 인재라는 이유만으로 특혜의 대상으로 삼는 것은 역차별 논란을 일으킬 소지가 있겠지만, 국내기업 등이 이들을 현지에서 채용하기 위해 이미 막대한 노력과 비용을 들이고 있는 상황에서 정책적 개입을 통해 인재확보 효과를 높일 수 있다. 또한 앞서 논의하였듯이 자국민 두뇌의 귀환은 해외 유학과 취업으로 야기된 국부의 손실을 되찾는다는 측면에서도 바람직하다.

셋째, 새로운 기회와 경험을 찾아 이동하는 전문인력의 유동적 특성을 인정하고 이들과의 다양한 협업 방안을 모색해야 할 것이다. 국제이주라는 과정을 통해 우수인재를 물리적으로 한국에 유치 · 정착시킬 수 없더라도, 온라인 등의 방식으로 얼마든지 이들의 전문지식과 기술을 활용할 수 있다. 이런 측면에서 준전문 · 숙련인력을 제외한 전문 외국인력에 대한 정책은 물리적 확보보다는 그 인재의 충성도(loyalty)를 확보하는 것이 관건이 될 것이다(김규찬, 2021a).

Discuss

1. 전문인력 확보를 위한 국제적 경쟁은 각국의 이민정책 수립에 어떤 영향을 주고 있는지 토론해 보라.
2. 해외동포 인재에게 특혜를 주어 귀환을 유도하는 정책의 정당성과 실효성에 대해 의견을 제시해 보라.
3. 한국의 경우 왜 외국인 전문인력의 유입규모가 미미한지, 그리고 어떻게 이를 개선할 수 있을지 토론해 보라.

CHAPTER 08

결혼이민(가족)정책

1. 결혼이민의 이해

2. 한국의 결혼이민(가족)정책

CHAPTER 08 결혼이민(가족)정책

이번 장에서는 국제결혼과 결혼이민으로 형성된 가족에 대한 정책을 살펴본다. 2000년대 들어 한국으로의 결혼이민자 유입이 빠르게 증가했고, 정부는 결혼이민과 결혼이민을 매개로 형성된 가족에 대한 일련의 정책을 통해 이에 대응해 왔다. 노동이민보다 규모가 작기는 하지만 결혼이민 현상과 결혼이민 가족에 대한 정책은 여러 측면의 중요성으로 인해 높은 사회적, 학문적, 정책적 관심을 받고 있다. 이번 장을 통해 결혼이민의 개념과 한국 결혼이민 관리 및 다문화가족 정책의 주요 내용과 쟁점에 대해 학습한다.

1. 결혼이민의 이해

1) 국제결혼과 결혼이민

국제결혼(international marriage)은 국적이 상이한 사람들 간의 혼인을 일컫는 말로서, 내국인과 외국인 간의 결혼 혹은 외국인 간의 결혼을 포함하는 개념이다. 국제결혼은 국경을 넘는 결혼이라는 의미에서 'cross-border marriage', 인종적, 문화적 배경이 다른 사람들 간의 결합이라는 측면에서 'intermarriage' 혹은 'mixed marriage'라고 불리기도 한다(김현미, 2016a : 360).

국제결혼은 국적이 다른 사람들 사이의 결합이므로 대개는 가족의 기능을 수행하기 위해 한 배우자가 다른 배우자의 거주국으로 이동하는 국제이주를 동반할 가능성이 매우 높다(김현미, 2016). 이 경우 외국국적을 소유한 배우자는 새로 이주한 국가에서 국적을 취득하기 전까지는 이주민 신분으로 체류하게 된다. 이 과정을 결혼이민(marriage migration)이라 하고 국민의 배우자로서 체류자격을 갖게 된 사람을 결혼이민자(marriage migrants)로 부른다.

결혼이민은 가족이민(family migration)의 하위 유형으로 볼 수 있다. 코프만(Kofman, 1999 : 275)은 가족이민을 '가족재결합(family reunification)'과 '가족형성(family formation)'으로 구분한 바 있다.[1] '가족재결합(family reunification)'은 주이주자(primary migrants)가 이주하는 과정에서 직계가족을 동반하는 현상으로 정의하였다. 나아가 그녀는 '가족형성(family formation)'은 이미 정착한[2] 이주민이 해외에서(주로 출신국으로부터) 결혼 파트너를 초청하는 경우와 정착국에서 원주민(citizen)과 외국인(non-citizen) 간 국제결혼의 경우로 다시 구분하였다. 코프만(1999)은 결혼을 매개로 한 가족형성 유형의 가족이민의 규모가 이민 2, 3세대의 증가로 인해 증가하고 있다고 주장하였다.

2) 결혼이민(가족)의 원인과 정책적 중요성

결혼을 위한 주거지 이동은 역사적으로 새로울 것이 없는 현상이다. 전통사회에서도 이웃 마을이나 타 지역으로부터 결혼 상대를 데려오는 것이 흔했기 때문

1 코프만(Kofman, 1999 : 275)은 '가족재결합(family reunification)'과 '가족형성(family formation)'을 포괄하는 용어로 'family reunion'이라는 표현을 쓰고 있다. 그녀도 인정하듯이 학자들 간의 합의된 분류법은 아니다. 문제는 이 용어들(reunification과 reunion)을 한국어로 번역할 경우 혼동을 가져올 가능성이 크다. 이런 면에서 코프만의 가족이민 유형을 '가족동반', '가족재결합', '가족형성'을 위한 이민으로 재정의한 김현미(2016a : 360)의 분류 방식이 더 유용하다.

2 이민연구 문헌에서 '정착(settlement)' 혹은 '정착한(settled)'의 의미는 영주권이나 국적을 취득하여 시민이나 준시민으로 살아가고 있는 상태를 의미한다. 한국어에서 '순조로운 적응'을 의미하기 위해 사용하는 정착의 의미보다 훨씬 더 법적이고 권리적 함의가 담긴 표현으로 보아야 한다.

이다. 김현미(2016a)는 이주민 본인이나 후속세대의 배우자를 고국·동족집단으로부터 구하려는 종족내혼형(ethnic endogamy) 혹은 동족혼(co-ethnic marriage) 관행을 결혼이민의 시작으로 보았다. 식민주의 시대에 신대륙으로 먼저 이주해 간 유럽 남성들이 본국에서 배우자를 초청하는 방식이 대표적이다. 양측 모두 실제로 한 번도 만난 적이 없이 단지 편지나 사진을 주고받은 후 결혼이 성사되곤 했다. 이런 '사진 신부(photo-bride)' 혹은 '우편주문 신부(mail-order bride)'라고 불리는 현상은 정착지(식민지)의 백인 남성뿐만 아니라, 법적, 문화적 제약으로 현지에서 배우자를 구하기 어려웠던 아시아 남성들에게도 일어났다.

민족적·문화적 동질성을 바탕으로 정서적 결속감을 느끼는 동족이나 친족과의 결혼을 선호하는 행태는 현대에도 드물지 않다. 예컨대, 영국 등 유럽에 정착한 인도나 파키스탄 이주민들은 자녀들이 현지 국적을 가지고 있긴 하지만 그들의 배우자를 여전히 본국으로부터 데려오는 경우가 많다(Shaw & Katharine, 2006). 한국에서 국제결혼 대상자로 조선족 여성 비율이 높은 것도 이와 같은 맥락에서 이해할 수 있다(김현미, 2016a).

몇몇 아시아 국가들의 경우에는 전쟁의 역사와 국제결혼 및 결혼이민 현상이 밀접히 관련되어 있다. 일본이나 한국, 그리고 베트남의 경우 주둔했던 외국군이 현지에서 내국인 여성 배우자와 결혼하고 이후 본국으로 이들을 동반하여 귀환하는 형태의 이주가 빈번히 발생했다(de Haas et al., 2020 : 182). 1980년대부터는 아시아 지역 내 국제결혼과 결혼이민이 경제적 요인, 인구학적 요인, 문화적 요인이 결합되어 발생하고 있다. 산업화가 진행되면서 농어촌의 여성들은 교육이나 취업 등 새로운 삶의 기회와 양식(life style)을 찾아 도시로 이동하고, 농어촌에 남아 있는 남성들은 상대적으로 낮은 사회경제적 지위로 인해 본국 출신 배우자를 찾기 어려워지게 되었다. 이런 결혼시장의 불일치(mismatch)는 전반적인 출산율 저하와 남아선호 현상에 의해 더욱 악화되었다. 이런 상황에서 농어촌의 남성들은 대안적으로 저개발 국가로부터 신부를 구하기 시작했다. 한국, 일본, 대만 등 상대적으로 부유한 국가의 남성들이 상대적으로 빈곤한 국가의 여성 배우자를 초청하는 현상이 나타났다. 이들과 결혼하기 위해 이주하는 여성들은 주로 중국의 농촌지역이나 베트남, 필리핀, 라오스, 미얀마, 태국 등 동남아시아 출신들이 대부분이다.

결혼시장에서 남성은 사회경제적 지위가 상대적으로 낮은 여성과 결혼하고(marry down), 여성은 본인보다 사회경제적 지위가 높은 남성과 결혼(marry up)하는 경우가 관행적이다. 이렇듯 결혼은 매우 계급적 성격을 갖는데, 동아시아 산업화국가들로 향하는 결혼이민의 흐름도 유사한 성격을 띤다. 다음의 인용문은 이런 측면을 잘 요약하였다.

> "전통적인 남성 생계자 모델을 현실화시킬 수 없는 많은 저소득층 남성들은 자국에서 배우자를 구할 수 없는 상황이므로 국가 간의 경제 격차를 활용하여 다른 나라 여성들을 배우자로 맞아들인다. 국제결혼은 신자유주의적 세계화과정에서 혜택을 받지 못한 경제적으로 주변화된 남성들과 자원이 빈약한 여성들의 이주 욕망이 결합되면서 급증한다. 국제결혼은 가족형성과 유지, 아이 출산 및 사회화의 역할이 민족이나 국가 단위에서 해결될 수 없게 되면서 증가하고 있다. 이런 점에서 국제결혼은 '아래로부터의 세계화'라고 볼 수 있다."(김현미 2016a : 367-368)

결혼이민은 현대 이주의 여러 특징 중 '이주의 여성화(feminization of migration)'와 관련하여 특별한 중요성을 가진다(de Haas et al., 2020). 이주의 여성화는 여성 이주의 규모가 더 커지고 있다기보다는 여성 주도적 이주가 증가하고 있다는 질적 변화와 더 관련이 있다. 그간에는 주부양자인 남성 이주민의 단순히 동반자로서 이주하는 것이 주된 형태였다면, 이제 점점 더 많은 여성들은 자신이 경제적 이민(취업 이민)의 주체가 되고 있다. 전통적으로 여성 근로자가 선호되는 가사·돌봄직종, 의류산업, 전자제품 조립라인 등에서뿐만 아니라, 다양한 전문·서비스 업종에서 여성 이주노동자들의 비중이 증가하고 있다.

물론 국제결혼과 결혼이민은 경제적 이해관계 없이 순수한 사랑에 의한 것이거나 새로운 문화에 대한 기대로부터 발생할 수 있다. 그러나 몇몇 동아시아 국가들에서 관찰되는 국제결혼 관행(상업혼적 성격)으로 인해 결혼 의도의 순수성을 자주 의심받는다. 초청하는 남성 배우자는 아내, 어머니, 며느리로서의 전통적 성역할을 수행할 사람으로서 외국인 배우자를 구하는 것으로 볼 수 있다(Kim & Kilkey, 2018). 한편 이들과 국제결혼을 선택하는 여성들은 접근이 어려운 노동이민 대신 결혼이민을 선택한 것일 수 있다는 평가도 있다(Lee, 2008). 즉, 한국 등 동아시아의 부국들의 비전문 노동이민레짐은 남성근로자 위주로 형성되어 있고 비전문 여성의 경우 취업 경로로 이주의 기회가 제한되기 때문에, 결혼이민을 대안적 이주 경로로 선택한다는 것이다.

이런 해석은 논쟁의 여지가 있지만 통제적 노동이민정책하에서 결혼이민자가 되는 것이 비전문 여성이 자유롭게 경제활동을 하며 장기 체류할 수 있는 거의 유일한 방법이라는 점과, 유입된 결혼이주여성들의 경제적 욕구가 상당하다는 점은 부인하기 어렵다. 이들의 경제적 참여의 동기가 본국의 원가족에 대한 부양책임과 무관하다고 보는 것은 현실적이지 않다. 이런 측면에서 결혼이민은 이주를 통한 가족의 생계 전략이나 돌봄 전략의 하나로 볼 수 있다.[3]

결혼이민은 이민정책을 포함한 여러 공공정책적 측면에서 상당한 중요성을 가지고 있다. 첫째, 결혼이민자는 장기적 체류나 많은 경우 국적취득(귀화)으로 이어질 수 있는 이주민 집단이다. 달리 말해 이들은 새로운 인구로서 지역사회에 거주하며 근로자와 소비자로서 사회경제적으로 기여할 수 있다.

둘째, 결혼이민은 가족을 형성하고 확장(출산)하며 유지(돌봄)하는 사회적 재생산의 기능과 관련된다. 특히 결혼관계를 통한 자녀의 출산은 저출산으로 인구학적 위기를 맞고 있는 산업화 국가 입장에서 매우 중요한 기여이다. 이런 이유로 동아시아의 결혼이민 수용국들은 결혼이민자와 가족(특히 자녀)을 지원하기 위해 다양한 사회(복지)정책을 동원하고 있다(Kim & Kilkey, 2018; Piper & Lee, 2016).

셋째, 결혼이민자 유입 증가는 사회통합이라는 측면에서 새로운 도전이 된다.

3 국제이주를 원가족을 경제적으로 부양하기 위한 방편이나 연쇄적 돌봄 제공의 기제로 분석하는 관점에 대해서는 본 서 제2장과 김규찬(2017)을 참조하기 바란다.

일반적으로 외국인을 배우자로 맞이하는 것은 문화적 수용성의 가장 높은 수준을 의미한다. 하지만 앞서 언급한 계급적으로 불평등한 관계, 상업혼적 관행, 언어소통 문제, 문화적 차이 등으로 결혼이민자들은 가정 내·외에서 다양한 사회적 갈등을 경험할 수 있다. 선주민(natives) 역시 문화적 다양성의 증가라는 사회변동에 직면하여 공존과 조화를 위한 의식과 태도의 변화를 요구받게 된다.

2. 한국의 결혼이민(가족)정책

1) 한국으로의 결혼이민의 전개

해방 이후 1980년대까지도 한국사회가 접할 수 있는 국민과 외국인 간 결혼과 이주는 한국 여성과 주한미군 남성과의 결혼 정도였다. 미군과의 결혼은 전쟁과 외국군 주둔이라는 특수한 상황하에서의 지역적이고 일시적 현상으로서 사회적·정책적 관심을 끄는 현상은 아니었다. 국내 정세의 안정과 산업화의 진전과 함께 소위 '군인 신부(war bride)' 현상은 거의 사라지게 된다.

반면 1990년대 후반부터 급증한 한국인의 국제결혼 및 결혼이민자 국내 유입은 더 넓게 관찰되고 지속적인 현상이다. 이는 국제결혼과 결혼이민 현상이 사회구조적 요인에 의한 것임을 의미한다. 산업화와 도시화 과정에서의 도·농간 격차, 여성의 사회경제적 지위 향상, 남아선호사상에 의한 선택적 낙태 등이 결합하면서 결혼시장에 심각한 성비 불균형이 발생하였고, 이는 국제결혼의 증가로 이어지게 되었다(G. Kim, 2017).

정책적 요인도 국제결혼과 결혼이민의 증가와 관련이 깊다. 소위 '장가 못 간 농촌 총각 문제'를 해결하기 위해, 먼저 지방정부가 조례 제정을 통해 국제결혼과 이주 그리고 이후의 적응 과정을 지원하기 시작하였다. 특히 1992년 중국과의 수교를 계기로 조선족과의 국제결혼 사업이 지방자치단체 지원으로 추진되기도 했다(김현미, 2016a). 중앙정부 차원에서 정책적으로 국제결혼과 결혼이민을 장려하였다고 보기는 힘들지만, 2000년대 초반부터 여러 정책 도구들을 동원하여 국제결혼 과정과 결혼이민자 가족의 적응에 광범위하게 개입하기 시작하였다.

사회구조적 요인과 정책적 뒷받침의 결과 2000년대에 들어서며 국제결혼의 건수 및 결혼이민자 수가 빠르게 증가하기 시작하였다. 국제결혼은 2000년 11,605건에서 2003년 24,776건으로 두 배 넘게 증가하였고, 2005년에는 42,356건으로 정점에 도달하였다. 2008년 이후 결혼중개업 관리 및 결혼이민 비자 발급요건 강화로 국제결혼 추세가 점차 감소·안정화였으나 2016년 이후 다시 증가 추세로 돌아섰다. 전체 혼인 중 국제결혼(다문화 혼인)의 비중은 2000년 약 4%에서 2015년 14%로 급등한다. 이후 국제결혼 건수의 감소와 함께 그 비중이 낮아지고 있긴 하지만 지역별로 상당한 차이가 있다. |그림 8-1|에서 보듯이 2019년 기준 전체 혼인 중 국제결혼(다문화 혼인)의 비중은 10.3%이며, 코로나19 사태로 2020년부터 국제결혼 건수가 주춤하긴 하지만 이는 일시적 현상으로 보이며 머지않아 다시 증가할 것으로 전망된다.

1990년대까지만 해도 국제결혼은 젊은 동남아시아 여성과 한국의 나이 많은 농촌 총각 사이에서 이루어지고, 결혼이민자는 농·어촌에 정착하는 것으로 정형화되었다. 한국인 남성과 외국인 여성과의 결혼이 국제결혼의 주된(약 70%) 양상이지만, 외국인 남성과의 결혼 사례도 적지 않다. 또한 도시가구 남성 근로자와의 국제결혼이 늘면서, 결혼이민자 역시 내국인들의 인구분포와 마찬가지로 수도권 등 도심지역에 거주하고 있으며, 배우자 간 연령 차이도 다소 줄어들고 있다. 2020년 기준 '다문화 혼인'을 한 외국인 및 귀화자 아내의 출신 국적은 베트남(23.5%), 중국(21.7%), 태국(10.7%) 순이며, 특히 태국출신 결혼이민자 증가가 눈에 띈다.

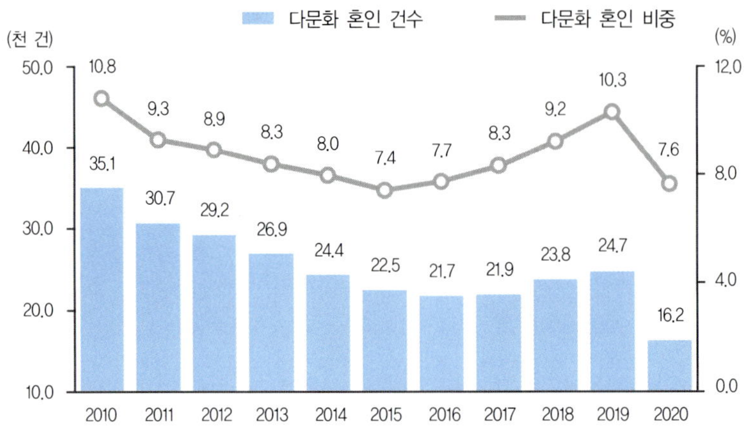

|그림 8-1| 국제결혼(다문화 혼인) 추이

주 : '다문화 혼인'은 통계청에서 사용하는 용어로서 한국인과 외국인 간의 결혼을 의미한다.
출처 : 통계청(2021), p. 1.

2) 결혼이민자 및 결혼이민가족 지원정책

2002년 무렵부터 국제결혼과 결혼이민자 유입이 본격화되기 시작했다. 이주민 문제에 대한 전반적인 사회적 관심과 정책 대응 요구가 크게 증가하는 가운데, 2007년 「재한외국인 처우 기본법」에 이어 2008년 「다문화가족지원법」이 제정되면서 결혼이민자 및 그 가족들에 대한 정책이 체계적으로 추진되기 시작하였다. 「다문화가족지원법」에서 처음으로 결혼이민자와 귀화자로 이루어진 가족을 지칭하기 위해 '다문화가족'이라는 용어가 공식적으로 채택되었고, 이들을 지원하기 위한 정책이 '다문화가족정책'으로 명명되었다. 입법 당시 주무부처는 보건복지부였으나 2008년 이후 현재까지 여성가족부가 결혼이주민 및 다문화가족정책과 서비스를 주관하고 있다.

(1) 다문화가족정책 기본계획

한국 이민정책 청사진인 '외국인정책 기본계획'에는 결혼이민자와 그 자녀, 즉 '다문화가족'에 대한 정책들이 포함되어 있다. 주로 (여성)결혼이민자의 초기 정착 지원, 출산 및 양육 관련 지원, 원만한 가정생활 지원 등에 관한 내용이며, 이민 2세대 자녀들의 교육과 진로에 관한 내용들이 꾸준히 포함되고 최근에는 더욱 강조되고 있다. 「다문화가족지원법」에 근거하여 여성가족부장관은 3년마다 다문화가족에 대한 실태조사를 실시하고, 5년마다 '다문화가족 지원을 위한 기본계획'을 수립한다(「다문화가족지원법」 제3조 및 제4조).[4] '다문화가족정책 기본계획'은 '외국인정책 기본계획'의 기조를 반영하되 보다 구체적이고 다양한 다문화가족 지원에 관한 정책들이 포함된다.

2010년에 수립된 '제1차 다문화가족지원정책 기본계획'은 그간 산재되어 있던 국제결혼 및 결혼이민자 관련 정책들을 분야별, 부처별로 정리하고 통합함으로써 다문화가족정책의 토대를 놓았다는 점에서 의의가 크다(보건복지부, 2010). 제1차 기본계획에서 다문화가족지원정책의 추진체계 정비와 함께 국제결혼중개업 관리 강화, 결혼이민자의 초기 정착 지원, 자녀들의 안정적 성장 지원, 다문화에 대한 사회적 이해 증진 등 5개 영역의 정책과제가 설정되었다.

'제2차 다문화가족정책 기본계획(2013~2017)'은 제1차 기본계획의 틀을 유지하면서 기존 정책의 질적 수준 제고를 목표로 추진되었다. 정부는 결혼이민자 증가에 대응하기 위해 짧은 기간 내 다문화가족정책 체계가 수립된 성과는 인정하면서도 다문화가족에 대한 취약계층(대상)화, 결혼이민자에 대한 시혜적 지원에 대한 반감, 중복지원이나 일회성 사업 남발 등의 문제점 역시 인정하였다(여성가족부, 2012). 따라서 다문화가족 정책의 추진체계 및 서비스 전달체계의 효율화 및 평가를 강조했다. 또한 신규 입국 결혼이민자에 대해서는 시혜가 아니라 '사회통합적 차원'의 지원과 일정 기간 경과 후에는 취업 등 '자립'과 '책임'을 강조

4 「다문화가족지원법」이 2008년 제정되었지만 입법 시에는 '다문화가족정책 기본계획'에 대한 조항이 없었다가 2011년 개정되면서 관련 조항이 신설되었다.

하는 방향의 정책 기조를 천명하기 시작했다(여성가족부, 2012 : 25). 이러한 자성과 강조점의 변화에도 (여성)결혼이민자와 그 가족의 생애주기별 적응을 위한 지원이라는 다문화가족정책의 초기 성격은 현재까지도 그대로 유지되고 있다고 평가할 수 있겠다.

현재 시행 중인 '제3차 다문화가족정책 기본계획(2018~2022)'은 "참여와 공존의 열린 다문화사회"라는 비전하에 "모두가 존중받는 차별 없는 다문화사회 구현", "다문화가족의 사회 · 경제적 참여 확대", "다문화가족 자녀의 건강한 성장 도모"라는 3개 목표가 제시되었다(그림 8-2). 여성가족부(2018)는 제3차 기본계획이 결혼이민 및 다문화가족 관련 정책환경이 '도입 및 성장기'에서 '정착기'로 변화하는 추세를 고려한 것임을 강조하고 있다. 주요 정책 환경 변화와 대응 방향을 살펴보면, 급증하던 국제결혼 및 다문화가족 증가추세가 안정화되는 한편, 2000년대 초 · 중반에 유입된 결혼이민자들의 정착기간이 10년 이상으로 길어졌다. 이로 인해 이혼과 사별로 인한 한부모가족 등 다문화가족의 유형도 다양화되기 시작했다. 또한 한국어가 능숙해진 결혼이민자들의 사회진출(경제적 활동 포함)의 욕구도 갈수록 커지고 있다. 그들의 자녀들도 영 · 유아기를 지나 학령기(청소년기)에 진입하게 됨에 따라 학습과 진로 등 새로운 욕구들이 생겨나기 시작했다. 이런 환경 변화를 반영한 정책의 예로는 한국국적 자녀를 양육하는 한부모 외국인에 대한 근로 · 자녀 장려금 지원이 있다. 또한 이주 · 다문화배경 청소년을 지원하기 위한 프로그램이 대거 도입되었다. 한편 교사, 공무원 등 일부 계층만을 대상으로 했던 다문화 인식 개선 교육을 일반인에게도 확대하는 등 성숙한 다문화사회 실현을 위한 노력을 강조하고 있다.

비전	참여와 공존의 열린 다문화사회	
목표	■ 모두가 존중받는 차별 없는 다문화사회 구현 ■ 다문화가족의 사회 · 경제적 참여 확대 ■ 다문화가족 자녀의 건강한 성장 도모	
정책 과제	다문화가족 장기정책 지원	① 결혼이주여성 인권보호 강화(가정폭력예방 및 대응체계 구축) ② 국제결혼 피해예방 지원 ③ 안정된 가족생활 지원 ④ 서비스 연계 활성화
	결혼이민자 다양한 사회참여 확대	① 자립역량 강화 ② 취창업 지원 서비스 내실화 ③ 사회참여 기회 확대
	다문화가족 자녀의 안정적 성장 지원과 역량 강화	① 안정적 성장을 위한 환경조성 ② 학업 및 글로벌 역량 강화 ③ 진로준비 및 사회진출 지원 ④ 중도입국자녀 맞춤형 지원
	상호존중에 기반한 다문화 수용성 제고	① 정책환경에 대한 주기적 모니터링 실시 ② 다문화 이해교육 활성화 ③ 다문화 수용성 제고를 위한 미디어 환경 조성 ④ 지역 환경 조성 및 참여 · 교류 프로그램 활성화
	협력적 다문화 가족정책 운영을 위한 추진체계 강화	① 정책추진체계 간 협력 강화 ② 다문화가족 지원체계 내실화

|그림 8-2| 제3차 다문화가족정책 기본계획(2018~2022)

출처 : 여성가족부(2018), p. 10.

(2) 이주배경자녀 지원정책

한국의 결혼이민(가족)정책에서 '자녀'들에 대한 정책은 처음부터 상당히 큰 비중을 차지하고 있으며, 최근에는 관련 정책들이 더욱 강화되고 있는 추세이다. 이주배경자녀 현황은 주로 두 가지로 방식으로 파악할 수 있는데, 하나는 행정안전부 기준에 따른 '외국인주민 자녀'[5]의 수를 사용하는 방법과 교육부의 교육통계에 의거한 '다문화학생'[6] 수를 사용하는 방법이다. 전자는 지역사회에 거주하는 이민배경을 가진 미성년 자녀 규모를 포괄적으로 파악할 수 있다. 반면 후자는 미성년자 중 '취학' 자녀의 수를 의미하며 학년, 학교 유형 및 급별 현황과 같이 교육과 관련된 실태 및 욕구 파악에 유리하다(양계민, 2017). 본 서에서는 이 두 개념을 합하여 '이주배경자녀'라는 표현을 쓰고자 한다. 이주배경자녀라는 용어는 결혼이민에 의해 형성된 다문화가족의 자녀뿐만 아니라 외국인가정 자녀나 중도입국 자녀를 포괄할 수 있기 때문에 유용하다.

한국에서 이주배경자녀의 수는 꾸준히 증가하고 있다. 결혼이민자 유입이 둔화된다고 하더라도 이주배경자녀의 규모는 누적적으로 증가할 수밖에 없으며, 전반적인 출생아 수가 줄어드는 상황에서는 그 비중이 오히려 더 높아질 수도 있다. 통계청의 '다문화 인구동태'에 따르면, '다문화 출생아' 수는 2012년 22만 9천 명으로 정점에 이르렀다가 2020년 기준 16만 4천 명으로 낮아졌지만, 전체 출생에서 차지하는 비중은 6.0%로서 경향적으로 증가해 왔다(그림 8-3). 다문화 출생의 유형은 외국인 모(67.0%), 귀화자(19.9%), 외국인 부(13.2%) 순이며, 다문화 출생을 한 외국인 및 귀화자 모의 출신국적은 베트남(38.8%), 중국(17.7%), 필리핀(6.0%) 순이다(통계청, 2021 : 3).

5 '결혼이민자'와 '한국국적 취득자'의 자녀를 뜻하며, 유형에 따라 ① 외국인부모(부모가 모두 '출생 시부터 한국인'이 아닌 경우), ② 외국인-한국인 부모(부모 중 한쪽이 '출생 시부터 한국인'이 아닌 경우), ③ 한국인 부모('출생 시부터 한국인'인 부모 사이에서 출생하였으나, 부(또는 모)가 이혼 후 '출생 시부터 한국인이 아닌 자'와 재혼한 경우)로 나누어 집계한다.

6 학령기에 속한 '다문화가정 자녀'로서, 국제결혼가정 자녀, 외국인가정 자녀(외국인 사이에서 출생한 자녀), 중도입국자녀(국제결혼가정 자녀 중 외국인 부모의 본국에서 성장하다가 청소년기에 입국한 자녀)로 구분한다.

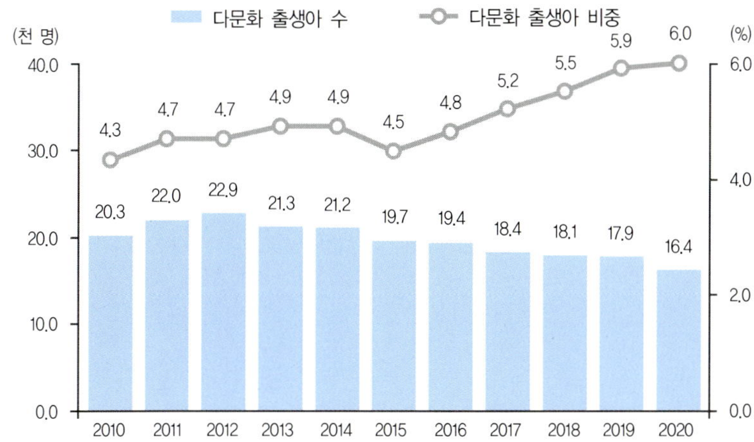

|그림 8-3| 다문화 출생아 수 및 비중 추이

주 : '다문화 출생아'란 통계청에서 사용하는 용어로서 귀화 · 인지에 의한 국적 취득자와 외국 국적자가 포함된 가족 내의 출생을 의미한다(부 · 모 모두 외국인인 가족의 자녀는 제외).
출처 : 통계청(2021), p. 3.

한국정부는 이주배경자녀의 정책적 중요성으로 인해 2008년 무렵부터 다양한 유형의 지원정책을 수립해 왔다. 이민 · 다문화적 배경을 가진 자녀들에 대한 지원을 강조하는 이유는 이들의 특수한 욕구와 인구, 교육, 복지 등 여러 정책 분야에서 이들이 가지는 중요성이 크기 때문이다. 비록 상충된 의견이 존재하지만 이주배경을 가진 아동 · 청소년들이 다양한 유형의 어려움을 겪을 수 있다는 경험적 증거가 널리 존재한다.[7] 또한 다문화가족 자녀들의 욕구는 생애주기에 따라 상당한 변화를 겪는다. 자녀의 연령이 높아지면서 가정보다 학교에서 오랜 시간을 보내게 됨에 따라 학습활동을 포함한 학교생활의 적응 여부가 갈수록 중요해지며, 이 점에 있어서는 다문화가족 자녀도 예외가 아니다(김규찬, 2021b; 박윤경 · 이소연, 2009; 이영주, 2007). 그러므로 이들의 원만한 성장을 지원하기 위해서는 이주배경자녀들의 욕구의 복합성과 변화과정을 반영하며 보육, 교육, 취업(노동정책), 사회보장 영역의 정책들이 폭넓게 관여할 수밖에 없다.

7 이주배경자녀들의 욕구와 어려움에 대한 다양한 논의는 김규찬(2021b)을 참조할 것.

이주배경자녀 지원정책은 범정부 차원에서 수립되는 '외국인정책'의 토대 위에서, 여성가족부가 가족정책의 관점에서 수립하는 '다문화가족정책'과 교육부가 공교육 체제 안에서 이주배경을 가진 '학생'에 특화하여 수립하는 '다문화교육정책'을 통해 구체화된다. 위에서 언급했듯이 '외국인정책 기본계획'에는 이주배경자녀 지원에 관한 내용이 다수 포함되어 있다. 2008년 제1차 기본계획 수립 시 정부는 체류기간이 짧은 외국인 부모의 한국어 능력 부족과 경제적인 어려움 등으로 인한 어린 자녀들의 기초학습 부진 및 학교생활 적응상의 어려움에 주목하였다(법무부, 2008). 2013년부터 시행된 제2차 기본계획에서는 결혼이민자 유입 초기 출생한 이민자 2세대들이 본격적으로 학령기에 진입함에 따라, 이들의 청소년기 발달과업 성취와 중도입국자녀들의 적응 문제가 강조되기 시작하였다(법무부, 2013). 2018년부터 시작되어 현재까지 시행 중인 제3차 기본계획에서는 사회통합이라는 거시적 목표 실현을 위한 '이민배경 자녀의 역량 강화'를 중점과제로 제시함으로써 그간의 정책과의 차별화를 시도하였다(법무부, 2018).

여성가족부가 수립 · 추진하는 '다문화가족정책 기본계획'에서도 이러한 변화가 감지된다. 여성가족부의 이주배경자녀 지원정책은 '건강한 가정의 유지'라는 정책목표 안에서 생애주기적 관점을 견지하기 때문에, 기본적으로 자녀들의 초기 발달에서 학교생활 적응 및 청소년기 전환에 이르기까지 폭이 넓다. 초기 정책에서는 영유아들의 언어발달과 보육문제에 초점을 두었다면, 2018년부터 추진 중인 '제3차 다문화가족정책 기본계획'에서는 다문화가족 자녀들이 중 · 고등학교로의 진학이 가속화되는 상황 변화에 주목하여 이들의 교육지원 문제로도 관심을 넓혀가고 있다(여성가족부, 2018). 이런 배경으로 최근에는 이주배경자녀의 이중언어 역량에 주목하는 등 '학업 및 글로벌 역량 강화 지원'이라는 정책 목표가 강조되고 있다.

한편 교육부는 여성가족부보다는 한발 늦게 다문화학생들의 욕구와 지원방안에 관심을 갖기 시작했다. 2012년 당시 교육과학기술부(2012)가 다문화 친화적 교육환경을 조성하고 다문화학생의 개인별 특성을 고려한 맞춤형 교육을 시행하려는 목적으로 '다문화학생 교육 선진화 방안'을 수립하면서 처음으로 다문화 교육 체계가 제시되었고 이후 지속적인 사업 추가 및 확대가 이루어지고 있다. 교육부는 기본적으로 공교육 내에서의 동등한 교육권 보장이라는 측면에서 이주배경학생('다문화학생') 문제에 접근하고 있다. '2020년 다문화교육 지원계획'을 보면 초기적응이나 한국어 교육과 같은 기존 프로그램도 유지되고 있지만, 중도입국 다문화학생의 입학 · 전학 및 편입학 관련 지원 및 기초학력 증진과 같이 새로운 교육욕구를 반영한 정책들이 강화된 것을 알 수 있다(교육부, 2020). 이는 최근 다문화학생의 국적 · 연령 · 특성 등이 다양해지고 학생별 맞춤형 교육지원 욕구가 높아지고 있는 현실을 반영한 것으로 판단된다.

이상의 정책 프레임들은 당시의 사회적 현안이나 주관 부처별 특성이 반영되기는 하지만 공통적 경향이 발견된다. 2000년대 중반 정책체계 수립기에는 아무래도 돌봄이나 언어발달 등 영 · 유아기 자녀들의 발달지원에 초점을 둔 정책들이 많았다. 그러나 최근에는 자녀들의 학령기 진입 및 상급학교 진학이 증가하게 되면서, 학업이나 진로준비 등 이들의 생애전환기 관련 지원이 강조되기 시작했다. 이는 위에서 살펴본 이주민을 단순히 지원의 대상에서 보는 관점에서 탈피하고자 하는 이민정책의 기조변화와 맥을 같이하는 것으로 볼 수 있다. 예컨대, '역량강화', '글로벌 인재 양성' 등의 표현은 이주배경 자녀들을 단순히 지원하는 수준에 그치는 것이 아니라, 미래사회에 적합한 인재로 육성하겠다는 인적자원 개발적 요소가 강하게 내포된 것으로 볼 수 있다(김규찬, 2021b).

3) 쟁점과 과제

결혼이민자 및 결혼이민을 통해 형성된 소위 '다문화가족'의 증가는 한국의 다문화 현상의 핵심 동학이자 한국 이민정책을 특징짓는 요소라고 해도 과언이 아니다. 김현미(2016a)가 지적한 것처럼 다양한 배경을 가진 결혼이민자들의 유입과 정착은 한국사회가 오랜 단일문화(민족)라는 틀에서 벗어나 다문화사회로 이행하게 되는 계기가 되었다. 이들은 새롭게 이민자 유입국가가 된 한국에서 실질적으로 유일한 장기 정착 이주민이라 할 수 있다. 이러한 특수성으로 인해 비록 노동이주 흐름에 비해 상대적으로 규모가 작기는 하지만 결혼이민자 관련 정책은 폭넓은 사회적 관심을 받으며 빠르게 발전해 왔다. 결혼이민자에 대한 이런 사회적 관심은 다른 동아시아 국가들과 마찬가지로 저출산으로 야기된 한국의 인구학적 위기(급속한 노령화와 인구감소)라는 맥락이 크게 작용한 측면이 있다(Kim & Kilkey, 2016).

대규모 정착이민자 관리의 경험이 부족한 상황에서도 불과 십여 년 동안 한국의 결혼이민(가족)정책은 여러 측면에서 긍정적 성과를 달성했다. 무엇보다 비교적 짧은 기간 내에 국제결혼 관리 및 결혼이민자(가족)정책의 법적 토대가 마련되고 정책의 체계가 수립되었다는 점이다. 「결혼중개업의 관리에 관한 법률」(2007) 및 「다문화가족지원법」(2008)의 제정을 통해 결혼중개업에 대한 관리감독을 강화하고 '다문화가족정책위원회'를 두어 다문화가족 관련 정책을 총괄하게 함으로써 부처 간 사업 조정 등 정책 추진의 효율성을 제고한 것 등을 성과로 들 수 있겠다. 또한 일선 서비스 전달체계로서 '다문화가족지원센터'를 설치하여 다양한 사업을 추진하고 다문화가족의 한국사회 안정적 정착을 지원한 것도 상당한 성과이다. 다문화가족 학령기 자녀 및 중도입국자녀 지원을 위한 프로그램이 활발하게 추진되고 있는 점도 긍정적으로 평가할 수 있다. 다문화 이해교육과 다문화 인식개선 캠페인 등을 통해 한국사회의 다문화 수용성을 제고하기 위한 노력을 기울인 점도 중요한 성과이다. 요컨대, 결혼이민자 및 그 가족의 적응과 사회통합을 위한 정책적 노력들이 다각도로 추진되었다.

그러나 적지 않은 한계와 과제를 가지고 있는 것 또한 사실이다. 첫째, 다문화가족정책의 초점이 '여성 결혼이민자'에 맞춰지면서 이후 한국 결혼이민(자)정책의 대상과 내용을 상당히 제한하는 결과를 초래했다. 물론 법개정을 통해 다문화가족의 범위가 다소 확대된 것은 사실이나 이주노동자 가족이나 난민(인도적 체류허가자 포함) 가족과 같은 다양한 유형의 이민자 및 이민가족이 다문화가족정책이나 사회통합정책에서 여전히 배제되고 있다. 특히 다문화가족정책 시행 초기에는 여성 결혼이민자 및 그 가족에게 시혜적 조치를 집중하면서 내국인과의 역차별 논란이나 중복지원 등의 문제점이 크게 드러나기도 했다.

둘째, 상업적 국제결혼 관행과 관련된 위장결혼과 가정폭력 문제가 해소되지 않고 있다. 혼인의 진정성 없이 영주권 취득 등을 목적으로 결혼이민비자가 악용되는 위장결혼(fake marriage) 사례가 끊이지 않고 있다.[8] 충분한 신뢰나 애정 관계 없이 시작된 국제결혼이 가정폭력과 가족해체로 이어지면서 사회문제화 되었다. 이에 정부는 이주여성의 인권침해 예방을 위해 2011년 12월부터 결혼이주민의 체류기간 연장이나 영주신청 때 한국인 배우자의 신원보증서 제출 제도를 폐지했다.[9] 또한 결혼이민자가 한국인와의 혼인관계가 단절됐더라도 본인에게 주된 귀책이 없으면 자녀 유무와 관계없이 체류기간 연장이나 영주·귀화를 신청을 할 수 있게 되었다. 2020년 10월부터는 가정폭력 전과자나 성범죄와 강력범죄로 형을 선고받고 10년이 지나지 않은 경우에 국제초청결혼이 불가능하도록 「출입국관리법 시행규칙」이 개정되었다. 이러한 노력에도 불구하고 다문화가족의 갈등과 해체, 그 과정에서 당사자와 자녀들의 고통과 법적 문제(체류자격 등)로 인한 위기가 빈번히 관찰되고 있다(신윤정 외, 2018).

셋째, 다문화가족정책의 내용과 성격 측면에서도 여러 비판이 존재한다. 우선, 다문화가족정책이 외국인 여성배우자를 '전업주부'로 전제하고 이들의 재생산 노동을 지원하는 성격이 강하다. 달리 말해, 한국의 다문화가족정책은 결혼이민자들이 능동적 시민으로서의 역할보다는 가정 내에서 아내, 며느리 및 어머니로서 역할을 충실히 수행하도록 기대하고, 이를 제도적으로 지원하고 있다고 볼 수 있다는 것이다(IOM, 2010; Kim & Kilkey, 2016). 이주배경자녀들에 대한 정책에서도 도구적 성격이 뚜렷하다. 아동·청소년은 미래의 시민이자 노동력으로서 이들에게 투자(지원)하는 것은 현대 복지국가의 핵심적인 기능 중의 하나로 인식되는

8 머니투데이(https://news.mt.co.kr/mtview.php?no=2020011014138257216).
9 뉴스1(https://www.news1.kr/articles/?3665223).

만큼(Lister, 2003), 이주배경 자녀들을 지원하는 이유도 이와 다르지 않다. 즉, 이주배경자녀 대상 정책은 이들이 성공적으로 성장, 자립함으로써 국가와 사회에 기여할 수 있는 인적자원이 되도록 투자하는 행위로서 정당화된다(윤영진 외, 2011; Kim & Kilkey, 2018). 그러나 이런 접근이 장기적으로 사회통합에 기여할 것인가 비판적으로 생각해 볼 여지가 있다.

이민정책이 목표와 결과 사이에는 언제나 간극이 존재하기 마련이다(Cornelius et al., 2004). 한국의 결혼이민 및 다문화가족정책 또한 법률을 통해 공식화된 '다문화'라는 표현이 암시하는 것과는 달리, 다문화주의적이라기보다는 동화주의적이고 차별배제적이라는 비판을 받고 있는 것이 현실이다(이용재, 2019; G. Kim, 2018; S. Kim, 2015). 물론 한국이 특정 국가나 이념적 지향을 따라 가족이민정책을 구성해야 하는 것은 아니다. 다만, 지난 십여 년간 정부가 표방한 다문화가족정책의 비전들, 예컨대 "참여와 공존의 열린 다문화 사회"(여성가족부, 2018 : 10)가 하위 정책과 지방자치단체 수준에서도 일관성 있게 추진되고, 그 결과들도 비전에 부합되도록 노력해야 할 것이다. 결혼이민자 유입 및 정착의 역사가 길어지면서 다양한 유형의 가족이민자들이 생겨나고 욕구도 변화하고 있다. 따라서 2000년 초·중반에 수립된 다문화가족정책의 방향과 성격을 근본적으로 되짚어볼 시점이 되었다.

Discuss

1. 노동이민과 가족이민의 경계가 명확하지 않다는 것은 어떤 의미인가?
2. 결혼이주여성이 유입국의 '재생산 노동력'이라고 보는 관점의 적절성에 대해 논의해 보라.
3. 이주배경자녀들을 '글로벌 리더'로 육성하자는 주장에 대한 의견을 제시하라.

CHAPTER 09

재외동포정책과 북한이탈주민 지원정책

1. 재외동포정책

2. 북한이탈주민 지원정책

CHAPTER 09 재외동포정책과 북한이탈주민 지원정책

이번 장에서는 재외동포에 관한 정책과 북한이탈주민 지원정책을 살펴본다. 재외동포와 북한이탈주민은 이민정책적 측면에서 매우 독특한 대상들이다. 이민정책은 우선적으로 외국인(외국국적자)을 대상으로 한 정책이다. 그러나 재외동포[1] 및 북한이탈주민 관련 정책은 '국민'을 포함한다는 측면에서 전형적인 이민정책의 대상과는 구별된다. 이들은 일반적인 이주민과 다른 특수성을 가지고 있으며, 이들에 대한 정책 역시 여타 이민정책 분야와 차별성을 가진다. 이 두 정책의 대상과 영역은 뚜렷이 구별됨에도 불구하고 민족적 유대관계를 토대로 한다는 공통점이 있으므로 이번 장에서 함께 고찰하는 것이 적절하다고 판단된다.

1. 재외동포정책

세계화의 진전 속에서도 자국의 이익을 우선시하고 민족적 결속을 강조하는 움직임은 약화되지 않았다(윤인진, 2016). 오히려 재외동포는 자국 발전의 중요한 자원으로 인식되고, 각국은 재외동포와의 유대관계 및 협력 강화를 추구하고 있

1 이주민의 한 유형으로서 '재외동포'와 한국의 사증 유형 중 하나인 '재외동포(F-4)' 자격을 구별해야 한다.

다. 한국 역시 세계 전 지역에 상당한 규모의 재외동포를 보유하고 있으며, 현지에서 이들의 안전과 적응을 지원할 뿐만 아니라, 이들과의 협력을 강화함으로써 이들이 국가발전에 기여할 수 있도록 하기 위한 노력을 기울이고 있다.

외교부에 따르면 전 세계 재외동포의 수는 약 733만 명으로, 외국국적 동포(시민권자) 4,813,622명, 재외국민 2,511,521명으로 구성된다(이하 표 9-1 참조). 가장 많은 수의 재외동포를 보유한 지역은 동북아시아와 북미로서 전체 재외동포의 82.5%를 차지한다. 특히 중국(32%)과 미국(36%) 거주 동포의 수가 압도적으로 많다. 유럽과 남아시아·태평양 지역 국가에 각각 68만 명과 49만 명이 거주하고 있으며, 그 외 중남미, 중동, 아프리카 지역에는 소수의 동포들만이 체류하고 있다.

〈표 9-1〉 해외 재외동포 현황 (단위 : 명, %)

지역/ 국가 \ 연도		2015	2017	2019	2021	백분율
총 계		7,292,485	7,539,821	7,493,587	7,325,143	100
동북아시아	중국	2,585,993	2,548,030	2,461,386	2,350,422	32.09
	일본	855,725	818,626	824,977	818,865	11.18
북 미	미국	2,238,989	2,492,252	2,546,982	2,633,777	35.96
	캐나다	224,054	240,942	241,750	237,364	3.24
유 럽		734,702	739,826	687,059	677,156	9.24
남아시아·태평양		510,633	557,791	592,441	489,420	6.68
중남미		105,243	106,794	103,617	90,289	1.23
중 동		25,563	24,707	24,498	18,379	0.25
아프리카		11,583	10,853	10,877	9,471	0.13

주 : 재외동포 수는 외국국적동포(시민권자)와 재외국민의 합.

출처 : 외교부(https://www.mofa.go.kr/www/wpge/m_21507/contents.do).

1) 재외동포의 개념

동포(同胞)의 사전적 의미는 한 부모에게서 태어난 형제 · 자매 혹은 같은 나라 또는 같은 민족의 사람을 우호적으로 일컫는 말이다.[2] 한국의 관련법은 일반적으로 '재외동포'라는 단어를 사용하며, 특정 동포 집단을 일컫기 위해 '고려인 동포'나 '사할린 동포'와 같이 역사적 배경이나 거주지를 반영한 표현을 사용하기도 한다.

「재외동포의 출입국과 법적 지위에 관한 법률」(약칭 '재외동포법')에 따르면 재외동포 개념은 '재외국민'과 '외국국적동포'를 포괄하는 개념이다. 재외국민은 "대한민국 국민으로서 외국의 영주권(永住權)을 취득한 자 또는 영주할 목적으로 외국에 거주하고 있는 자"를 말하며, 외국국적동포는 "대한민국의 국적을 보유하였던 자(대한민국정부 수립 전에 국외로 이주한 동포 포함) 또는 그 직계비속(直系卑屬)으로서 외국국적을 취득한 자"를 의미한다(앞의 법 제2조). 또한 재외동포는 어의상 재외(在外), 즉 외국에 거주하는 동포를 우선 지칭하지만 이주(귀환)하여 한국에 거주하는 동포도 재외동포의 범주에 속한다는 점에 주의할 필요가 있다.

2) 한국 재외동포의 형성과 귀환

재외동포는 국민의 해외이주를 통해 형성된다. 윤인진(2016 : 398)은 한국인의 해외이주 및 재외동포 형성의 역사를 19세기 중엽부터 현재까지 다섯 시기로 나누어 설명한 바 있다. 여기서는 이를 세 시기로 요약해 설명하고자 한다. 첫 번째 시기는 구한말부터 일제강점기 시기이다. 이 시기는 한일합병(1910) 전 구한말의 혼란스러운 상황에서 생활고와 정변을 피해 중국, 러시아, 하와이, 멕시코 등으로 빈농들의 경제적 이주나 정치적 망명이 발생하던 시기였다. 특히 1903년부터 시작된 미국 하와이 사탕수수 농장으로의 이주는 한인들이 '사진결혼'을 통

2 영어로는 coethnics 혹은 compatriots로 표현하며, 국적을 보유하고 해외에 거주하고 있는 재외국민은 expatriate라고 표현한다.

해 해외에서 이민가족을 형성한 첫 사례라는 점에서 주목할 만하다. 1910년부터 1945년까지의 일제강점기 동안에는 경제적 · 정치적 이유로 인한 자발적 이주도 있었으나, 일제에 의한 일본 본토, 만주, 남사할린 등으로의 대규모의 한인 강제 이주(징용)가 발생했던 시기였다.

두 번째 시기는 해방(1945) 이후부터 냉전 종식(1990)까지의 기간이다. 이 시기에는 해방을 맞아 재일동포를 비롯한 해외동포들이 한국으로 귀환하는 흐름과 주한미군과의 결혼이나 유학 등의 사유로 북미로의 유출이민 흐름이 공존하던 시기였다. 1960년대 초반부터는 정부 주도로 서유럽, 중동, 중 · 남미 지역으로의 노동이주가 활발했던 시기였다. 서독으로 파견된 광부 및 간호사, 브라질과 아르헨티나로 고용되어 이주한 농업노동자 등이 대표적이다. 한편 1960년대 중반부터 미국과 캐나다가 개방적 이주정책을 취하고, 1970년대부터는 호주 및 뉴질랜드도 이런 경향에 동참하면서, 이들 국가로의 정착 목적의 이주가 크게 증가하면서 한인 디아스포라(diaspora), 즉 '재외동포사회'가 빠르게 형성되고 성장하게 되었다.

세 번째 시기는 1990년 이후 현재까지의 시기이다. 이 기간에 걸쳐 한국은 이민송출국에서 이민유입국으로 전환(migration transition)하게 된다. 소련의 해체(1990)와 독립국가연합으로의 재편, 그리고 중국과의 수교(1992)는 한국의 재외동포 범위가 사회주의 국가권으로 크게 확대되는 계기가 되었다. 특히 한국계 중국인(소위 '조선족' 동포)은 1990년대 이후 한국으로 유입이민 흐름을 주도하게 된다. 반면 1980년대를 거쳐 1997년 아시아 경제위기 때까지 성공적인 산업화로 인해 정책적 해외인력 송출은 중단되고 한국인의 유출이민 규모는 급감하게 된다. 2000년대 들어서도 해외취업이나 선진국으로의 유학 등 장기체류 목적의 해외이주 사례가 지속되고 있지만 구조적인 유출은 아니었다. 현재 한국인의 해외이주는 순환이주적인 특성이 강하며, 영구체류 목적 이주는 고학력 · 전문직자의 경우에 거의 국한되어 있다고 볼 수 있다.

(1) 재외동포의 국내이주

재외동포가 이민정책적 측면에서 중요한 의미를 가지는 것은 이들이 어느 시점에 모국으로 체류외국인 신분으로서 일시 혹은 영구적으로 (귀환)이주하기 때문이다. 한국으로의 이민 유입 흐름에서 외국국적을 보유한 동포는 높은 비중을 차지한다. <표 9-2>에서 보듯이 2021년 기준 국내에 체류 중인 외국국적동포는 778,670명으로서 전체 체류외국인의 약 40%를 차지한다. 2020년부터는 코로나19 발생 여파로 감소 추세이다. 2021년 기준 1만 명 이상 국내에 체류하고 있는 동포들의 동포들의 출신국가는 중국, 미국, 우즈베키스탄, 러시아, 캐나다, 카자흐스탄이다.

〈표 9-2〉 국내 외국국적동포 체류 현황 (단위 : 명)

구 분	2017	2018	2019	2020	2021
계	841,308	878,665	878,439	811,211	778,670
중 국	702,932	728,539	719,269	662,845	628,491
미 국	45,177	45,011	45,655	44,039	43,212
우즈베키스탄	31,081	34,355	36,752	31,962	32,216
러시아	21,264	25,302	28,020	26,871	27,488
캐나다	15,947	15,933	16,046	15,975	16,731
카자흐스탄	9,223	12,586	14,992	13,033	13,993
오스트레일리아	4,617	4,624	4,783	4,430	4,232
키르기스스탄	2,407	2,775	2,931	2,469	2,764
뉴질랜드	2,395	2,436	2,490	2,393	2,279
독 일	854	841	809	787	812
일 본	827	826	847	768	706
기 타	4,584	5,437	5,845	5,639	5,746

출처 : 출입국·외국인정책본부(2022), p. 76.

동포들의 출신별 유형은 중국동포, 고려인동포(구소련 국가), 선진국동포(북미, 일본 등)로 나누어 볼 수 있다. 먼저, 국내로 이주하는 재외동포 중 가장 큰 규모를 차지하는 그룹은 중국동포다. 중국동포의 유입은 1988년 서울 올림픽을 계기로 시작되어 1992년 한중수교 이후 활발해졌다. 그러나 이 시기 중국동포들은 중국 대비 월등히 높은 한국의 임금으로 인해 불법체류 신분으로 단순노무 분야에 종사함으로써 국내 노동시장 침해 논란을 일으켰다. 이런 이유로 인해 중국동포들은 독립국가연합 출신의 동포들과 함께 1999년 제정된 「재외동포의 출입국과 법적 지위에 대한 법률」의 대상에서 제외되었다. 소위 선진국 출신 동포와의 차별 논란에 대응하여 정부는 2002년 시행된 취업관리제(2007년부터 방문취업제로 변경)를 통해 중국동포들이 국내에서 비전문인력으로 이주할 수 있는 길을 열어주었다. 이후 2003년 법 개정을 통해 이들 역시 재외동포로서의 법적 지위를 인정받게 된다.

다음으로 중요한 국내이주 동포유형은 고려인동포라 불리는 독립국가연합[3](러시아, 우즈베키스탄, 카자흐스탄, 키르기스스탄, 우크라이나, 타지키스탄 등) 출신 동포들이다. 이들의 국내이주는 1991년 냉전 해체로 인한 이들 국가와의 국교수립을 통해 비로소 가능해진다. 중국동포와 마찬가지로 고려인동포 역시 동포법 개정과 2007년 방문취업제 적용으로 한국으로의 이주가 촉진된다. 고려인동포는 중국동포와 비교해 국적취득을 통한 영구이주를 더 선호한다는 측면에서 흥미로운 차이점이 발견된다(윤인진, 2016).

선진국 출신 동포들의 국내이주도 지속되고 있다. 미국, 캐나다, 오세아니아 국가 등 한국인 이주의 역사가 상대적으로 길고 규모가 컸던 영어권 이민국가들로부터의 유입이 대표적이다. 이들은 사업이나 학업목적 등으로 영구적 혹은 순환적으로 국내로 이주하고 있다. 유럽국가로는 독일이 주요 출신국인데, 이는 과거 독일로의 초청노동자 이주의 유산과 관련이 깊다. 더불어, 재일교포의 국내이주는 서구 선진국의 경우와 역사적 맥락은 다르지만 선진국으로부터의 귀환이주로서 중요한 의미를 가진다.

국내로 이주하는 동포들의 출신국뿐만 아니라 소지한 체류자격 및 이주유형도

3 소련 해체 후 과거 연방을 구성하였던 11개국이 모여 형성된 국가연합체로서 흔히 CIS(Commonwealth of Independent States)로 불린다.

다양하다. 외국국적동포의 체류자격별 구성비는 재외동포(F-4) 61.4%(478,442명), 방문취업(H-2) 16.0%(124,691명), 영주(F-5) 14.6%(113,718명), 방문동거(F-1) 3.3%(25,871명) 순이며, 2021년 재외동포(F-4) 자격 소지자는 2017년 대비 큰 폭으로 증가(14.9%)하였다(출입국 · 외국인정책본부, 2022 : 77). 재외동포(F-4) 비중이 높긴 하지만, 출신국을 고려할 때 비전문인력이 상당수를 차지하고 있다고 볼 수 있다. 본국과의 임금수준 격차와 한국 노동시장의 구조적 의존을 고려할 때, 중국동포나 고려인동포의 유입과 정착은 상당 기간 계속될 것으로 예상된다.

동포들의 큰 규모와 사회 · 경제적 중요성에도 불구하고 여러 문제점과 한계 역시 드러나고 있다. 중국동포나 고려인동포들은 일반 외국인들에 비해 고용과 체류 면에서 특혜를 받고 있다고는 하나 선진국 출신 동포들에 비해 사회 · 문화적 차별과 혐오를 경험할 가능성이 크다. 특히 중국동포에 대해서는 외국인범죄 문제와 연결되어 사회적 인식이 줄곧 개선되지 않고 있다. 또한 중국 및 CIS 국가 동포사회의 비전문인력 풀(pool)로서의 잠재력도 감소하고 있다. 대표적인 중국동포 거주지인 연변조선족자치구의 조선족 인구는 꾸준히 감소하고 있고 동시에 고령화되고 있다.[4] 동포 2, 3세대들은 모국과의 민족적 유대감이 약하거나 문화적 동질성(언어 포함)이 높지 않을 가능성이 크기 때문에, 차세대 동포정책 구상에 이런 점이 고려될 필요가 있다.[5]

3) 재외동포정책의 내용과 쟁점

앞서 살펴보았듯이 '재외동포'의 개념은 해외에 체류 중인 외국국적동포와 재외국민 그리고 국내로 이주한 동포를 포괄하는 개념이다. 따라서 재외동포정책의 목적, 대상과 내용의 범위 역시 상당히 넓다. 또한 역사적으로 재외동포정책의 대상과 내용도 사회적 인식과 필요를 반영하여 변화된다. 재외동포의 범위

4 연합뉴스(https://www.yna.co.kr/view/AKR20180914044900371?input=1195m).
5 연합뉴스(https://www.yna.co.kr/view/AKR20130111164800026).

및 재외동포정책은 국내의 정치 · 경제적 고려에 크게 영향을 받을 뿐만 아니라 국제이주 및 국제협력이 동반되는 만큼 국제정책로서의 성격도 띤다.

재외동포정책은 모국과 특수한 관계에 있는 재외동포들을 보호 · 지원할 뿐만 아니라 그들이 모국의 발전에 기여할 수 있도록 촉진하는 것을 목적으로 한다. 윤인진(2016 : 428-429)에 따르면 정부가 재외동포정책을 실시해야 할 당위성은 네 가지이다. 첫째, 재외동포 중 재외국민의 경우 정부는 자국민을 보호해야 할 법적 책무를 지게 된다. 둘째, 외국국적동포를 지원하는 것은 '동포애'의 실천이라는 측면에서 도덕적으로 바람직하다. 셋째, 과거의 경험을 보아 모국과 재외동포는 운명공동체로서 상호 협력의 책임이 있다. 넷째, 재외동포는 모국 발전에 기여할 수 있는 잠재적 인적자원이라는 점이다.

특히 재외동포를 잠재적 인적자원으로 보는 실용적 관점은 한국의 이민레짐에서 뚜렷이 드러난다(G. Kim, 2018). 외국인력정책의 대상으로서 동포는 일반 외국인 노동자에 비해 장점을 갖는 것으로 인식된다. 동포들은 의사소통의 수월성과 한국문화에 대한 높은 이해로 노동시장 진입에 유리한데, 중국동포의 급속한 유입은 이들에 대한 한국 노동시장의 선호와 무관하지 않다. 사회통합정책 측면에서도 동포들이 선호된다. 이들은 민족적 유대감, 문화적 동질성 등으로 일반 외국인에 비해 사회적 수용도가 높을 수 있고 사회통합 실패의 우려도 상대적으로 낮을 것으로 기대할 수 있다. 실제 정부는 동포 우대 정책을 정당화하는 논리로 한민족 역량강화와 함께 "사회통합의 용이성"을 언급한 바 있다(법무부, 2008 : 10). 이런 이유들로 인해 전문 외국인력의 경우와 마찬가지로 동포들(특히 선진국 출신)은 장기체류나 정착을 유도하거나 적어도 허용할 수 있는 대상으로 인식되고 있다.

(1) 동포정책의 구조와 내용

한국정부는 1996년부터 「재외동포정책위원회규정(대통령훈령 제63호)」에 근거해 국무총리 산하에 '재외동포정책위원회'를 두고 있다. 재외동포정책위원회는 재외동포정책 관련 사항을 종합적으로 심의 · 의결하는 기구로서, 재외동포 정착

지원, 재외동포의 법적 · 사회적 지위 향상, 재외동포와의 유대 강화, 재외동포의 국내외 경제활동 지원에 관한 사항, 재외동포 관련 부처별 사업계획에 관한 사항 등을 다룬다.

김대중 정부는 1999년 「재외동포의 출입국과 법적 지위에 관한 법률」을 제정 · 시행하여 재외동포정책이 체계적으로 추진될 수 있는 토대를 마련한다. 「재외동포법」은 재외동포의 대한민국에의 출입국과 대한민국 안에서의 법적 지위를 보장함을 목적으로 하고 있으며, 재외동포의 정의와 범위, 국가의 책무, 재외동포 체류자격 부여 및 거소신고 관련 규정, 부동산과 금융 등 경제활동, 건강보험 등 사회보장, 국가 · 독립유공자에 관한 사항 등을 포함하고 있다.

「재외동포법」은 재외동포 처우 개선과 지원, 민족적 유대 · 협력 강화, 국가발전을 위한 동포 활용을 아우르는 포괄적인 동포정책의 청사진을 제시한다는 의의가 있다. 그러나 입법 당시에는 국내 노동시장 보호와 중국과의 외교적 마찰을 피하기 위해 정부수립 이전에 해외로 이주한 동포들을 법 적용에서 제외함으로써 차별적 정책이라는 비판을 받았다(윤인진, 2016). 이후 헌법소원을 거쳐 2003년부터는 중국동포와 CIS 지역 동포들도 법의 적용을 받게 되었다.

외국인정책 기본계획에서도 재외동포에 관련한 정책들이 곳곳에 제시되어 있다. 제1차 기본계획에는 중점과제의 하나로 '동포의 역량 발휘를 위한 환경 조성'(중점과제 2-4), 제2차 기본계획에는 '동포사회와의 교류, 협력 확산'(중점과제 5-3), 제3차 기본계획에는 '동포와 함께 공존 · 발전하는 환경 조성'(중점과제 4-4)이 제시되어 있다. 기본계획의 각 단계마다 동포정책이 포함되어 있지만 추구하는 정책목표는 계속 달라졌다는 점이 흥미롭다. 제1차에서는 '질 높은 사회통합' 목표의 하위 과제로, 제2차에서는 '국제사회와의 공동발전' 목표의 하위 과제로, 제3차에서는 '인권과 다양성이 존중되는 정의로운 사회' 목표의 하위 과제로 포함되었다.

지금까지의 기본계획에 담긴 재외동포 관련 정책의 주요 내용은 외국국적 동포의 자유왕래 및 경제활동 보장 확대, 재외동포 사회와 교류 강화, 체류상 편의 · 지원 제공 등이다. 제3차 외국인정책 기본계획에서의 그간의 재외동포정책의 내용이 반복되지만, '동포에 대한 인식 개선'과 함께 동포체류지원센터[6]를 통한 국내 체류 동포의 적응 지원을 강조한 점이 눈에 띈다. 더불어 입양인의 모국과의 유대 강화를 위한 사업이나, 4세대 이후 동포를 동포 범위에 포함하는 법령 개정이 추진되는 등 차세대 동포문제로 영역을 확대한 점을 눈여겨볼 만하다.

(2) 동포에 대한 특례고용허가제도

국내에서의 취업자격(을 통한 체류)상에 특혜를 부여하는 것은 한국 재외동포정책의 핵심적 내용이라고 볼 수 있다. 1999년「재외동포법」제정과 함께 동포들은 재외동포(F-4) 체류자격을 부여받고 왕래 및 국내 경제활동이 자유로워졌다. 그러나 단순노무 분야의 진입은 금지되었는데, 이는 내국인 노동시장 침해를 방지하기 위해서였다. 중국동포 등 비전문분야 진입이 예상되는 동포들은 이 법의 적용에서 애초에 제외된 것도 이런 우려에서였다.

출신국에 따른 동포 차별이라는 비판을 해소하기 위해 정부는 2003년부터 '취업관리제'를 도입하였다. 이 제도를 통해 국내에 연고가 있는 동포들이 초청[7]을 통한 3년 단수 거주비자(F-1)를 발급받아 입국하여 서비스업, 건설업을 포함한 단순노무 분야에도 취업이 가능하게 되었다. '취업관리제'는 2007년 고용허가제가 전면 실시됨에 따라, '특례고용허가제'의 형태로 고용허가제와 통합 운영된다. 현재 정부는 특례고용허가제도를 통해 중국 및 CIS(러시아, 우즈베키스탄, 카자흐스탄, 우크라이나, 키르기스스탄, 타지키스탄)지역 출신의 일정한 요건을 갖춘 동포들에게 방문취업자격(H-2)을 부여하고, 취업교육 및 구직신청 등 절차를 거쳐 제조업, 건설업, 서비스업 등의 32개 업종(단순노무분야)에서 최대 4년 10개월간 자유로운 취업이 가능하도록 허가하고 있다.

동포들의 취업활동에 대한 특례제도를 통해 동포들의 왕래상의 편의 및 국내

---

6 국내 체류 동포의 사회적응을 체계적으로 지원하기 위한 서비스 기관으로서, 출입국 · 체류 관련 제도 안내, 취업 · 주거 등 국내 생활정보 제공 및 고충상담 등을 제공한다.

7 내국인 친척뿐만 아니라 혼인귀화자도 연간 2인 이내에서 초청을 할 수 있는 자격을 부여했다.

에서의 경제활동의 기회가 크게 확장되었다. 특히 중국 및 CIS 출신 동포들의 국내 유입이 크게 증가하게 되었다. 비록 비전문 동포인력들이 내국인 일자리를 잠식한다는 우려가 상존하지만,[8] 상시적인 인력부족을 겪는 산업 부문에서 내국인을 대신하여 상당한 기여를 하고 있는 것 또한 사실이다.

(3) 재외동포정책의 쟁점과 과제

재외동포들은 한국 내 이주민 구성에서 절대 다수를 차지하는 집단으로서, 이들의 출신, 기술수준, 유형 등이 갈수록 다양화되고 있다. 동포는 민족적 유대감과 운명 공동체적 정체성이라는 여느 이주민들과는 차별되는 특성을 전제로 하는 이주민 집단이다. 이로 인해 정부는 이들에게 다양한 특혜를 부여하는 한편, 국가 발전의 파트너로서 재외동포들의 기여, 교류, 협력을 기대하고 있다. 재외동포정책의 지속적 발전을 위해 몇 가지 쟁점을 살펴본다.

「재외동포법」 제정 이후 중국 및 CIS 출신 동포들에게 재외동포(F-4) 체류자격을 부여할 것인가가 중요한 이슈로 부상했다. 노동시장 교란문제도 현실적인 우려사항이 틀림없지만, 출신국별로 동포를 차별대우한다는 비판도 동포정책의 취지를 고려할 때 무시할 수 없다. 또한 국내에 체류 중인 동포(특히 중국동포)들에 대한 사회적 인식 개선이 시급한 상황이다. 특히 조선족이 연루된 강력범죄가 종종 발생하면서, 가장 사회적 수용도가 높을 수 있는 동포 집단을 대상으로 외국인 혐오 정서가 형성되고 있는 안타까운 상황이다.

재외동포는 모국과의 민족적, 정서적 유대감으로 인해 궁극적으로 귀환하여 재정착하는 존재로 여겨진다. 그러나 이들은 일반 외국인에 비해 해외 정착국과 모국 사이를 빈번히 오가는 초국가적 이주자(transnational migrants)가 될 가능성이 크다(윤인진, 2016). 저렴한 항공 교통과 인터넷망을 기반으로 경제활동이 글로벌화되는 상황에서, 재외동포들은 모국이 제공하는 입국 및 체류상의 편의 지원,

8 내국인의 동포 초청 인원수를 축소하거나, 재외동포 총 쿼터 규모를 30.3만 명으로 제한하는 총량제를 도입 등의 조치가 취해지기도 했다.

자유로운 경제활동 기회, 교류·협력 활성화 정책 등에 힘입어 초국가적 성격을 더욱 강하게 띠게 될 것이다. 이런 현상은 재외동포의 중요한 한 유형인 '재외국민'의 경우도 마찬가지라고 볼 수 있다.

이런 점을 고려할 때, 재외동포정책이 동포들의 물리적 귀환과 재정착에만 초점을 둘 필요는 없다고 본다. 동포들이 현재 어느 나라에 거주하든 교류와 협력을 통해 모국의 발전에 기여할 수 있도록 기회와 통로를 제공하는 것이 중요하다. 특별히 유학이나 취업 등으로 해외에 체류하고 있는 재외국민의 경우 우수한 인적자원인 경우가 많으므로, 이들의 귀환을 유도하되 해외 체류 중에도 모국과 활발히 교류할 수 있는 방안을 마련하는 것이 재외동포정책의 하나의 정책과제가 될 수 있다(김규찬, 2021a).

더불어 한인들의 해외 이주의 역사가 길어지고 재외동포의 세대구성이 넓어지면서 동포사회 내의 문화적 다양성이 크게 증가하고 있다. 윤인진(2016)이 지적하듯 재외동포 후손(특히 3, 4세대)들의 경우 한국인으로서의 민족적 정체성이나 문화적 동질성을 기대하기 어려울 수 있다. 그러므로 단순히 동포의 적용범위를 후속세대로 확장하는 것을 넘어, 새로운 세대의 동포들과 어떻게 접점을 구축하고 유지할 것인지에 대한 고민이 필요한 시점이다.

2. 북한이탈주민 지원정책

북한이탈주민은 국민이면서도 외국인(이주민)으로서의 특징을 가지고 있다. 북한이탈주민에 대한 정책 역시 통일정책[9]의 요소이면서 동시에 이민정책과도 깊은 관련성이 있다. 북한이탈주민 지원정책은 이러한 특수성에 기반해 이해되어야 한다.

9 현재 한국정부의 통일정책은 '민족공동체통일방안'으로 요약되며, 자주, 평화, 민주의 원칙하에 단계적으로 그러나 궁극적으로 1민족 1국가 실현을 추구하고 있다(통일부, https://www.unikorea.go.kr/unikorea/policy/Mplan/Pabout/).

1) 북한이탈주민의 개념과 특성

흔히 탈북자 혹은 새터민으로 불리는 '북한이탈주민'은 「북한이탈주민의 보호 및 정착지원에 관한 법률」 제2조(정의)에 따라 "군사분계선 이북지역(이하 "북한"이라 한다)에 주소, 직계가족, 배우자, 직장 등을 두고 있는 사람으로서 북한을 벗어난 후 외국 국적을 취득하지 아니한 사람"을 의미한다. 주목할 점은 북한이탈주민은 외국국적을 취득한 경우가 아니라면 「대한민국헌법」을 포함한 현행법상으로 대한민국의 국민으로 간주된다는 사실이다.[10] 따라서 이들은 지리적 · 정치적으로 분리되어 살다가 국경을 넘기는 했지만 마치 해외에 살다가 입국한 재외국민과 같이 이해될 수 있다.

북한이탈주민은 1990년대 중반 북한의 식량사정 악화를 계기로 급증하기 시작했다. |그림 9-1|에서 보는 바와 같이, 북한이탈주민 입국자 수는 2000년대 들어 2009년까지 매년 꾸준히 증가했으며, 특히 2009년 한 해에만 2,914명이 입국하기도 했다. 그러나 2012년 이후부터는 연도별 입국인원의 감소세가 뚜렷해졌으며 2020년부터는 코로나19로 북중 국경통제가 강화되면서 그 수가 급감했다(229명). 누적 규모로 2002년 1,000명을 넘어선 이래, 2007년에 1만 명을 넘어섰고 2016년에는 3만 명을 넘어섰다. 주목할 경향은 최근 북한이탈주민 유입 흐름의 여성화 현상이다(윤인진, 2016). 1990년대까지만 해도 북한이탈주민은 '귀순용사'로 상징되는 남성이 다수를 차지했으나, 여성의 입국 비율이 꾸준히 증가하여 2002년을 기점으로 남성비율을 넘어서 현재 전체의 약 72%를 차지하고 있다.

10 「대한민국헌법」 제3조는 "대한민국의 영토는 한반도와 그 부속도서로 한다"고 규정하고, 제4조는 "대한민국은 통일을 지향"한다고 명시하고 있다.

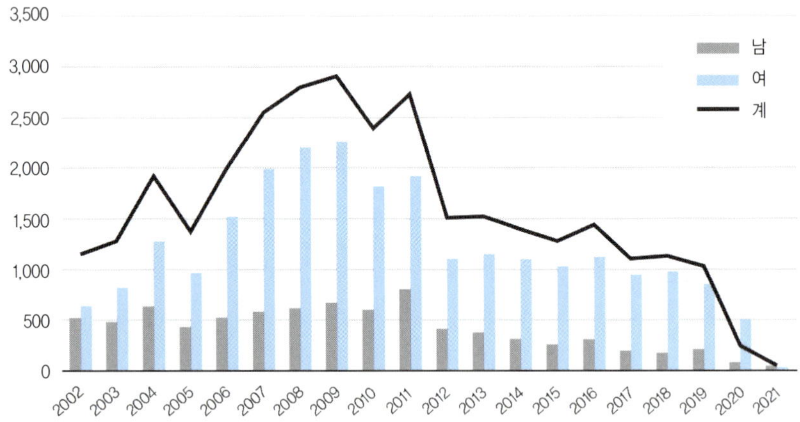

|그림 9-1| 북한이탈주민 입국 현황(명)

출처 : e-나라지표(https://www.index.go.kr/potal/main/EachDtlPageDetail.do?idx_cd=1694).

북한이탈주민 정착실태조사(남북하나재단, 2022)에 따르면, 주요 탈북동기는 '북한체제의 감시 · 통제가 싫어서'(22.8%), '식량이 부족해서'(21.8%), '가족(자녀 등)에게 더 나은 생활환경을 주려고'(10.7%), '돈을 더 많이 벌고 싶어서'(10.7%) 순이다. 즉, 정치적 이유(자유에 대한 갈망)만큼이나 경제적 요인도 강력한 탈북 동기임을 알 수 있다. 연령별 차이도 보이는데 '북한체제가 싫어서'라는 응답과 '식량이 부족해서'라는 응답의 비율은 연령대가 높을수록 높았고, '가족에게 더 나은 생활환경을 주려고'는 4~50대의 응답 비중이 높았다. 한편 20대 이하나 60대 이상의 경우 '먼저 탈북한 가족을 찾거나 함께 살기 위해'라는 응답 비율이 높게 나타났다.

법적으로 보아 북한이탈주민은 대한민국 국민이기는 하지만, 이들은 외국인, 특별히 문화적 소수자로서의 속성을 가지고 있다(최명민, 2015). 이들이 탈북 후 한국으로 유입되기 전 외국국적을 취득했다면 당연히 이주민으로 볼 수 있지만, 그렇지 않은 경우에도 이주민들이 흔히 겪을 수 있는 사회적 · 문화적 차별의 대상이 되거나 적응에 어려움을 겪을 수 있다. 분단의 역사가 길어지고 남북간의 문화적 이질성, 경제적 격차가 벌어지면서 북한이탈주민의 문화적 소수자로서의 특성은 더욱 뚜렷해지게 될 것으로 예상된다.

2) 북한이탈주민 지원정책의 수립 과정

북한이탈주민에 대한 정책적 지원은 역설적이게도 1960년대 초 반공정책을 국시로 채택하고 북한과 체제경쟁을 펼치던 박정희 군사정권과 함께 시작되었다(최영민 외, 2015). 당시 냉전체제하에서 북한을 이탈한 주민(특히 군인이나 고위공무원)의 월남은 남한의 체제 우위를 증명해 주는 존재로서 크게 환영받았다. 1962년에 제정된 「국가유공자 및 월남귀순자 특별원호법」에서 보는 바와 같이 '월남귀순자'는 애국지사나 4 · 19의거 상이자와 함께 특별한 처우(원호)의 대상으로 인정되었다. 이 법을 통해 북한이탈주민은 연금 및 수당, 직장 및 주택 알선, 자녀의 교육보호, 국군묘지 안장 등의 특혜를 부여받게 되었다. 이 법은 1979년 「월남귀순용사 특별보상법」으로 전면 개정되었으며, 개정법에 따라 정착금을 현저히 인상하고 보호와 보상을 강화하여 남한사회 정착을 촉진하고자 하였다.

북한이탈주민 문제는 1980년대 말 국제적 냉전체제 와해와 평화 분위기 속에서 남북교류가 재개되면서 새로운 국면을 맞게 된다. 남한의 국력 신장과 국제적 위상이 크게 상승하는 가운데 북한이탈주민의 수가 크게 증가하기 시작했다. 주목할 점은 식량난을 피해 이탈한 일반인뿐만 아니라 해외에 체류 중이던 북한 노동자, 공무원, 외교관 등의 탈출도 빈번히 발생하였다. 즉, 북한이탈주민 유입의 규모도 빠르게 증가했지만 출신 배경이나 유형도 다양화되면서 이들에 대한 보호 및 정착 지원을 보다 체계화해야 할 필요성이 대두되었다.

이런 배경가운데 1997년 「북한이탈주민의 보호 및 정착 지원에 관한 법률」이 제정되었고 기존의 '귀순' 개념이 '북한이탈'로 대체되었다. 이 법은 기존의 관련법에 비해 상당히 상세하고 포괄적인 내용을 담고 있다. 특히 북한이탈주민 지원에 관한 정부와 지방자치단체의 책임과 지원계획(기본계획 및 시행계획)의 수립이 명시되었다. 또한 정착지원시설(하나원), 지역적응센터(하나센터), 북한이탈주민지원재단 등 북한이탈주민 지원서비스 기관 및 전달체계의 규모와 역할이 정비 · 강화되었다.

2000년대 들어서서 북한이탈주민 지원정책의 방향은 중앙정부 주도의 적응 및 정착 지원에서 지방자치단체와 민간이 참여하는 '자활 기반 마련 강화'로 그 성격이 변화하게 된다. 이로써 교육, 취업, 창업, 자산형성 등 경제적 자립을 유도하기 위한 정책 요소들이 더욱 강조되기 시작한다. 다음 |그림 9-2|는 그간의 북한이탈주민 지원정책의 발전과정 및 주요 정책 내용을 보여준다.

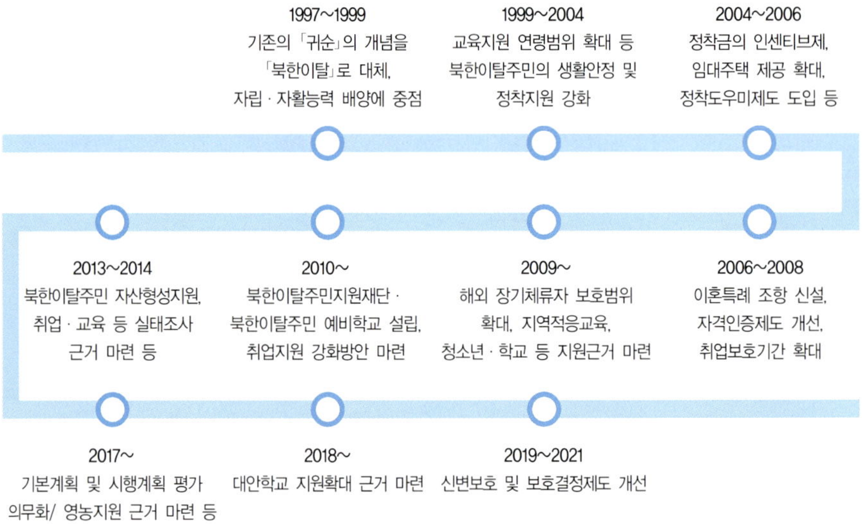

|그림 9-2| 북한이탈주민 지원정책 발전과정

출처 : 통일부(https://www.unikorea.go.kr/unikorea/business/NKDefectorsPolicy/status/history/).

3) 북한이탈주민 지원정책의 내용과 쟁점

한국정부는 「북한이탈주민의 보호 및 정착지원에 관한 법률」에서 "대한민국의 보호를 받으려는 의사를 표현한 경우" 인도주의와 동포애 차원에서 전원 수용한다는 원칙을 천명하고 있으며(제3조), 보호와 입국을 위해 필요한 경우 외교적 노력을 포함한다는 입장이다(제4조 제2항). 이와 더불어 정부는 북한이탈주민이 "정치, 경제, 사회, 문화 등 모든 생활 영역에서 신속히 적응 · 정착"할 수 있도록 필요한 보호와 지원을 제공하기 위한 정책을 수립하고 있다(제1조).

북한이탈주민의 입국 및 정착단계는 다음과 같다. 해외에 체류 중인 북한이탈주민이 한국정부의 보호를 요청하는 경우 관계부처에 상황이 보고되고, 해외공관은 이들의 신병을 확보하여 공관이나 주재국 임시보호시설에 수용한다. 관계기관은 신원확인과 주재국과의 출입국 교섭을 거쳐 북한이탈주민을 국내로 입국시킨다. 입국 후 이들은 국정원 등 관계기관의 합동 신문을 받은 후 정착지원시설(하나원)로 이관된다. 정부는 심의를 거쳐 이들의 보호 여부를 결정하게 된다. 이들은 하나원에서 12주간 심리지원, 한국사회의 이해 증진, 기초 직업훈련 등 사회적응 훈련을 받게 된다. 이후 가족관계 등록이 진행되고 주거 알선 후 지역사회로 전입하게 되며, 다양한 정착지원제도의 적용을 받게 된다.

(1) 북한이탈주민 정착지원제도

다음 〈표 9-3〉에 요약된 바와 같이 정착지원제도로는 정착금 지급제도, 주거지원제도, 취업지원제도, 사회보장지원, 교육지원제도 등이 있고, 민간지원이 추가된다.[11] (초기)정착금 지급제도는 북한이탈주민이 사회생활 초기에 기초적인 생계를 해결할 수 있도록 북한이탈주민 모두에게 일정 금액을 지급하는 제도로서, 정착금 내역은 정착기본금 이외에 북한이탈주민 개개인의 자립·자활 노력 및 사정에 따라 정착장려금과 정착가산금으로 구분하여 지급하도록 세분화되어 있다.

주거지원제도는 하나원 퇴소 후 지역의 거주지로 전입한 북한이탈주민에 대해 임대주택을 알선하고, 임대보증금 지급을 위한 주거지원금(1인 세대 기준 1,600만원)을 지급하는 제도이다. 거주지역 결정 시 우선적으로 본인의 의사를 최대한 반영하되, 주택 물량이 부족할 경우 차순위 지역으로 배정하며, 2년간 통일부장관의 허가 없이 알선된 주택의 소유권, 전세권 또는 임차권을 변경할 수 없도록 하여 주거 분실을 방지하고 있다.

취업지원제도는 북한이탈주민의 취업을 위하여 직업훈련 기회를 제공하고, 사

11 이하 지원제도 소개는 통일부 홈페이지 내용(2022년 5월 기준)을 근거로 작성됨(https://www.unikorea.go.kr/unikorea/business/NKDefectorsPolicy/settlement/System/).

업장을 알선하며, 지역별 취업사업을 실시하고, 북한이탈주민을 고용하는 사업주에게 고용지원금을 지급하는 제도이다. 하나원은 사회에 진출하는 북한이탈주민의 자립 · 자활을 지원하기 위해서 2008년에 고용노동부 · 직업훈련기관 · 기업체가 협력하여 '맞춤형 직업훈련-취업연계 프로그램'을 추진하고 있다. 정부는 북한이탈주민 취업보호대상자를 고용한 사업주에게 임금의 1/2에 해당하는 금액을 지원해 주는 고용지원금 제도를 시행하고 있다. 또한 고용노동부 산하 전국 60여 개 종합고용지원센터에 60여 명의 취업보호담당관(공무원)이 배치되어 북한이탈주민의 취업지도, 알선, 상담을 제공하고 있다.

사회보장과 관련하여 북한이탈주민은 「국민기초생활 보장법」 등에 따른 사회보장급여의 대상이 될 수 있다. 특히 생활이 어려운 북한이탈주민의 경우 최초 거주지 전입일 이후 5년간 특례를 적용받을 수 있다(「북한이탈주민의 보호 및 정착지원에 관한 법률」 제26조). 근로능력이 있는 북한이탈주민의 경우에도 하나원을 수료하고 사회에 나온 뒤 6개월까지는 조건부과를 면제하되, 6개월이 경과한 이후에는 자활사업에 참여하는 것을 조건으로 생계급여를 지급한다. 또한 「의료급여법」에 따라 생활이 어려운 북한이탈주민을 대상으로 의료혜택을 지원하고 있다. 연금 특례도 적용되는데, 보호결정 당시 만 50세 이상 60세 미만인 자는 연금지급을 위한 최소 가입기간 10년을 채우지 않더라도, 60세 이후 가입기간이 5년이면 노령연금 취득이 가능하도록 하고 있다.

북한이탈주민은 관계법령에 따라 북한에서 취득한 학력과 자격을 인정받을 수 있다. 정부는 북한이탈주민이 개인별 특성(연령이나 수학능력 등)과 여건에 맞는 교육을 받을 수 있도록 지원하고, 이들을 대상으로 초 · 중등 교육을 실시하는 학교의 운영을 지원할 책무를 가지고 있다. 이들은 대학 진학 시 특례입학 대상자가 될 수 있으며, 중 · 고교 및 국립대학교의 경우 등록금을 면제받고 사립대학교는 50%를 보조받을 수 있다.

민간 차원의 북한이탈주민 정착지원 서비스는 기존의 북한이탈주민후원회가 확대 개편되어 2010년 9월 27일 출범한 '북한이탈주민지원재단'(남북하나재단)이

총괄하고 있다. 사업의 예로는 북한이탈주민 생활안정 및 사회적응 지원사업, 민간 차원의 취업지원사업, 직업훈련에 필요한 사업, 장학 사업, 전문상담사업, 민간단체 협력사업, 정책개발 지원 및 조사·연구사업, 실태조사 및 통계구축사업 등이 있다. 특히 북한이탈주민지원재단은 '북한이탈주민 전문상담사제도'를 운영하고 있는데 24시간 콜센터(1577-6635) 운영을 통해 종합적 상담서비스를 제공하고 있다.

〈표 9-3〉 북한이탈주민 지원제도

구 분	항 목	내 용
정착금	기본금	1인 세대 기준 800만 원 지급
	장려금	취업장려금 최대 1,800만 원(수도권)~2,100만 원(지방)
	가산금	노령, 장애, 장기치료, 한부모, 제3국출생자녀양육 등 요건에 따라 지급
주 거	주택알선	임대 아파트 알선
	주거지원금	1인 세대 기준 1,600만 원
취 업	직업훈련	훈련기간 중 훈련수당 지급(노동부)
	고용지원금(채용 기업주에게 지급)	북한이탈주민 취업보호대상자(단, 2014. 11. 29. 이전 입국자)
	취업보호담당관	전국 60여 개 고용지원센터에 지정, 취업상담·알선
	기 타	취업보호(우선구매), 영농정착지원, 특별임용 등
사회 복지	생계급여	국민기초생활보장 수급권자
	의료보호	의료급여 1종 수급권자로서 본인 부담 없이 의료 혜택
	연금특례	보호결정 당시 50세 이상~60세 미만은 국민연금 가입특례
교 육	특례 편/ 입학	대학진학 희망자의 경우 특례로 대학 입학
	학비지원	중·고 및 국립대 등록금 면제, 사립대 50% 보조
정착도우미		1세대당 1~2명의 정착도우미를 지정, 초기 정착지원
보호담당관		거주지보호담당관(약 240명), 취업보호담당관(60명), 신변보호담당관(약 900명)

출처 : 통일부(https://www.unikorea.go.kr/unikorea/business/NKDefectorsPolicy/settlement/System/).

(2) 북한이탈주민 지원정책의 쟁점과 과제

대중의 편견과는 달리 북한이탈주민의 남한생활의 만족도는 76.5%로 높은 편이며, 만족하는 이유로는 '자유로운 삶을 살 수 있어서'(30.8%)가 가장 높은 비율을 차지한다(남북하나재단, 2022, 이하 자료 포함). 같은 조사에서 '가족과의 이별'(29.8%), '지나친 경쟁'(19.7%), '북한이탈주민에 대한 차별과 편견'(16.5%)이 남한생활에 불만족하는 주된 이유로 드러났다. '경제적 어려움'(12.8%) 역시 상당히 중요한 남한생활 불만족의 이유로 조사되었다.

실제 다양한 생계지원 및 취업지원에도 불구하고 북한이탈주민의 경제적 여건은 녹록지 않아 보인다. 일반국민과 비교하여 북한이탈주민의 고용률 자체는 큰 차이가 없는 편이지만, 직업유형에 있어 '단순노무종사자'(26.8%)의 비율이 가장 높으며, 임금금로자의 월급여 수준(3개월 평균)도 일반국민 대비 45.7만 원 낮게 나타났다. 북한이탈주민의 생계급여 수급률은 2021년 기준 22.8%에 달하는데, 전체 인구 수급률이 4.1%(2020년 기준)인 것과 비교해 볼 때, 많은 수의 북한이탈주민이 빈곤선 이하의 생활을 하고 있는 것으로 판단된다. 2019년 8월 서울시 관악구에 거주하던 북한이탈주민 출신 40대 어머니와 다섯 살배기 아들이 숨진 지 수개월 만에 발견되었는데, 사망원인이 아사(餓死)로 추정돼 상당한 사회적 충격을 주었다. 이 사건은 한국 사회보장제도의 사각지대이자 북한이탈주민 정착지원제도의 한계로 야기된 비극으로 볼 수 있다.[12]

향후 북한이탈주민 지원정책은 이들이 문화적 소수자화되어 사회·문화적 분리나 차별을 경험하지 않도록 예방하는 한편, 경제적 어려움으로 인해 적응에 실패하여 범죄나 월북이라는 극단적 선택을 하지 않도록 사회적 안전망이 촘촘하게 작동하도록 해야 할 것이다. 북한이탈주민이 입국 후 지역사회에서 안정적으로 정착하기 위해서는 이주민(가족)의 경우와 마찬가지로 생애주기적 관점의 지원이 요구된다. 이를 위해서는 국내·외 정치 상황 변화에도 북한이탈주민 지원

12 동아일보(https://www.donga.com/news/article/all/20190812/96940408/1).

정책이 일관성과 지속성을 갖는 것이 중요하다. 끝으로 남북정세 급변으로 대규모 북한이탈 및 통일의 상황에 대비한 정책 시나리오가 잘 준비되어 있어야 할 것이다.

Discuss

1. '같은 민족'이라는 것이 출입국, 체류 및 활동상의 특혜를 줄 수 있는 합리적 근거인가?
2. 선진국 출신 동포와 중국 및 CIS 출신 동포에 대한 정책 접근을 달리하는 것의 논리에 대해 토론하라.
3. 북한이탈주민 및 관련 정책은 이주민과 이민정책과 어떤 면에서 같고 또 다른가(혹은 달라야 하는가)?

CHAPTER 10

난민정책

1. 난민과 난민정책의 이해
2. 한국의 난민정책

CHAPTER 10 난민정책

이번 장에서는 지난 십여 년간 이민정책 분야에서 가장 뜨거운 논란의 대상이 되고 있는 난민과 난민정책에 대해 살펴본다. 난민은 분쟁지역을 중심으로 전 세계적으로 발생하고 있으며, 제2차 세계대전 이후 국제사회는 난민 발생을 억제하고 난민을 보호·수용하기 위한 다양한 노력을 기울이고 있다. 각국 정부도 인도주의적 책임과 국익, 국내정치와 국제정치 간 복잡하게 얽힌 이해관계 속에서 나름의 난민정책을 수립하고 추진하고 있는데, 이는 한국도 예외가 아니다. 본 장에서는 우선 난민과 난민정책의 개념, 범위 및 쟁점을 개괄한다. 이어 한국의 난민정책의 발전과정과 현황 그리고 발전과제에 대해 알아본다.

1. 난민과 난민정책의 이해

1) 난민 관련 개념

일반적으로 난민(refugees)은 박해나 전쟁 등 생존권을 위협받는 상황을 피해 거주지와 모국을 떠나 피난길에 올랐거나 타국으로 이주한 사람들을 의미한다. 난민의 이주는 이주의 자발성 기준으로 볼 때 강제된 이주(forced migration)의 가장 대표적인 유형이며, 이주의 동기로 분류할 때 비경제적 이주(non-economic migration)로 분류될 수 있다. 물론 절망적 빈곤을 피해 어쩔 수 없이 이주를 택한 경우를 '경제적 난민'이라고도 부를 수도 있으며, 정치적 난민과 경제적 난민을 항상 엄밀히 구분할 수 있는 것은 아니다(김현미, 2016b).

국제사회가 준용하는 난민에 대한 정의는 1951년 「UN 난민의 지위에 관한 협약(UN Convention relating to the Status of Refugees)」(이하 「난민협약」)과 1967년 「난민 지위에 관한 의정서(Protocol relating to the Status of Refugees)」(이하 「난민의정서」)에 기초한다. 「난민협약」 제1조에 따르면 난민이란 "1951년 1월 이전에 발생한 사건들의 결과로, 그리고 인종, 종교, 국적 또는 특정 사회집단의 구성원 신분 또는 정치적 의견을 이유로 박해를 받을 것이라는 충분한 근거가 있는 두려움으로 인하여, 자신의 국적국 밖에 있는 사람으로서, 국적국의 보호를 받을 수 없거나 또는 그러한 두려움으로 인하여 국적국의 보호를 받기를 원하지 않는 사람, 또는 그러한 사건의 결과로 인하여 종전의 상주국 밖에 있는 무국적자로서 상주국으로 돌아갈 수 없거나 그러한 두려움으로 상주국으로 돌아갈 것을 원하지 않는 사람"을 가리킨다.[1]

난민의 신분은 난민지위를 법적으로 인정받기 전과 후로 구분하여 이해할 필요가 있다. 스스로 난민이라고 생각하더라도 보호국(혹은 비호국)의 관련 법령에 의해 난민지위를 인정받기 전까지는 '난민(비호)신청자(asylum seekers)'라고 불린다. 난민(비호)신청자 중 보호국의 관련 법에 따라 난민으로 인정을 받아야만 비로서 '난민인정자' 혹은 '인정난민(recongnized refugees)'으로 불리게 된다. 오직 난민인정자만 난민협약에 보장된 난민지위 및 그에 따라 부여된 권리를 부여받을 수 있다. 난민인정 심사 결과 비록 난민인정을 받지 못하였지만 본국으로 귀환

1 가장 중요한 국제규범의 하나인 만큼 원문을 숙지하는 것이 도움이 될 수 있다: "As a result of events occurring before 1 January 1951 and owing to wellfounded fear of being persecuted for reasons of race, religion, nationality, membership of a particular social group or political opinion, is outside the country of his nationality and is unable or, owing to such fear, is unwilling to avail himself of the protection of that country; or who, not having a nationality and being outside the country of his former habitual residence as a result of such events, is unable or, owing to such fear, is unwilling to return to it."(Article 1). UNHCR(https://www.unhcr.org/3b66c2aa10).

시 고문, 가혹한 처벌, 혹은 생명이나 신체의 자유 등을 현저히 침해당할 수 있다고 예상되는 합리적인 근거가 있는 사람은 '인도적 체류자'로 분류되어 체류를 허가받기도 한다(한국의 경우 「난민법」 제2조 제3호). 그러나 인도적 체류자는 인정 난민들과는 달리 상대적으로 제한된 보호와 지원을 받게 된다.

보호국에서 난민인정을 받은 난민이 제3국에 정착을 희망하는 경우 이들을 재정착난민(resettled refugees)으로 지칭한다. 한국정부는 한국에서 정착하기를 희망하는 국외 인정난민을 '재정착희망난민'으로 부르고 있다(「난민법」 제2조 제5호). 또한 본국을 떠날 당시는 난민이 아니었는데, 해외 체류 중에 본국에서 발생한 정권교체나 전쟁 등으로 생존의 위협이나 박해가 예상됨에 따라 난민(신청자)이 된 사람들도 있는데 이들을 '현장(체제 중) 난민(refugee sur place)'이라 지칭한다. 이 외에도 내전이나 자연재해 등으로 통상적 거주지를 버리고 피난길에 올랐지만 국경을 넘지 않은 사람들을 국내실향민(internally displaced persons)이라고 하는데, 발생 원인과 심각성이 유사하다는 면에서 국제 난민 문제와 연결지어 이해되어야 할 현상이다(김현미, 2016b).

2) 국제난민레짐

난민보호는 국제적 협력을 반드시 필요로 한다. 모든 국제이주가 그러하듯이 난민도 출신국, 경유국 및 정착국 등 여러 국가의 국경을 넘나들게 된다. 난민들은 주로 분쟁이나 재난 발생 국가의 국경 부근이나 인근 국가에 우선 집중된다. 그러나 일부 난민들은 상당한 위험을 무릅쓰고 장거리를 이동한 후 본국과 멀리 떨어진 국가에 정착하기도 한다(혹은 특정 국가에 정착을 희망한다). 비록 난민 발생 지역 인근 국가가 난민을 일시 수용한다 하더라도, 난민이 지속적으로 대규모로 발생하게 되는 상황에서는 제3국의 개입이 반드시 필요하다.

난민의 발생, 이동 및 정착 과정에서 경로에 있는 여러 국가들이 불가피하게 관여되기 때문에 국제협력이 필요하기도 하지만, 난민은 전쟁(분쟁), 박해, 재난

등을 피하여 이주하는 사람들이기 때문에 국제사회는 인도주의적 입장에서 이들을 수용하고 보호해야 할 책임을 진다. 실제로 난민정책은 이민정책 가운데 거의 유일하게 인도주의적 관점이 우선시되는 영역이다(김현미, 2016b). 난민 문제의 복잡성과 인도주의적 책임성으로 인해 국제사회는 소위 '국제난민레짐(international refugee regime)'을 통해 난민보호의 원칙을 공유하고, 보호책임을 지역 및 국가별로 분산하고자 노력하고 있다. 대표적인 난민보호 책임분담(burden sharing)의 방식은 비호신청자의 보호 및 재정착난민의 수용이다.

국제난민레짐에 참여하는 국가들은 「난민협약」에 따른 난민의 정의 및 난민보호의 원칙을 공유한다. 난민보호의 가장 핵심적인 원칙들로는 강제송환 금지, 종교의 자유 보장, 공정한 재판을 받을 권리 부여, 근로 기회의 제공, 주거 · 교육 · 사회보장에 대한 접근 보장, 거주이전의 자유를 위한 신분증 및 여행증명서 발급, 불법입국으로 인한 처벌 금지 등이다. 특별히 생명이나 기본적 인권이 위협받을 것이 예상되는 출신국으로 강제송환하지 않는 것은 난민인정자뿐만 아니라 난민인정심사 중인 난민들에게도 보장되어야 할 가장 기본적인 난민의 권리로 간주되고 있다(김현미, 2016b).

대부분의 국제난민레짐 참여국들은 관련 국내법(이민 관련법 및 사회보장에 관한 법 등)을 통해 난민에게 안정적인 체류를 보장한다. 또한 노동시장 진입을 포함한 포괄적 사회참여의 기회를 보장하고 내국인에 준하는 교육 및 사회보장에 관한 권리를 부여하고 있다. 따라서 난민은 이주민으로서는 가장 높은 수준의 사회 · 경제적 권리를 부여받는다고 볼 수 있다. 그 외에도 인정난민의 배우자 및 미성년 자녀에 대해서도 가족결합 이주를 허용하여 함께 보호하고 있다.

2. 한국의 난민정책

1) 한국 난민정책의 수립과 현황

1980년대까지 한국은 난민이 발생하던 국가였다. 일제강점기의 독립운동가, 한국전쟁기의 피난민, 이후 권위주의 정권에 저항하던 인사들 등이 국외로 망명하여 사실상 난민이 되었다. 그러나 1990년대에 이르러 경제성장과 민주화의 진전을 함께 이룬 한국은 국제난민레짐의 일원으로서 난민 보호를 위한 국제적 노력에 동참하는 국가로 변모했으며, 갈수록 더 큰 책임을 국제사회로부터 요구받고 있다.

한국은 1992년 UN 「난민협약」과 「난민의정서」에 가입하고 국회에서 비준했다. 이에 대한 후속조치로서 이듬해에 「출입국관리법」과 「출입국관리법 시행령」을 개정하여 난민심사에 관한 조항을 신설하였고, 1994년 7월 1일부터 본격적으로 난민심사제도를 운영하기 시작했다. 이로써 한국은 난민발생국에서 난민수용국으로 공식적으로 전환되게 되었다(김현미, 2016b). 이러한 일련의 난민제도 수립 · 정비에 힘입어 국내 난민(인정)신청이 꾸준히 증가하기 시작했다. 하지만 최초의 난민인정 사례가 2001년에서야 한 명 생겨날 정도로 한국정부는 난민인정에 관해 소극적인 태도를 유지했다.

이후 한국의 난민정책의 실효성 있는 운영을 위한 시민사회(난민활동가와 변호사 등)의 노력이 일부 정치인들의 협력을 통해 결실을 맺으면서 2013년에는 「난민법」이 제정(동년 7월 시행)되었다. 한국은 「난민협약」에 가입한지 20여 년 만에 아시아 국가 중 별도의 난민법을 입법한 최초의 국가가 되었다. 2013년 6월 법무부에 난민과가 신설되었고, 같은 해 10월에는 한국이 유엔난민기구 집행이사회 의장국으로 선출되기도 하였다.

한국에서의 난민(인정)신청자 수는 2013년 「난민법」 시행 이후 빠르게 증가하기 시작했다. 2010년 423명에 불과하던 신청자가 2014년에는 2,896명, 2016년에는 7,541명에 이르게 된다. 그러나 이러한 신청자 수의 폭증에도 불구하고 난민인정자 수의 증가는 미미하다. '난민인정률'은 2016년 1.3%에서 2020년 0.8%로 오히려 낮아졌으며, 인도적 체류허가자를 포함한 '난민보호율'도 2020년 기준 2.7% 수준에 머물고 있다(표 10-1).

법무부에 따르면,[2] 한국에서 최근(2019년) 난민인정 신청을 하는 사람들의 주요 국적은 카자흐스탄, 러시아, 말레이시아, 중국, 인도 순이다. 난민신청 사유별로 보면 기타 사유(47.8%) 신청이 가장 많으며, 종교(24.5%), 정치적 의견(12.5%), 특정 사회집단의 구성원 신분(9.5%), 인종(4.9%), 국적(0.8%) 순으로 나타났다. 국적별 난민인정자 수는 미얀마가 34명(재정착희망 난민 31명 포함)으로 가장 많고, 방글라데시(6명), 에티오피아(6명), 이란(6명), 예멘(4명) 등의 순이다. 난민인정 사유로는 인종, 가족결합, 정치적 의견, 종교 순이다.

〈표 10-1〉 한국의 난민 현황 (단위 : 명, %)

구 분	2016	2017	2018	2019	2020
난민신청자(A)	7,541	9,942	16,173	15,451	6,684
난민인정자(b)	98	121	144	71	55
인도적 체류자(c)	246	318	514	169	127
난민인정률(b/A)	1.3	1.2	0.9	0.5	0.8
난민보호율(b+c/A)	4.6	4.4	4.1	1.6	2.7

출처 : 법무부(https://www.moj.go.kr/moj/2417/subview.do).

2) 한국 난민정책의 주요 내용

난민 관련 정책 목표 및 과제는 2008년 「제1차 외국인정책 기본계획」에서부터 포함되었고 후속 기본계획에서도 지속되었다. 현재 시행 중인 제3차 기본계획에는 정책목표 4 '인권과 다양성이 존중되는 정의로운 사회'의 중점 과제 5번으로

2 이하 통계는 e-나라지표(http://www.index.go.kr/potal/main/EachDtlPageDetail.do?idx_cd=2820) 참조.

'국제사회가 공감하는 선진 난민정책 추진'이 제시되어 있다. 이 4-5 중점 과제의 하위 내용으로 난민의 한국사회 통합체계 구축, 난민심사 체계 고도화, 난민위기에 대한 국제적 공조 강화가 담겼다. 먼저, 난민의 한국사회 통합체계 구축과 관련해서는 난민에 대한 사회적 인식 개선을 위한 홍보 및 교육, 난민에 대한 한국어 · 취업 교육, 인도적 체류자 지원 보완 계획이 포함되었다. 다음으로, 난민심사 체계 고도화와 관련해서는 인력 및 조직 확충을 통한 난민심사 인프라 확충과 청문절차 도입 등을 통한 이의신청 심의기구의 공정성 및 전문성 강화 내용이 담겼다. 끝으로, 난민위기에 대한 국제적 공조 강화와 관련해서는 재정착희망난민의 수용을 확대하는 한편, 난민 관련 다자간 협력에 적극적으로 참여함으로써 아시아 내 난민정책 선도국가로서 자리매김하겠다는 계획을 제시했다.

한국 난민정책의 구체적 내용은 정부가 2013년부터 제정 · 시행 중인 「난민법」에 기초한다. 우선 제1장 총칙에서 난민 관련 용어들을 정의하고 있는데(제2조), 국제사회에서 통용되는 난민, 인도적 체류자, 재정착난민 등의 개념과 일치한다. 제3조의 난민인정자와 인도적 체류자 및 난민신청자의 '강제송환 금지'의 원칙 역시 「난민협약」 제33조 및 「고문 및 그 밖의 잔혹하거나 비인도적 또는 굴욕적인 대우나 처벌의 방지에 관한 협약」에 준한다. 난민인정자와 인도적 체류자 및 난민신청자의 지위와 처우에 관하여 「난민법」에서 정하지 않은 사항은 「출입국관리법」을 적용하고 있다(「난민법」 제4조).

「난민법」 제2장은 난민인정 신청과 심사에 관한 절차를 규정하고 있다. 대한민국 밖에서 이미 난민인정을 받은 난민이 대한민국에 정착을 희망하는 경우, 법무부장관은 「재한외국인 처우 기본법」 제8조에 따른 외국인정책위원회의 심의를 거쳐 재정착희망난민의 국내 정착을 허가할 수 있으며, 이 경우 정착허가는 '난민인정'으로 본다(제24조). 그 외 난민인정 신청은 원칙적으로 국내에 있는 외국인만이 할 수 있다. 출입국항에서 바로 난민인정 신청을 하는 외국인은 7일 이내에서 출입국항에 있는 일정한 장소에 머무르게 된다. 이 경우 법무부장관은 신청서가 제출된 날부터 7일 이내에 난민인정 심사에 회부할 것인지를 결정하여야 하며, 그 기간 안에 결정하지 못하면 그 신청자의 입국을 허가하여야 한다.

난민인정신청서를 제출받은 지방출입국·외국인관서의 장은 난민신청자에 대하여 면접을 실시하고 사실조사를 실시하게 된다. 심사에서의 인권보호를 위해 난민신청자의 요청이 있는 경우 같은 성(性)의 공무원이 면접을 하여야 하며, 난민신청자는 면접과정에 대한 녹음 또는 녹화를 요구할 수 있다. 지방출입국·외국인관서에 배치된 난민심사관은 난민신청자 면접 및 사실조사를 진행한다. 이때 담당자는 난민신청자에게 유리한 자료도 적극적으로 수집하여 심사 자료로 활용하여야 하며, 난민신청자는 난민심사에 성실하게 응하여야 한다. 난민전담공무원 또는 난민심사관이 조사한 내용은 법무부장관에게 보고되고, 법무부장관은 난민위원회의 심의를 거쳐 난민인정 여부를 결정한다. 난민불인정결정을 받은 사람 또는 난민인정이 취소 또는 철회된 사람은 그 통지를 받은 날부터 30일 이내에 법무부장관에게 이의신청을 할 수 있다. 법무부장관은 이의신청서를 접수한 날부터 6개월 이내에 이의신청에 대한 결정을 하여야 한다.

법 제4장에서는 난민인정자와 난민인정 신청자 및 인도적 체류자의 처우에 대해 규정하고 있다. 난민인정자(재정착난민 포함)의 경우 국내법의 규정에도 불구하고 「난민협약」에 따른 처우를 적용받는다. 국가와 지방자치단체는 난민의 처우에 관한 정책의 수립·시행, 관계 법령의 정비, 관계 부처 등에 대한 지원, 그 밖에 필요한 조치를 하여야 한다. 난민으로 인정되어 국내에 체류하는 외국인은 대한민국 국민과 같은 수준의 사회보장을 받는다. 난민인정자나 그 자녀가 미성년자인 경우에는 국민과 동일하게 초등교육과 중등교육을 받는다. 난민인정자는 한국어 교육 등 사회적응교육, 직업훈련을 받을 수 있다. 또한 외국에서 이수한 학교교육의 정도에 상응하는 학력과 외국에서 취득한 자격에 상응하는 자격 또는 그 자격의 일부를 인정받을 수 있다. 더불어 난민인정자의 배우자 또는 미성년자인 자녀가 입국을 신청하는 경우 입국을 허가하여야 한다.

난민인정 심사를 신청한 사람은 제한적이나마 심사가 진행되는 동안 주거시설, 의료지원 및 생계비를 지원받을 수 있고, 난민인정 신청일부터 6개월이 지난 경우에는 취업을 허가받을 수 있다. 또한 난민신청자 및 그 가족 중 미성년자인 외국인은 국민과 같은 수준의 초등교육 및 중등교육을 받을 수 있다. 한편 난민 인정을 받지 못하고 인도적 체류만 허가받은 자는 취업활동을 할 수 있는 정도의 제한된 권리만 부여된다.

3) 쟁점과 과제

1992년 난민협약 가입 이후 한국정부는 난민보호를 위해 법·제도를 정비하는 등 나름의 노력을 해 온 것이 사실이다. 「난민법」 시행으로 난민심사 및 인정 절차가 정비되고, 재정착 난민을 수용할 수 있는 근거가 마련되었으며, 난민인정자의 체류 안정, 가족재결합 허용, 사회보장 수급권의 보호 등 난민정책이 진일보한 측면이 분명히 존재한다. 난민제도 정비 후 난민신청이 급증하는 가운데 난민인정자도 누적적으로 증가하고 있다.

그러나 한국정부는 여전히 난민인정과 보호에 소극적이라는 비판을 받고 있다. 위에서 지적한 대로 난민인정률은 국제적 기준으로 보아 대단히 낮은 수준(누적 약 4%)을 유지하고 있다. 그뿐만 아니라, 난민정책 추진과정에서 여러 문제점과 한계들이 여전하다. 정부의 야심찬 계획에도 불구하고 전문 심사인력 부족 등으로 인한 부실·지연심사, 대기 및 심사 중 난민들에 대한 인권침해 문제 등이 끊이지 않고 있다. 또한 난민신청자의 처우와 관련하여 인정난민과는 달리 인도적 체류자의 체류안정성과 생존권은 거의 보호받지 못하고 있는 실정이다. 일각에선 최근 여론의 영향 등으로 난민보호에 관한 정부의 의지가 후퇴하고 있다는 우려도 제기되고 있다.[3]

한편 대중의 난민에 대한 몰이해와 반난민 정서(난민 포비아) 개선을 위한 정책적 대응이 시급하다. 난민 관련 법·제도 마련에도 불구하고 한국사회에 처음으로 난민문제가 사회적 이슈로 부상하게 된 것은 2018년 제주 예멘 난민 사태이다.

3 난민인권센터(https://nancen.org/1963).

당시에는 국제적 난민 이슈에 무지한 상태에서 근거 없는 이슬람공포(Islamophobia)증으로 인해 난민에 대한 적대감이 높았다. 2015~2016년 시리아 내전, 2021년 미얀마와 아프가니스탄 내전으로 인한 난민위기가 인터넷을 통해 널리 알려지면서, 한국도 난민문제로부터 자유로울 수 없고, 난민보호를 위한 국제적 노력에 동참해야 한다는 목소리도 늘어나고 있다. 이런 가운데 제주 예멘사태 때와 비교해 난민수용을 찬성하는 여론이 다소 높아졌다는 긍정적인 보고가 있기도 했다.[4] 그러나 최근 울산에서 발생한 아프가니스탄 '특별기여자' 수용과 관련한 정부(지방자치단체)와 지역주민들 간의 첨예한 입장 차이는 난민수용 문제가 한국사회에서 아직 낯설고 합의되지 않은 이슈라는 사실을 여실히 보여준다.[5]

난민은 여느 이주민들과 마찬가지로 더 나은 삶에 대한 간절한 희망을 안고 이주를 택하였다. 그러나 난민정책은 여타 이민정책의 영역과 비교하여 정책의 대상과 목적이 차이가 있어야 한다. 난민이 생존을 위협받는 절망적 상황에서 도피한 강제된 이주자라는 점을 생각할 때, 난민정책은 여느 이민정책의 분야처럼 국익극대화의 실용주의적 관점이 우선시될 것이 아니라, 인류에 바탕한 인권보호적 관점에서 수립·추진되어야 할 것이다. 한국의 난민발생국으로서의 역사적 경험, 현재의 경제력 및 민주주의의 수준을 고려할 때 정부와 시민사회가 난민수용과 보호에 보다 전향적 태도를 보일 때가 되었다고 믿는다.

Discuss

1. 난민에 대해 잘못 알려진 사실이나 관점에는 어떤 것들이 있는지 찾아보고 비판해 보라.
2. '난민정책은 인도주의적 관점에서 수립되어야 한다'는 말에 동의 혹은 비동의하는지 토론하라.
3. 난민 수용 및 지원 정책은 어떤 측면에서 국익에 기여할 수 있는가?

---

4 연합뉴스(https://www.yna.co.kr/view/AKR20220125152500371?input=1195m); 한겨레21(http://h21.hani.co.kr/arti/society/society_general/49632.html).

5 울산매일(http://www.iusm.co.kr/news/articleView.html?idxno=937634).

CHAPTER 11

이주민 사회통합정책

1. 이주민 사회통합과 사회통합정책의 개념
2. 이주민 사회통합정책의 모형
3. 한국의 이주민 사회통합정책

CHAPTER 11

이주민 사회통합정책

북미와 서유럽 등 이주민 유입과 정착의 역사가 긴 나라들에서는 국경관리와 함께 이주민들의 사회적 수용(inclusion) 혹은 통합(integration)을 촉진하는 정책들을 오랜 기간 시행해 왔고, 최근 국제이주와 안보 이슈가 결합되면서 이주민의 사회적 통합과 관련한 정부의 역할이 더욱 강조되고 있는 상황이다(de Haas et al., 2020). 한국 역시 이주민 유입국가로의 전환의 역사가 30년이 넘어서고 있는 만큼, 효율적인 국경통제나 체류관리와 함께 체류외국인의 성공적인 사회적 통합이 갈수록 중요한 이민정책의 과제가 되고 있다. 본 장은 먼저 이주민 사회통합의 개념과 정책 분야에 논의한다. 이어 이주민 사회통합 정책의 다양한 모형들에 대해 개괄한 후, 한국의 이주민 사회통합 정책의 주요 내용, 특징 및 발전과제에 대해 생각해 본다.

1. 이주민 사회통합과 사회통합정책의 개념

이주민의 유입과 정착이 지속되면 이민수용국의 인종적, 민족적, 문화적 다양성(diversity)을 증가시킨다. 사회 내 다양성의 증가는 이주민 자신뿐만 아니라 유입국 사회의 전반에 상당한 변화와 긴장을 초래하는 요인이 된다. 국가는 다양한 정책과 제도를 개발함으로써 이러한 다양성 증가에 대응하려고 한다(Aleinikoff & Klusmeyer, 2010; Hollifield et al., 2014). 새로 유입된 인종·민족 집단은 통상 주류 집단과 구별되는 표현형적(phenotypical), 문화적 특성을 가지는 경우가 많은데, 이들 중 일부는 주류 사회에 자연스럽게 녹아들어 몇 세대 이후에는 원주민(natives)과 거의 구별되지 않게 되지만, 어떤 이들은 주류 사회로부터 지속적인 차별과 배제를 경험하며 사회적으로, 심지어 공간적으로도 분리된 삶을 살아가기도 한다.

이주민의 사회통합(social integration)은 이주민과 그 후손들이 수용국에서 새로운 사회·문화적, 나아가 정치적 구성원이 되어가는 과정을 의미한다(de Haas et al., 2020). 통합에 대한 이러한 정의는 이주민이 자신의 고유한 민족적, 문화적 정체성을 버리고 궁극적으로 주류 사회로 포섭되는 어떠한 방향성을 내포하는 것처럼 보인다. 다음에서 살펴보겠지만 실제로 '통합정책'의 많은 내용은 점진적 과정과 내·외국인들 간의 상호조정을 강조하지만 궁극적으로 동화를 전제하고 있다는 인상을 받는다. 이런 이유 때문에 혹자는 좀 더 중립적인 표현인 '편입(incorporation)'이라는 용어를 대안적으로 제안하기도 한다(Sainsbury, 2012). 하지만 비영어권 이주민 수용국 입장에서는 통합(integration)과 편입(incorporation)의 구별이 실효적인가 하는 의문이 드는 것은 사실이다.

국가정책의 한 영역으로서 이주민 사회통합정책(social integration policy)은 인종적, 민족적, 문화적으로 다양한 배경을 가진 이주민의 사회적 편입을 촉진하고, 다양성 증가로 인해 발생할 수 있는 사회 구성원들 간의 갈등을 관리하고 조화로운 공존을 실현하기 위한 정책을 가리킨다. 달리 말해, 국제이민으로 증가하는 다양성이 사회적 갈등이나 분열로 이어지지 않고, 내·외국인 간 그리고 외국인 간에 상호 수용적 및 발전적 관계로 이어질 수 있도록 개입하는 정책이다.

주로 이민 유입의 역사(동시에 인종·민족적 갈등의 역사)가 긴 나라들이 사회통합 분야 정책들을 발전시켜 왔다. 이런 나라들에서는 다양한 인종·민족적 그리고 문화적 배경을 가진 이주민들이 장기적으로 체류하면서 소수자(racial or ethnic minority)를 형성하고 있는 경우가 많다. 그 결과 이민배경을 가진 인구와 선주민(natives) 간의 갈등이나 분리 등 '통합의 위기'를 경험할 가능성이 크다. 최근에는 이민자를 수용하는 모든 국가들이 이러한 문제에 선제적으로 대응하기 위해 공통적으로 이주민 사회통합정책을 강조하고 있다.

이주민 사회통합정책은 이주민 유입국에서 출입국정책, 체류관리정책과 함께 이민정책을 구성하는 중요한 한 영역이다. 출입국정책과 체류관리정책은 어떤 유형(국적, 자격 등)의 외국인이 한 사회로 들어와 어떤 조건(체류기간, 활동범위, 권리사항 등)으로 거주할 수 있는지에 관여한다. 출입국 및 체류에 관한 정책들은 이주민의 유형에 따라 사회, 경제, 정치적 권리 수준을 위계화(civic stratification)함으로써, 이주민이 수용국 사회에서 성원권(membership)을 획득하고 통합될 수 있는 가능성과 수준을 일차적으로 결정한다(G. Kim, 2018; Morris, 2003). 이렇게 형성된 권리의 위계구조 안에서 어떤 이주민들은 시민에 준하는 수준의 소속감과 권리를 향유하고, 일부 유형의 이주민들은 권리의 제한하에서 사회적으로 주변화된다.

이주민의 권리 중 사회통합적 관점에서 가장 중요한 권리는 시민권(국적의 의미로서)에 대한 접근이다. 한 이주민이 이주한 국가에서 그 나라의 국적을 취득하는 것은 통합(편입)의 형식적 완성이라고 볼 수 있다. 국적을 얻는다는 것은 단순히 소속(감)을 확보하는 것에 그치지 않고 이에 수반되는 모든 법적 권리를 부여받는 것을 의미한다(Bauböck, 1991; Morris, 2003). 이런 측면에서 국적을 부여하는 것과 관련된 규정과 정책은 이주민 사회통합정책의 가장 핵심적 도구로 볼 수 있다. 통상 국민국가(nation-state)는 그 구성원(시민)이 하나의 정치적 성원권만을 보유할 것을 기대하는 경향이 있다. 그러나 국경을 개방하고 있는 모든 국가에는 자국 국적 보유자만 거주하지 않는다. 국가 내 다양한 국적의 존재, 이중(다중)국적과 무국적의 문제는 필연적으로 국민국가의 이상(ideal)이라 할 수 있는 국민의 문화적, 민족적 동질성 훼손이나 '나누어진 충성심(divided loyalty)'과 같은 논란을 일으킨다.

이주민들에게 일차적으로 중요한 문제는 형식적으로 평등한 법적 지위에 도달하기 위해 어떻게 국적을 취득할 수 있는가 하는 시민권의 형식적 측면일 것이다. 달리 말해, 이주민들의 우선적 관심은 정착국의 국적제도가 요구하는 국민이 되기 위한 요건들(합법체류, 품행단정, 언어능력, 통합의 증거, 소득기준 등)과 절차이다. 그러나 국적취득으로 인한 법적 평등이 실질적 평등과 사회적 통합으로 이어지지 않을 수 있다. 고대사회는 말할 것도 없고 국민국가 형성된 이후에도 국적을 소유했다고 모든 사람들이 '실질적으로' 평등한 권리를 누릴 수 있었던 것은 아니었다. 마샬(Marshall, 1971)이 지적하듯 시민권은 역사적으로 성별과 계급관계에 따라 차등적 의미를 가지고 있었다. 이 점을 고려할 때, 이주민이 비록 정착국의 국적을 취득하여 형식적 시민권을 획득(즉, 귀화)한 경우에라도 자동적으로 그리고 비차별적으로 주류 사회에 통합될 것이라고 기대하는 것은 비현실적이다.

따라서 이주민 사회통합정책의 영역과 내용은 출입국·체류관리정책과 국적정책을 넘어선다. 실질적 차별과 배제를 축소할 수 있도록 설계된 노동정책과 사회(보장)정책, 그리고 인종차별적 인식과 관행을 약화시킬 수 있는 교육정책 등이 모두 이주민 사회통합과 밀접한 관련성을 갖는 정책 영역들이라 할 수 있다. 이주노동자가 합법적으로 체류하며 근로한다고 하더라도 여전히 노동현장에서 차별과 배제를 경험할 수 있다. 주류 사회와의 제한된 교류나 차별의 경험 그리고 제도적 관행(예를 들어, 집합주택 유형의 공공임대주택 공급)이 결합하여 이주민들은 심리적으로 거리감을 갖게 될 뿐만 아니라 물리적으로도 사회로부터 분리될 수 있다(김영순 외, 2019). 미국이나 대륙유럽에서 발견되는 이주민들의 '거주지 분리(residential segregation)'는 이주민 사회통합 실패의 상징이 되었다. 외국인혐오정서나 인종차별적 관행은 쉽게 사라지지 않는 통합의 장애물로서, 비록 국적을 보유하고 언어 등 주류 사회의 문화를 체화한 이민 2, 3세대 후손들조차도 인종적, 민족적 소수자로 전락시킬 수 있다.

2. 이주민 사회통합정책의 모형

여러 이민국가들은 이주민의 사회통합 실패에 대한 위기감을 공유하고, 공통적으로 사회통합정책의 중요성을 강조하고 관련 제도를 강화하고 있다. 그러나 개별 국가의 이주민 사회통합정책의 구조와 내용은 그 국가의 시민권에 대한 이해 방식과 이주민에 대한 사회·경제정책적 접근방법에 따라 달라진다. 이러한 국가별 다양성과 특징을 이해하기 위해서는 사회통합정책을 유형(typology)화하여 이해하는 것이 유용하다.

1) 시민권(Citizenship) 모형

이주민을 주류 사회로 통합하는 방식은 국가마다 차이가 있다. 이주민을 새로운 사회 구성원으로 받아들이는 방식은 그 국가가 국민(nation) 혹은 시민(citizen)을 규정하는 방식과 밀접하게 관련되어 있으며, 국민을 정의하는 방식은 그 나라의 역사적, 문화적 맥락 속에서 형성된다. 드 하스 등(de Haas et al., 2020 : 89)은 시민권(citizenship)의 이념형(ideal types)을 제국 모형(imperial model), 민속 혹은 종족 모형(folk or ethnic model), 공화주의 모형(republic model), 그리고 다문화주의 모형(multicultural model)으로 분류한 바 있다.

첫째, 제국 모형(imperial model)은 동일한 권력자나 지배자에게 복종하는 신민(subject)이라는 차원에서 국가에 대한 소속을 규정하는 모형이다. 이러한 관점은 프랑스혁명과 미국혁명에까지 거슬러 올라간다. 이 모형을 적용하여 대영제국, 오스트리아-헝가리제국, 오토만제국 등은 다양한 민족적 배경을 가진 주민들을 통합할 수 있었다. 예컨대 영국은 1981년에 국적법이 성립되어 처음으로 근대적 유형의 시민권이 탄생하기 전까지 이 모형이 널리 인정되었다.

둘째, 민속 또는 종족 모형(folk or ethnic model)은 공동의 조상, 언어, 그리고 문화와 같은 민족성(ethnicity)에 근거하여 국민 됨을 규정하는 모형이다. 따라서 이

모형은 기본적으로 민족적 소수자들(ethnic minorities)을 시민권 및 국민 공동체로부터 배제한다. 독일은 2000년에 새로운 시민권 법규를 도입할 때까지 이 모형에 속했다고 볼 수 있으며, 한국과 일본 등 동아시아 국가들도 민족적 모형의 성격이 강하다고 평가할 수 있다.

셋째, 공화주의 모형(republican model)은 국가를 헌법, 법률과 시민권 등을 기반으로 하는 정치적 공동체(political community)로서 정의하는 모형이다. 따라서 이 모형은 이주자들이 이민 수용국가의 정치적 법규를 준수하고 국민 문화를 흔쾌히 수용할 경우 이들을 새로운 공동체 구성원으로 받아들인다. 공화주의적 접근의 기원은 헌법에 기초한 국민국가 형성의 모태인 근대 시민혁명으로 볼 수 있으며, 프랑스는 이 모형을 따르는 가장 명확한 사례이다.

넷째, 다문화주의 모형(multicultural model)은 공화주의 모형과 마찬가지로 국가를 헌법, 법률, 시민권에 기반을 둔 정치적 공동체로 정의한다. 즉, 헌법적 가치에 동의하는 이민자는 국민이 될 수 있는 기회를 제공받는다. 공화주의 모형과의 차이점은 다문화주의 모형하에서는 이민자들이 국법을 준수하기만 한다면 자신들의 독자적인 문화를 계속 유지하고 종족 공동체를 형성할 수도 있다는 것이다. 이러한 다원적 또는 다문화적 접근은 캐나다, 호주, 네덜란드, 스웨덴 등에서 1970년대에서 1980년대까지 지배적인 모형이 되었다.

이상의 모형들에서 하나의 공통적 요소가 발견되는데, 이 모형들은 공히 시민이란 오직 하나의 국민국가에 속한다는 것을 전제한다는 사실이다. 출신국을 떠나온 이주자들이 모국의 국적을 버리고 정착국에서 새로운 정체성과 충성심을 획득하고 궁극적으로 귀화를 통해 통합이 완성된다는 선형적 통합과정을 가정하는 것이다. 그러나 빈번하고 다방향적(multi-directional)인 이주 행태에 주목하는 초국가주의(transnationalism) 이론은 기존의 단선적인 시민권 유형에 도전하고 있다. 많은 이주민들이 지속적으로 모국과 정착국을 오가며, 다중적인 법적 소속(국적)과 국민 정체성을 보유하는 경우도 흔하다.

또한 하나의 정치 공동체 안에 거주하는 구성원을 단순히 시민과 비시민

(non-citizen)으로 양분해서 이해하는 것도 현실을 지나치게 단순화한다는 비판을 받는다. 한 국가에서 오랜 기간 체류해 온 이민자들은 종종 시민권과 유사한 자격이나 권리를 획득하기도 한다. 이러한 준(quasi-)시민권에는 장기체류의 권리, 근로 및 사업의 권리, 교육이나 사회보장 혜택에 대한 접근, 정치적 권리 등이 포함될 수 있다. 그 결과 외국인보다는 권리가 많지만 시민보다는 권리가 적은 새로운 중간 단계의 법적 지위가 형성된다. 해머(Hammar, 2017)는 이러한 준시민권을 가진 외국인을 '데니즌(denizen)'이라고 명명했다. 또한 초국적 기업이나 국제기구 등은 새로운 차원의 소속감과 권리를 부여하기도 한다(Castles & Davidson, 2000). 예컨대, 유엔, 국제노동기구, 세계무역기구, 유럽연합 등의 국제기구들은 국제적 규범을 발전시킴으로써 특정 국가의 시민이든 아니든 모든 사람에게 일련의 시민적, 사회적 권리를 합법적으로 보장한다(Soysal, 1994). 이 경우 바우뵉(Bauböck, 1991)이 말한 '초국가적 시민권(transnational citizenship)'이 새로운 시민권의 유형으로 인정될 필요가 있을지도 모른다.

2) 이주민 사회통합 모형

앞서 소개한 시민권 유형별 차이는 국가별로 상이한 이주민의 사회통합 유형이 형성되는 배경이 된다. 드 하스 등(de Haas et al., 2020 : 326-327)은 이주민이 유입국 사회로 편입되는 방식을 동화(assimilation), 구분배제(differential exclusion), 다문화주의(multiculturalism)로 분류하고 있다. 그들에 따르면 이주민 사회통합 모형이 분화되는 핵심적인 기준은 이주민이 '개인'으로서-문화적 차이나 집단적 소속감과 무관하게-편입되는가, 아니면 '공동체'로서-함께 모여 살며 고유의 문화, 언어, 종교를 유지하려는 종족집단으로서-편입되는가이다.

첫째, 동화(assimilation)는 이민자가 일방적인 적응과정을 통해 주류 사회로 편입되는 방식을 의미한다. 동화 모형에서는 이주민은 한 개인으로서 사회에 편입될 것으로 기대되며, 민족집단적 정체성을 유지하려는 시도는 지지받지 못할 가능성이 높다. 최근 여러 이민유입국가들이 동화가 가지는 일방성에 대한 반감을 해소하기 위해 '통합(integration)'이라는 용어를 사용하기 시작하며, 일방적 동화 대신 내-외국인 간의 일정한 상호조정(mutual accommodation)을 인정하려는 움직임이 있었다. 그러나 통합의 최종목표는 지배문화로의 점진적이지만 완전한 흡수라는 점에서 동화와 다를 바 없다는 비판을 받기도 한다. 공화주의적 시민권 모형을 가진 나라들, 대표적으로 프랑스가 이러한 유형에 가장 근접하는 사례라고 할 수 있다.

둘째, 구분배제(differential exclusion)는 이주민이 임시적으로는 필요에 의해 사회의 특정 부문(특히 저기술 노동시장)에 편입되는 것을 허용하나, 시민권과 정치 참여와 같은 사회의 다른 부문으로의 접근은 통제하는 방식을 의미한다. 초청노동자(guest-worker) 프로그램이 좋은 예이다. 이주민의 유형에 따라 수용과 배제의 영역과 방식이 달라질 수 있다. 이러한 이민자 편입 방식은 선호하는 이주민(예컨대, 백인이나 전문인력 등)을 선별적으로 수용하려는 의도로 활용되지만, 현실적으로 선택적 편입은 실현하기가 쉽지 않다. 역사적으로 보아도 서유럽 백인만 수용하려던 전통적 이민국가들이나 비전문 외국인력들의 정착을 막으려는 초청노동자 제도 도입 국가들에서 구분배제의 원칙은 지속할 수 없었다.

셋째, 다문화주의(multiculturalism)적 편입모형은 이주민들이 수용국 사회의 기본적 가치에 대해 순응하면서도 그들 고유의 언어, 문화, 종교를 포기하지 않은 채 사회의 모든 영역에 동등하게 참여할 수 있게 하는 접근방법이다. 1970년대 캐나다에서 유래한 다문화주의는 이후 호주, 영국, 네덜란드, 스웨덴 등에서 채택되었다. 그러나 다문화주의적 편입모형은 국가의 역할과 관련하여 스펙트럼이 존재한다. 소극적 다문화주의는 문화다양성과 민족공동체의 존재가 공식적으로 인정되나, 소수자 문화 유지를 지원하는 것은 국가의 역할로 보지 않는다(예컨대, 미국). 한편 적극적 다문화주의는 문화적 차이를 인정할 뿐만 아니라, 소수자에게 동등한 권리를 보장해 주기 위해 정부가 적극적으로 개입하는 방식이다(대표적으로 캐나다).

이상 설명한 이러한 모형들을 특정한 나라에 적용하여 정형화하는 것에는 주의가 필요하다. 왜냐하면 이주민 편입모형은 정태적(static)이지 않으며, 심지어 한 나라 안에서도 다양한 편입모형이 공존할 수 있다(Bauböck & Rundell, 1998). 각각의 편입유형은 나름의 강점과 문제점을 지니고 있고 역사적 상황에 따라서도 변화되므로 특정 모형을 무조건 비판하거나 지지하는 것은 적절하지 않다. 예컨대, 동화모형을 비판하고 통합주의나 다문화주의적 편입모형을 정착시킨 나라들에서도 초청노동자들의 영구 정착이나 이민 후세대들의 부적응(테러 등)으로 인해 다문화주의적 모형은 상당한 정치적 반발을 사고 있다. 한 국가가 어떠한 유형(들)의 사회통합 방식을 발전시켜 왔고, 또 지향하고 있는가는 정치적, 정책적 선택의 결과이며, 그 선택은 사회변동을 반영하며 계속해서 진화한다.

3. 한국의 이주민 사회통합정책

21세기 들어 기존에 북미와 서유럽 등 성공적인 다문화주의적 공존을 달성하였다고 자부하였던 나라들에서도 이주민과 그 후손들의 사회적 고립과 주변화(marginalization)가 폭넓게 관찰되었다. 더불어 이주민(그리고 그 후손)이 관여된 테러 등의 극단화는 국내 및 국제 사회에서 이주를 정치 쟁점화하는 계기가 되었다. 동화주의적 모형을 정착시킨 국가뿐만 아니라, 다문화주의적 사회통합정책 노선을 취하였던 나라들에서도 이주민 사회통합정책의 수정과 보완이 활발히 모색되기 시작하였다. 국가마다 다소 표현과 강조점의 차이는 있을지라도 대부분 낙관적이고 소극적인 다문화주의적 입장을 폐기하고 적극적 사회통합정책을 추구하기 시작했다. 1990년대 말부터 본격적으로 이주민 유입이 가속화된 한국의 경우도 이러한 국제적 이민정책의 경향을 반영하며 이주민 사회통합정책을 수립하고 발전시켜 나가고 있다.

1) 외국인정책 기본계획의 사회통합정책

한국정부는 2008년부터 「재한외국인 처우 기본법」 제5조에 따라 5년마다 외국인 정책에 관한 기본계획을 수립하고 있다. 외국인정책 기본계획(이하 기본계획)은 2008년 제1차 기본계획 수립 시부터 "체류외국인 증가로 이민자 사회통합이 새롭게 대두되는 사회문제"로 적시되었고, 사회통합이 기본계획의 정책 목표의 하나로 설정되었다(법무부, 2008 : 8). 제2차 기본계획에서는 유럽국가들의 "다문화주의 실패선언"을 예로 들며 이민자 유입으로 발생하는 사회적 갈등을 관리하기 위한 이민자 사회통합정책의 필요성을 언급하였다(법무부, 2013 : 17). 또한 국내에서도 반다문화 현상 대두에 대한 우려와 함께 대한민국의 정체성에 대한 위기감이 증대되고 있음도 지적하였다(법무부, 2013 : 18-19). 제3차 기본계획에서는 기존 사회통합을 위한 지원에 있어 대상자별 편중이나 역차별의 문제를 지적하는 한편, 이민자의 자립과 참여, 그리고 외국인이 "사회 구성원으로서의 자질"을 갖출 것을 강조하였다(법무부, 2018 : 24).

〈표 11-1〉에서 보는 바와 같이 '사회통합'은 한국의 이민정책의 한 축으로서 지속적으로 강조되어 왔다. 그러나 이주민 사회통합에 대한 문제의식과 정책의 강조점은 조금씩 변화되고 있음을 알 수 있다. 제1차 기본계획에서는 사회통합정책의 필요성을 지적하며 이주민의 적응지원을 강조하였다면, 제2차 기본계획부터는 이주민의 자립과 자발적 통합의지를 강조하고 있고, 그런 기조는 현재 시행 중인 제3차 기본계획에서도 유지되고 있다. 한국의 이주민 사회통합정책은 정책 수립 시의 국제적 정세나 국내 환경을 반영하며 진화하고 있다고 평가할 수 있겠다. 그리고 향후 수립될 제4차 기본계획에서도 사회통합이 한국 이민정책의 키워드로 유지될 것이 확실하다.

그러나 지난 15년간의 한국의 이주민 사회통합정책의 핵심적인 요소는 다양한 이주민 집단 중에 결혼이민자와 자녀, 그리고 우수 동포와 인재 등과 같이 장기적으로(혹은 영구적으로) 체류하게 될 외국인들의 성공적인 적응을 지원한다는 것이다. 따라서 단기순환 원칙에 의해 유입되는 비전문 외국인노동자의 경우는 사회통합정책의 대상에서 대체로 배제되어 있다고 볼 수 있다. 즉, 이들은 통제나 관리의 대상이지 통합을 위한 지원의 대상은 아니라는 관점이 유지되고 있는 것이다. 이런 정책적 입장으로 인해 이주민 사회통합정책의 내용은 결혼이민자의 안정적 정착과 이민자 자녀의 원만한 성장을 위한 복지지원 위주로 구성되어 있으며, 자립과 역량강화도 소위 '다문화가족'[1]의 자립과 역량강화를 염두에 두고 있음을 알 수 있다. 한편, 다문화교육정책(학생 대상)이나 다문화 수용성 정책(내국인 대상)의 내용을 보면, 적어도 선언적 차원에서는 다문화주의적 사회통합 성격을 상당히 강하게 띤다.

〈표 11-1〉 한국 외국인정책 기본계획의 사회통합 분야 정책

구 분	제1차(2008~2012)	제2차(2013~2017)	제3차(2018~2022)
정책목표	질 높은 사회통합	대한민국의 공동가치가 존중되는 사회통합	이민자의 자립과 참여로 통합되는 사회
중점과제	• 다문화에 대한 이해증진 • 결혼이민자의 안정적 정착 • 이민자 자녀의 건강한 성장 환경 조성 • 동포의 역량 발휘를 위한 환경조성	• 자립과 통합을 고려한 국적 및 영주제도 개선 • 체계적인 이민자 사회통합프로그램 운영 • 국제결혼 피해방지 및 결혼이민자 정착 지원 • 이민배경자녀의 건강한 성장환경 조성 • 이민자 사회통합을 위한 인프라 구축	• 이민단계별 정착 지원 및 사회통합 촉진 • 이민배경 자녀 역량 강화 • 이민자 사회통합을 위한 복지지원 내실화 • 이민자의 지역사회 참여 확대

출처 : 법무부(2008; 2013; 2018)에서 저자 취합 정리.

2) 사회통합프로그램(KIIP)

외국인정책 기본계획에 따라 수립되어 운영되는 가장 핵심적인 이주민 사회통합제도로는 '사회통합프로그램(Korea Immigration & Integration Program, 이하 KIIP)'[2]

1 '다문화가족'이란 결혼이민자와 귀화자로 구성된 가족을 의미한다(「다문화가족지원법」 제2조).
2 법무부 사회통합정보망(Soci-Net, https://www.socinet.go.kr).

이다. 이 프로그램의 도입 취지는 대한민국에 체류하는 이민자가 한국사회 구성원으로 적응, 자립하는 데 필요한 기본소양을 교육을 통해 체계적으로 함양하기 위한 것이다(강동관, 2020). KIIP의 대상자는 외국인 등록증 또는 거소신고증을 소지한 합법적인 체류외국인과 귀화자이다(국적취득 후 3년 이내인 사람). KIIP은 '한국어와 한국문화'(5단계 최대 415시간) 그리고 '한국사회이해'(2단계 100시간) 두 과목으로 구성되고, 교육대상 이주민은 '한국어와 한국문화' 과목을 먼저 이수해야 한다(평가를 거쳐 개인별 맞춤 단계에서 시작할 수 있음).

법무부장관이 지정한 운영기관에서 KIIP을 이수한 이민자에게는 체류자격 및 영주권, 국적 부여 등에서 일부 시험이 면제되는 등 이민정책과 연계한 혜택을 제공한다. 사회통합프로그램 한국이민귀화적격과정 이수완료자 중 귀화용 종합평가 합격자는 귀화면접심사가 면제된다. 또한 영주자격 신청 시는 한국어 능력 입증 및 실태조사 참여 의무를 면제한다. 그 외 체류자격 신청 시에도 가점을 부여한다. 법무부는 사회통합프로그램을 표준화하고 운영기관을 확대하는 한편, 대학과 협력하여 '한국사회이해과정' 등 사회통합프로그램을 담당할 '다문화사회전문가(강사)'를 양성하기 위한 교과과정을 마련하기도 하였다(법무부, 2013 : 44).

〈표 11-2〉 사회통합프로그램 과정과 이수시간

구 분	한국어와 한국문화					한국사회이해	
단 계	0단계	1단계	2단계	3단계	4단계	5단계	
과 정	기초	초급 1	초급 2	중급 1	중급 2	기본	심화
총 교육시간	15시간	100시간	100시간	100시간	100시간	70시간	30시간
평 가	없음	1단계 평가	2단계 평가	3단계 평가	중간평가	영주용 종합평가	귀화용 종합평가
참 고	• 5단계 심화과정은 기본과정 수료(수료인정 출석시간 수강) 후 참여 • 영주 신청자 대상 영주용 종합평가 합격자는 기본과정부터 수업에 참여하고 심화과정에 참여할 수 있음						

출처 : 사회통합정보망(https://www.socinet.go.kr/soci/contents/PgmCosCopl.jsp?q_global_menu_id=S_SIP_SUB02).

법무부는 결혼이민자와 결혼이민자를 초청하려는 한국인 배우자를 대상으로 '국제결혼 안내 프로그램'을 운영하고 있다. 이 프로그램을 이수하여야만 결혼이민(F-6) 사증발급 신청절차 진행이 가능하도록 규정함으로써 위장결혼이나 결혼이민 후 부적응, 갈등 및 가족해체를 예방하려는 의도이다. 한편 방문취업(H-2)이나 외국국적동포 등 대한민국에 장기체류하려는 외국인의 초기 적응을 위해 '이민자 조기적응프로그램'이 운영된다. 여기서는 조속히 한국사회에 적응할 수 있도록 해당 외국인의 사용언어별로 대한민국의 기초 법 · 제도, 사회적응 정보 등을 제공한다.

최근 코로나19 상황으로 감소하기는 하였지만, 2009년 도입 이래로 사회통합프로그램 운영기관 및 참여자 실적은 빠르게 증가하고 있다.[3] 최근에는 일반이민자(비결혼이민자)의 참여도 증가하고 있는 추세이다. 그러나 KIIP은 주로 장기체류가 가능한 이주민을 대상에 국한된 제한된 영역의 사회통합정책으로 볼 수 있다. KIIP이 애초에 결혼이민자에 대한 기본소양 교육 강화 차원에서 기획되었기에, KIIP 이수의 혜택은 주로 영주자격이나 귀화 신청 시에 적용된다. 따라서 장기체류의 가능성이 거의 없는 외국인근로자가 수백 시간에 달하는 KIIP에 참여할 유인이 낮다. 이들은 이민자 조기적응프로그램(3시간)과 같이 매우 간소한 오리엔테이션 성격의 프로그램들만 듣고 한국사회로 편입되고 있는 실정이다.

3) 쟁점과 과제

시민권 및 이주민 편입모형을 기준으로 보면 이주민 유입국가로서 한국의 시민권 유형은 혈통을 강조하는 민족모형(ethnic model)에 가깝고, 이주민 사회통합방식은 구분배제 모형으로 평가할 수 있다(김영순 외, 2019). 그러나 앞에서 살펴본 것처럼 한국이 이주민 사회통합정책은 다양한 프로그램들로 구성되어 있으나 대상별로 성격이 상이하다. 요컨대 결혼이주여성과 다문화가족을 대상으로 하여

3 KOSIS(https://kosis.kr/statHtml/statHtml.do?orgId=111&tblId=DT_1B040A28&conn_path=I3).

서는 한국문화로의 원활한 동화(그리고 동화를 위한 지원)를, 학생이나 일반국민을 대상으로 한 정책에서는 다문화주의적 태도(수용성)를 강조한다. 한편 노동이민자 등에 관한 정책들은 대부분 체류자격에 따른 구분배제적 성격이 강하다(강수정 · 이민정, 2017).

물론 서구에서 개발된 분석 프레임이 과연 적절한가라는 비판은 논외로 하더라도, 한 국가를 특정 모형으로 정형화하거나 특정 통합모형이 우월하다는 식의 인식은 적절하지 않다. 한국의 이주민 사회통합정책의 복합적 성격은 '사회통합'에 대한 합의된 정의나 방향이 없이 각 정부부처 및 지방정부, 그리고 시민사회가 나름대로 이주민 사회통합(정책)을 이해, 구상하고 추진하기 때문에 벌어진 일이라고 보는 것이 보다 정확한 진단이라 할 수 있다(한건수, 2016b).

이런 점을 고려할 때, 후발 이민국가로서의 한국의 이주민 사회통합정책이 성공하기 위해서는 특정 사회통합모형(예컨대, 다문화주의 모형)을 무비판적으로 수용하기보다는, 사회통합의 개념과 방식에 대한 국민적 합의를 이루는 과정이 함께 진행될 필요가 있다. 즉, 과연 한국사회는 누구를 사회 구성원으로 받아들일 것인지, 선별적으로 수용 혹은 배제한다면 그 기준은 무엇이며 어떤 논리로서 정당화할 수 있을지, 그리고 이들을 '통합'한다는 것이 어떤 의미와 방향을 갖는 것인지 먼저 규정되어야 한다. 이 과정에서 중요한 점은 정치적 공동체로서 국가는 원하는 이주민을 받아들이고 원하지 않는 이주민을 거부할 권리가 있지만, 그 선택의 기준과 논리가 보편적 인권과 국제사회의 규범에서 벗어나서는 안 된다는 것이다(김규찬, 2022). 그렇지 않다면 미국 트럼프 행정부의 이민정책에서 보듯이 오히려 사회를 오히려 분열시키고 많은 부당한 고통과 정치적 반발을 낳게 된다(Blake, 2020 참조).

사회통합정책은 정책의 목적상 외국인과 내국인을 포괄해야 하기에 양방향적이며, 소수자들의 사회, 문화, 노동, 정치 등 사회 제 분야에서의 주변화를 방지해야 한다는 측면에서 다면적 · 다층적 성격을 가진다. 그러므로 단순히 현재 법무부에서 시행하는 몇몇 교육 프로그램으로서 이주민 사회통합을 이룰 수는 없다. 선주민과 이주민이 사회적으로 분리된 채 살아가는 소위 '평행적 삶(parallel lives)'의 방식은 설령 갈등이 없다 하더라도 통합된 사회의 모습이라고 볼 수 없다. 다양성을 가진 사회 구성원이 조화롭고 활발하게 교류하고 상호작용하는 사회가 되기 위해서는 하나의 독립된 정책 영역으로서 '이주민 사회통합정책'을 구성하려는 시도는 적절하지 않을 수 있다. 이런 방식의 접근은 이주민을 복지 대상화하며 이들을 '특별히' 지원하는 것은 사회적 반감을 불러올 수 있다. 모든 사회 구성원을 대상으로 하는 사회(복지)정책, 노동정책, 교육정책 등 기존 정책 영역들 안에서 이주민들이 차별받지 않게 하는 것이 우선이며, 특별한 욕구가 인정되는 부분에서 보완적 지원정책을 마련하는 방향이 바람직하다고 판단된다.

Discuss

1. 이주민을 사회적으로 통합한다는 것이 과연 무엇을 의미하는지 토론해 보라.
2. 한국의 사회통합모형이 '구분(차별)배제'라는 주장에 대해 비판적으로 논의해 보라.
3. 비전문이주노동자의 경우처럼 제한된 기간만 체류하는 이주민들도 사회통합정책의 대상이 되어야 하는가?

CHAPTER 12

이민과 국제협력

1. 이민분야 국제협력의 배경과 의의

2. 이민분야 국제협력의 실제

3. 한국의 이민분야 국제협력

CHAPTER 12 이민과 국제협력

이 장에서는 이주(민)와 관련한 국제적 협력 노력에 대해 살펴본다. 이민관리는 일차적으로 국내 정치 및 정책의 관심이지만, 국경을 넘는 이주는 필연적으로 초국가적 수준의 관심과 협력을 요구하는 쟁점을 만들어 내게 된다. 여기서는 먼저 이민분야 국제협력의 배경과 중요성에 대해 고찰하고, 이어 글로벌 수준과 지역 수준에서의 국제이주 협력 사례를 살펴본다. 끝으로 한국의 이민정책에서 국제협력 분야의 내용과 쟁점에 대해 논의한다.

1. 이민분야 국제협력의 배경과 의의

국제이주는 한 국가에서 다른 국가로의 지리적 이동임과 동시에 정치적 소속의 변경이기도 하다. 이 과정에서 송출국은 인구를 잃게 되고 유입국은 새로운 노동력과 나아가 국민을 얻게 된다. 인구 유출로 인한 경제적 손실이나, 새로운 인구 유입으로 인해 야기되는 인종적 · 문화적 다양성의 증가 및 정치적 긴장은 우선적으로 개별 국가가 손익을 따져 결정해야 할 몫이다. 이런 관점에서 본다면 이주는 송출국과 유입국 간의 제로섬 게임과 같으며, 이주에 관여되는 국가들은 협력의 파트너라기보다는 경쟁의 대상으로 여겨진다. 따라서 이주에 관해 초국가적으로, 심지어 글로벌 수준에서 '협력'한다는 것은 매우 모순적으로 들린다(이진영, 2016b). 그러나 효과적인 국제협력 없이는 이민(자)과 관련한 국제사회 문제에 대응하기 어렵고, 개별 국가의 이민관리 노력도 한계에 부딪힐 수 있다. 이런 이유로 국가별 입장 차이가 존재하지만 국제이주(민)에 관한 국제협력은 국가 이민정책의 한 영역으로 포함되고 있다.

이민분야 국제협력의 중요성은 '이주의 세계화'와 '이주의 정치화'라는 국제이주의 두 가지 핵심 경향을 배경으로 이해될 수 있다(de Haas et al., 2020 참조). 먼저 이주의 세계화(the globalization of migration)란 점점 더 많은 나라들이 국제이주에 의해 중대한 영향을 받는다는 것을 의미한다. 최근 세계인구 대비 이주민의 비중은 약 3%로 거의 일정하게 유지되고 있지만 대륙 간(inter-continental) 원거리 이주의 증가세는 뚜렷하다(IOM, 2010; 2022). 사회적 변화와 경제적 발전에 힘입어 글로벌 이주(emigration)가 발생하는 국가가 되거나, 새롭게 이주민을 수용하는 국가로 변모하는 경우도 늘어나고 있다. 기존의 이민(수용)국가들은 갈수록 다양한 출신국가들로부터 폭넓은 사회, 경제, 문화적 배경을 가진 인구를 받아들이고 있다(Vertovec, 2007). 이제 국제이주의 흐름과 영향으로부터 완전히 단절된 국가는 사실상 없다고 해도 과언이 아니다. 냉전 이후 이주와 관련한 국제협력 움직임은 이주의 전 지구화된 흐름의 결과이다.

한편 이주의 정치화(the politicization of migration)는 국내정치 및 국제관계에서 국제이주가 미치는 영향력이 커지고 있는 경향을 의미한다. 이주는 본질적으로 국가(국민) 정체성과 주권(sovereignty)의 약화 문제와 관련되기 때문에 정치적으로 민감한 이슈이다. 최근에는 테러와 같이 직접적인 안보 위협, 경기침체 상황에서의 일자리 경쟁, 그리고 사회보장제도에 가해지는 부담 등이 부각되면서 소위 '이주의 안보화(the securitization of migration)' 경향이 함께 진행되고 있다. 특히 2000년대 들어 분쟁지역으로부터 유입되는 대규모 난민 및 비호신청자(asylum seekers) 유치 · 보호 문제는 국내 · 외 정치무대에서 이주의 정치화와 안보화를 심화시키고 있다. 이런 경향은 서구의 기존 이민국가에만 국한된 것은 아니다. 한국과 일본 등 새롭게 이민정착국으로 변모한 나라들의 경우 아직 전체 인구구성에서 이주민 비중이 높지 않은 상황이라 이민문제가 본격적으로 정치 쟁점화하지는 않고 있지만, 이주(민) 이슈가 정치 쟁점화할 가능성이 언제나 잠재되어 있다. 실제 한국에서도 이주민 증가로 인한 국민들의 민족적 동질성(ethnic homogeneity) 약화 우려, 범죄를 포함한 사회문제의 증가에 대한 두려움, 노동시장 침해나 사회보장 부담에 대한 거부감 등을 정치적으로 이용하려는 정치인들이 종종 발견된다.[1]

이주의 세계화와 정치화 경향하에서, 모든 국가들은 국제이주(민) 증가를 주권과 안보를 위협할 수 있는 것으로 인식하고 강력하고 효율적인 이민관리를 추구한다. 하지만 개별 국가의 정책적 능력만으로는 국제적 인구이동을 완벽히 통제할 수 없는 상황이다. 교통 · 통신의 발달에 힘입어 국제적 인구이동은 갈수록 용이해지고 활발해지고 있다. 인구와 함께 자본과 문화, 그리고 심지어 범죄와 질병도 활발하게 이동하고 있다. 최근 코로나19 사태에서 경험하듯이, 상호 연결되고 의존된 국제사회에서 각 국가가 이주의 흐름을 의도대로 통제하는 것은 거의 불가능에 가깝다. 또한 모든 이민(수용)국가는 실질적으로 많은 수의 자국민을 해외로 이주 보내기도 하기 때문에 상호주의적 관점에서 정책 결정을 할 수밖에 없다. 경제적 이주의 경우는 그나마 국가의 선별적 이민정책이 효과적으로 작동할 수 있을지 모르지만, 인도주의적 접근이 요구되는 난민 보호의 문제는 이민을 통한 국익추구라는 관점을 넘어서는 이슈이다.

요컨대, 최근의 국제이주의 경향과 세계화 추세는 이주의 흐름과 영향을 매우 복잡하게 만들었고, 이민관리에 대한 개별 국가의 정책 역량을 적어도 일정 부분 제약하고 있다. 동시에 이주 문제의 복잡성은 효율적 이민(자) 관리와 보호를 위한 국제적 공조를 요구한다. 그러나 이민분야 국제협력은 그 당위성에도 불구하고 상당한 현실적 어려움을 이미 내포하고 있다. 양자(송출국과 수용국) 간의 경제적 격차와 정치 · 문화적 차이는 이민자 활용과 보호에 있어 이해관계 충돌 가능

1 관련 기사로는 한겨레(https://www.hani.co.kr/arti/politics/assembly/898504.html).

성을 의미한다. 또한 지역적 차원과 글로벌 차원에서도 강대국과 약소국 간, 인도주의적 행위자들과 신자유주의적 (경제 · 개발)국제기구 간의 입장 차이가 존재할 수밖에 없다. 모든 협력관계가 그러하듯이 국제적 이민협력도 권리 부여와 책임 분담이 중요한데, 그 어떤 이민 관련 이슈에서도 이에 대한 국제적 합의점을 찾기 쉽지 않다.

2. 이민분야 국제협력의 실제

이민협력의 기본적 형태는 송출국과 유입국 간의 양자적 협력이다. 그러나 이민 이슈에 대한 초국가적 협력이 필요하다는 공감대는 다자적 국제협력 거버넌스 구축 노력으로 이어졌다. 글로벌 차원에서는 국제기구, 협약, 포럼 · 회의체 등의 형태로 국제이민 협력이 추진되어 왔다(이진영, 2016b). 이와 더불어 정체성과 이해관계를 공유하는 특정 지역을 기반으로 하는 이민협력 노력도 다양한 방식과 수준으로 전개되고 있다. 다음에서는 그 몇몇 사례를 살펴본다.

1) 글로벌 수준의 이민협력

현재 국제이주 분야에서 이민 관리, 이주민 보호, 국제협력 활동 등을 전반적으로 관리하고 책임지는 UN(United Nations, 국제연합) 산하의 공식(governmental) 기구는 없는 상태이다(이남철, 2020). 다만, 국제이주 분야에서 특별한 대상이나 이슈를 다루는 국제기구들이 존재하며, UN은 이들과 긴밀히 협조한다. 먼저, UNHCR (United Nations High Commissioner for Refugees, UN 난민기구)은 1949년 UN 총회에서 창설되었으며, 난민을 보호하고 난민 문제를 해결하기 위해 국제적인 조치를 주도하고 조정하는 역할을 하고 있다. UNHCR은 창립 초기에는 제2차 세계대전 이후 유럽에서 발생한 대규모 난민 사태에 대응하기 위한 한시적 성격의 기구였다. 그러나 현재까지도 난민위기가 해소되지 않으면서 비호신청자 보호, 자발적 본국 귀환 지원, 현지 적응이나 제3국 재정착 지원 등 난민의 권리와 복지 향상을 위한 역할을 수행하고 있다.

다음으로, ILO(International Labour Organization, 국제노동기구)는 노동문제를 중점으로 다루는 UN의 전문기구이다. 따라서 ILO는 노동이민 및 불법체류자를 포함한 이주노동자 문제에 관여한다. ILO는 1990년 UN 총회에서 의결된 「이주노동자와 그들의 가족의 권리 보호에 관한 국제협약(International Convention on the Protection of the Rights of All Migrant Workers and Members of their Families)」 초안 작성에 기여하였다(이남철, 2020). 이 협약의 목적은 UN의 여러 인권 관련 협약과 함께 ILO 헌장에서 제시된 바, 모든 노동자들이 본국에서뿐만 아니라 이주국에서도 인간답고 평등한 처우를 받을 권리를 인정하고 보호하기 위한 것이다. 총 9부 93조로 이루어진 이 협약의 주요 내용은 자유로운 취업목적 이주와 귀환의 권리, 이주노동자와 가족들에 대한 인도적인 처우를 받을 권리, 양심과 표현의 자유 등 기본권적 자유권, 법적 평등과 고용 조건 등에서 비차별적 대우를 받을 권리, 사회보장에 접근할 권리 등이다. 이 협약은 난민 외의 이주민의 권리와 처우에 관한 쟁점이 국제협약으로 공식화된 첫 사례라는 점에서 의의가 있다(이진영, 2016b). 그러나 이 협약은 2003년까지 시행되지 않았고, 2018년 10월까지 193개 UN 회원국 중 고작 54개국만 이 협약을 비준했으며, 그들 대부분은 이주노동자를 송출하는 개발도상국들이었다(de Haas et al., 2020). 인도, 중국, 브라질 등 주요 이민송출국들도 협약에 서명하지 않고 있고, 한국을 포함한 대부분의 이민유입국들은 협약 가입을 거부하고 있다.[2] 이 협약의 부진한 성과는 향상된 국제이주 거버넌스를 구축하는 것을 가로막는 핵심적인 방해물이 이민 송출국과 유입국 사이의 상반된 이해관계의 산물이라는 점을 잘 보여준다. 드 하스 등(de Haas et al., 2020)에 따르면, 일부 이주노동자 송출국 정부는 해외로 이주한 자국 노동자의 권리를 보호하는 데 크게 관심이 없기도 하지만, 그보다는 자신들보다 부강한 정착국을 상대하여 협상력이 취약하기 때문에 이주노동자의 권리 보장을 강하게 요구하는 것을

2 UN(https://treaties.un.org/Pages/ViewDetails.aspx?src=IND&mtdsg_no=IV-13&chapter=4).

망설인다. 반면 이주노동자 수용국들은 협약에서 요구하는 대로 개방적이고 자유주의적인 이민레짐(migration regime)을 택했을 때 이민정책 운용에 있어 국가의 자율성이 약화될 것을 우려한다.

끝으로, IOM(International Organization for Migration, 국제이주기구)은 1951년 설립된 이후 이주 분야에서 가장 선도적인 국제협력 기구로서 역할을 해 오고 있다. IOM은 UN 기구는 아니지만, '관련 조직(related organization)'의 지위로 UN 시스템의 한 부분을 구성하고 있다. IOM은 "인간적이고 질서 있는 이주(humane and orderly migration)가 이주민과 사회에 이롭다"[3]는 믿음을 실현하는 데 헌신한다. IOM의 주요 역할은 이주민 인권 보호 및 (위기)이주민에 대한 서비스 제공, 이주 관련 문제 해결을 위한 정부 간, 기구 간, 이해당사자 간 협력 촉진, 전문적인 자문·연구·기술 지원 등이다(이진영, 2016b). IOM(2016 : 2-3)은 질서 있고, 안전하고, 합법적이며 책임 있는 이주와 계획적이고 잘 관리되는 이민정책을 촉진하기 위한 필수적인 요소로서 '이주 거버넌스 프레임워크(Migration Governance Framework)'를 제안한 바 있다. 이 프레임워크의 원칙은 첫째, 국제적 기준에 부합하는 이주민의 권리 보호, 둘째, 증거에 기반하고 범정부(whole of government)적 접근을 통한 정책 형성, 셋째, 이주 및 관련 이슈에 대응하기 위한 파트너들과의 협력이다. 이를 통해 달성하고자 하는 목표는 이주민과 사회의 사회경제적 안녕(well-being)을 향상시키고, 이주와 관련한 위기에 효과적으로 대처하며, 안전하고 질서정연하며 존엄한 방식으로 모든 이주가 이루어지게 하는 것이다.

2001년 이후 국제이주 거버넌스 담론은 국제이주 전반을 관리하는 메커니즘을 구축하는 데 초점이 맞춰져 있다. 물론 이 과정에서 인권, 환경 등 보편적 국제규범의 실현이 언급되지만, 글로벌 이주 거버넌스 구축의 목적은 이주가 송출국과 정착국의 상호적 발전에 기여할 수 있도록 하겠다는 것이다(김남철, 2020). 국제이주를 통한 국익 추구 전략은 소위 '이주와 개발의 연계(migration-development nexus)' 접근에서 가장 잘 드러난다. 이주가 유입국의 부족한 노동력을 메우는 데

3 IOM(https://www.iom.int/mission).

그치는 것이 아니라, 이주민과 송출국의 사회 · 경제적 발전에 기여할 수 있다는 것이다. 이런 관점에서는 개발도상국이 자국민의 이주를 억제하는 대신 정착국에서 인적자본을 축적한 후 자발적으로 귀환하고 재통합되는 것이 중요하다. 이 일련의 과정에서 필요로 하는 교육, 자문, 송금관리 등 일련의 정책적 지원이 강조된다(박홍순 외, 2015). 이러한 이주-개발 연계 논의는 UN이 강조하는 지속가능한 개발의 이상과 맥을 같이하기 때문에 널리 지지받는다(이진영, 2016b). UN 총회는 2006년에 처음으로 국제이주와 개발에 관한 고위급 회담을 개최했다. 이 회담에서 이주와 개발 이슈를 UN 회원국들이 논의할 수 있는 포럼, 즉 '이주와 개발에 관한 글로벌 포럼(GFMD : the Global Forum on Migration and Development)'이 발족되었다.

세계화는 국제기구의 강화와 함께 진행되어 왔다. 그러나 무역 분야의 WTO, 금융 분야의 IMF, 경제개발 분야의 World Bank의 경우와는 달리, 이주 분야의 국제협력 기구의 위상과 영향력은 그만큼 강하지 못하다. 앞에서 살펴본 대로 UNHCR, ILO, IOM과 같은 특수한 임무를 띤 기구들이 있긴 하지만 어떤 기구도 현저한 변화를 가져올 만큼의 책임성, 능력 및 권위(authority)를 가지고 있지 않다(이남철, 2020; de Haas et al., 2020). 이런 한계는 국제이주에 관여하는 국가들 간의 첨예한 이해관계 대립에 기인한다. 이런 국가 간의 입장 차이는 UN이 2018년부터 추진하고 있는 최초의 포괄적 이주분야 국제협력 이니셔티브(initiative)인 GCM(Global Compact for Migration) 추진 과정에서도 여실히 드러난다.[4]

2) 지역기반 이민협력

국제이주 거버넌스가 국제 무대에서 본격적으로 주목을 받기 시작한 것은 1980년대에 이르러서였다. 이때부터 이주에 대한 각종 국제회의가 활발하게 개최되기 시작하는데, 이것은 몇몇 부국들을 중심으로 한 경제적 통합과 관련되어

4 IOM(https://www.iom.int/global-compact-migration).

있다(de Haas et al., 2020). 즉, 자유경제구역 설정 등의 경제 통합 논의 과정에 이주에 관련한 이슈들이 포함되기 시작한 것이다. EU, ASEAN, ECOWAS,[5] Mercosur[6]와 같은 지역협의체의 결성은 지역 내의 자유로운 이동 보장과 같은 이주에 관한 초국가적 협력을 가시화하는 중요한 토대가 되었다. 여기서는 EU와 ASEAN의 사례를 살펴본다.

(1) EU(European Union, 유럽연합)의 사례

EU는 가장 높은 수준의 국제이민협력을 달성한 지역공동체이다. 오늘날 EU의 모태가 되는 유럽경제공동체(EEC)를 출범시킨 1957년 '로마조약(Treaty of Rome)'은 조약 체결국 내 상품과 자본 및 서비스와 더불어 '사람'의 자유로운 이동을 명문화하였다. 1985년 룩셈부르크 남부 솅겐에서 독일 · 프랑스 · 네덜란드 · 벨기에 · 룩셈부르크 등 5개국이 처음으로 체결하고 1995년부터 효력이 발생한 '솅겐협정(Schengen agreement)'은 협정 가입국[7] 간 무비자 통행을 규정한 조약으로, 공동의 출입국관리정책을 통한 역내 자유로운 이주를 실현시킨 기념비적 합의이다. 한편 1990년 체결되고 1997년 발효된 '더블린 협정(Dublin Regulation)'은 유럽으로 유입되는 난민의 망명 처리 원칙을 규정한 조약으로, 제3국(조약 가입국이 아닌 국가)의 국민이나 무국적자가 조약 가입국에 국제보호 신청(난민 지위 신청)을 하는 경우 난민들은 처음 입국한 국가에서 난민 자격 심사를 받아야 한다는 내용이 골자이다.

EU 회원국 간의 통합 및 정책 협력의 수준을 획기적으로 높인 계기가 된 조약은 흔히 '마스트리히트 조약(Maastricht Treaty)'으로 알려진 '유럽연합조약(Treaty on European Union)'이다. 이 조약은 1992년 합의되어 1993년부터 발효되었는데, 단

5 서아프리카 국가 경제 공동체(Economic Community Of West African States)는 회원국 간 경제 통합과 지역 안정, 인적 왕래 자유화, 역내 무관세 통관 등 EU 수준의 경제 통합을 목표로 1975년 창립된 지역협정이다.

6 Southern Common Market의 스페인어 약어로서, 남미지역에서의 자유무역과 관세동맹을 목표로 1991년 창설된 결성된 경제공동체이다.

7 솅겐협정 가입국은 독일, 프랑스, 이탈리아를 포함한 유럽 26개국으로서, EU 회원국의 범주와 일치하지는 않는다.

일 통화(currency), 공동의 국경 · 안보 관리, 유럽연합 시민권(a citizenship of the union)' 개념 등을 도입함으로써 EU가 초국가주의적 지역통합의 성격을 띠게 되는 실질적인 토대를 제공했다. '마스트리히트 조약'에서 정한 유럽 통합의 이상을 실현하기 위한 후속조치의 성격을 띠고 1997년 체결된 '암스테르담 조약(Amsterdam Treaty)'에서는 안전 · 안보에 관한 이슈를 포함한 구체적인 이민협력의 방향과 내용이 규정되었다(이진영, 2016b).

EU는 느슨한 경제적 협력 관계에서 출발해 국가 수준을 넘어서는 기구가 실효적인 입법권과 사법권을 가진 역사상 유례를 찾기 힘든 지역공동체로 발전해 왔다. 여러 초국가적 입법을 통해 EU 국민은 역내의 자유로운 이동, 거주, 취업을 보장받게 되었다. 그 결과 (유럽)내부의 이동 장벽이 거의 제거됨에 따라, EU 국가들의 국경관리와 이민정책의 관심은 점차 외부인에 대한 통제로 옮겨갔다(de Haas et al., 2020). 2015년 이후 격화된 난민위기, 영국의 EU 탈퇴 등에서 드러나듯이, EU가 꿈꾸는 하나의 유럽, 자유로운 이동 등에 대한 이상은 기대보다 취약하고 위태롭게 지탱되고 있다.

(2) ASEAN(Association of South East Asian Nations, 동남아 국가 연합)의 사례

아시아(Asia)는 지구상 가장 큰 대륙이며 가장 많은 인구를 가진 대륙이기도 하다. 아시아는 중동지역, 중앙(서북부)아시아, 동남아시아, 그리고 한중일로 대표되는 동아시아 국가들을 아우르는 광대하고 인종적 · 문화적 다양성이 큰 지역을 포괄한다. 2019년 기준으로 세계 2.7억 이주민 중 8,400백만 명이 아시아에 거주하고 있어, 유럽과 함께 가장 많은 수의 이주민이 거주하는 지역이기도 하다(IOM, 2020 : 24). 주로 중동국가들(대표적으로 사우디아라비아, UAE)이 인구 대비 높은 비율로 이주민을 보유하고 있다. 동시에 아시아는 대표적인 이민송출지역으로서, 중국이 세계에서 3번째, 파키스탄은 6번째, 필리핀은 9번째로 많은 수의 이주민을 해외로 내보내고 있다(IOM, 2020 : 26). 한편 한국과 일본 등 동아시아

일부 국가들은 최근에 이주민 수용국으로 전환된 나라들로서 상대적으로 적은 수의 이주민이 거주하고 있다.

국제이주에 있어서 아시아의 다면적인 중요성에도 불구하고, 유럽과 비교하여 아시아 지역의 이민협력은 초보적 수준에 머물고 있다(이진영, 2016b). 아시아 전체를 아우르는 정부 간 다자 기구가 존재하지 않고, 경제적 협력 노력도 미미하다. 이것은 아시아의 지리적 · 인종적 · 문화적 다양성, 제국주의 역사로 인한 정치적 반감, 경제력과 민주화 수준에서의 큰 격차 등으로 인해, 실질적 협력은 고사하고 대화의 상조자 마련하는 것이 쉽지 않기 때문이다. 또한 아시아 출신 이민자 대부분이 역외(북미나 유럽)로 이주하고 있는 상황에서 아시아 역내 이민협력은 한계가 있을 수밖에 없다.

그나마 동남아시아 국가들은 ASEAN을 중심으로 다자적 이민협력을 진전시켜 나가고 있다.[8] ASEAN의 기본 규범인 '아세안 헌장(ASEAN Charter)'은 아세안 공동체를 "하나의 비전, 하나의 정체성 그리고 서로 돌보고 공유하는 공동체(One Vision, One Identity and One Caring and Sharing Community)"로 규정하고, "아세안 시민의 안정적이고 평화로운 삶, 경제적으로 윤택한 삶, 역량 있는 아세안 시민으로서의 삶을 향유하기 위한 지역협력체"로서의 역할을 명시하였다.[9] 구체적으로 이주문제와 관련해서는 기업인과 숙련 · 전문인력의 자유로운 이동, 초국적 범죄에 대한 공동 대응, 인권증진과 인적자원 개발을 협력의 과제로 설정하고 있다(조영희 · 최경희, 2020).

일부 아시아 국가들의 이민변천이 진행되면서 아시아 역내 이주의 규모가 증가하고 있는 만큼 ASEAN을 넘어선 지역 이민협력의 중요성이 커지고 있다. 특히 한국은 아세안 국가들로부터 많은 수의 이주민을 수용하고 있는 만큼, 송출국과의 양자 협력과 함께 ASEAN과의 다자적 이민협력을 강화할 수 있는 여지가 크다.

---

8 현재, ASEAN 회원은 10개국(라오스, 말레이시아, 미얀마, 브루나이, 베트남, 싱가포르, 인도네시아, 캄보디아, 태국, 필리핀)이다.

9 ASEAN(https://asean.org/about-asean/asean-charter/).

3. 한국의 이민분야 국제협력

국제협력은 한국정부에게 낯선 주제가 아니다. 한국는 정부 수립 후 2021년까지 총 3,418건(다자 조약 726건)의 국제조약을 체결·발효하였다. 이 중 2011년 이후에 체결된 조약만도 672건에 달할 정도로 다양한 영역에서 국제사회와 활발히 교류·협력하고 있다.[10] 또한 「대한민국헌법」 제6조 제1항에 의거 국제법규의 국내 효력이 폭넓게 인정되고 있다. 그럼에도 불구하고, 국제이주 분야의 협력은 최근에서야 주목을 받기 시작한 주제이다. 다음에서는 한국의 이민정책에서 국제협력 분야의 내용을 살펴보고, 관련 쟁점과 발전 과제에 대해 논의한다.

1) 외국인정책 기본계획에 따른 국제협력 정책

외국인정책 기본계획에는 2008년 제1차 수립 시부터 현재까지 국제협력에 관한 내용이 포함되었다. 정책의 추진 방향은 크게 국제 이민(협력)레짐 참여와 이민자의 자발적 귀환 촉진을 위한 양자 협력 강화이다(이진영, 2016b). 그 외에도 국경관리 및 국제범죄 관리를 위한 공조, 재외동포 와의 교류·협력 강화 등의 내용이 포함되어 있다. 현재까지 국제협력 정책의 내용이 조금씩 보완 및 확장되었는데, 시기별 주요 변화는 다음과 같다.

제1차 기본계획(2008~2012)에서는 이민행정의 핵심 요소인 국경관리 강화 측면에서 국제협력의 방향이 설정되었다. 인터폴의 도난·분실여권(SLTD) 정보와의 연계, 요주의 인물의 입국 차단을 위한 RMAS(Regional Movement Alert System) 가입이 추진되었다(법무부, 2008). 이는 첨단기술 및 정보망을 통한 초국가적 범죄행위 대처를 목적으로 하는 기초적인 수준의 국제이민 협력이라 할 수 있다. 한편 해외 이민당국과의 양자 협력체계 구축에 관한 언급이 있었지만, 글로벌 (이민)거버넌스 참여 방안은 이민분야 국제회의 참여 확대 정도로 소극적인 내용만 담겼다(법무부, 2008).

10 외교부 조약과(http://www.mofa.go.kr/www/wpge/m_3832/contents.do).

제2차 기본계획(2013~2017)부터는 국제협력에 관한 정책과제를 '협력 : 국제사회와의 공동발전'으로 분리 제시하였다(법무부, 2013). 이민자 송출국 및 국제기구와의 국제협력 강화를 통해 이민자의 자발적 귀환 유도 및 성공적인 본국 재정착 지원체계 구축에 관한 내용이 포함되었다. 이와 관련해 주요 송출국가인 "개발도상국과의 공동번영을 고려하는 이민정책 추진"을 언급하면서, '이민-개발 연계' 관점이 제시된 것은 주목할 만하다(법무부, 2013 : 83). 또한 체계적 난민심사 시스템 구축과 국내 정착지원을 강화함으로써 국가 위상에 부합하는 난민정책을 추진하겠다는 목표가 포함되었다. 더불어 외국국적동포의 자유로운 출입국과 귀환지원을 통한 동포사회와의 교류 및 협력을 강화하겠다는 내용이 국제협력 분야에서 제시되었다.

제3차 기본계획(2018~2022)에서는 '협력에 바탕한 미래 지향적 거버넌스'라는 목표 아래, 자발적 귀환 및 인재 양성 관련 협력 강화와 글로벌 (이민)거버넌스 참여 활성화가 강조되었다(법무부, 2018). 제2차 기본계획에서와 마찬가지로 이민 관련 국제협력의 목적은 자발적 귀환과 본국 재정착 지원에 초점이 맞추어져 있다. 송출국별 불법체류 규모나 귀국 촉진 노력과 도입(허가) 규모와 연계함으로써 송출국의 책임성을 강화하는 한편, 자발적 귀환자를 위한 직업훈련, 귀국비용 지원 등의 인센티브도 제공한다. 글로벌 (이민)거버넌스 참여 활성화와 관련하여서는 이민 관련 국제기구 회의 및 협의체 참석을 통한 다자간 협력체계 참여와 함께, 주요 송출국 정부와의 인적 교류, 핫라인 구축 등의 양자 협력 강화 방안이 제시되었다.

한편 난민 관련 국제협력 방안은 보다 구체적이다. 난민에 관한 내용을 '인권과 다양성이 존중되는 정의로운 사회'라는 정책 범주에 포함시키고, 난민정책을 이민자 인권보호, 문화다양성 제고, 동포와의 교류 등의 과제와 함께 다루고 있다. 난민정책의 추진 방향을 '국제사회의 공감'으로 설정함에 따라, 난민위기에 대한 국제적 공조에 적극적으로 참여하겠다는 의지를 밝히고 있다. 예컨대, 국내법을 통한 재정착(희망)난민 수용 협조, 난민에 대한 글로벌 컴팩트(Global Compact on Refugees) 등 난민 이슈를 다루는 국제 협의에 적극 참여, 한국-유엔난민기구 정책협의회 정례 개최 등 아시아 지역 내 난민정책 선도국가로서 영향력을 강화하겠다는 방침을 밝히고 있다.

2) 쟁점과 과제

이주의 세계화 및 정치 · 안보화 경향 속에서 이제 이민은 국내 · 외 정치에서 중요한 변수로 등장하였다. 테러, 난민문제, 밀입국 · 인신매매, 두뇌유출과 경쟁, 돌봄위기와 글로벌 케어 분업 등의 현상은 국내 사회변동이나 사회문제가 어떻게 이주라는 기제를 통해 글로벌화 및 국제문제화하는지를 명백히 보여준다(de Haas et al., 2020; Deacon, 2007; Yeates, 2012). 이러한 변화는 이민정책의 내용적 범위와 차원의 확장을 요구한다. 달리 말해, 이제 이민정책은 기존의 출입국 및 체류관리 정책의 범위를 넘어설 필요가 있고, 개별 국가 범위를 넘어서 글로벌 차원에서의 다양한 국제이민 협력 노력이 필요하게 되었다(이진영, 2016b).

드 하스 등(de Haas et al., 2020)이 지적하듯이, 국가는 언제나 이주 통제에 어려움을 겪는다. 그러나 세계화와 경제적 탈규제화에 대한 요구가 어느 때보다 거센 상황에서 외국인의 유입과 체류를 조절하려는 시도는 상당한 저항에 직면해 있다. 그럼에도 불구하고 개별 국민국가는 관련 법제도와 외교적 노력을 통해 이민이 국익 향상에 기여하도록 하겠다는 매우 정당한 목표를 포기할 수는 없다. 비록 과거와 같이 비민주적이고 강압적인 출국통제(exit control)를 시행하는 것은 불가능해졌고 바람직하지도 않지만, 유입되는 이민자의 유형과 규모를 결정하고, 유입된 이주민이 국내법의 테두리 안에서 합법적으로 거주하고 일하다가 자발적으로 귀환하도록 유도하는 것은 자유 · 민주주의 정부의 정당한 역할이다(김규찬, 2022). 다만, 이제 이러한 이민정책의 목표를 달성하기 위해서 어느 때보다 수준 높고 집중적인 양자 간, 지역적 그리고 국제적 협력 노력을 필요로 한다는 것이다.

한국정부는 이주의 형태나 규모 그리고 관련 쟁점이 다양화되고 있는 상황에서 이민정책의 국제정책적 요소가 강화될 필요성은 인식하면서도, 국제협력과 이민정책을 연계하는 데 있어 초보적인 수준에 머물고 있는 것이 사실이다. 양자 협력 측면에서는 이미 고용허가제 운용을 위한 송출국 정부와의 실질적 협력이 이루어져 왔다. 그러나 이주를 통한 송출국과의 공동번영이라는 목표를 달성하기 위해서는 체류 이주민의 활용이나 자발적 귀환 유도 정책을 넘어, 한국의 성공적 경제개발이나 민주화 등 순기능적 '사회모델'을 송금할 수 있는 수준의 협력을 기대해 본다(Collier, 2013 참조).

한편 한국정부의 다자적 이민협력 정책은 여전히 국제회의 참석을 통한 어젠다 및 인식 공유 수준에 머물고 있다(이진영, 2016b). 글로벌 (이민)거버넌스에 공식적으로 참여하고 있는 분야는 난민레짐뿐이라 할 수 있다(이남철, 2020). 이는 정부가 난민 관련 국제협약에 가입해 있을 뿐만 아니라 국내법(「난민법」)을 통해서 이를 제도화하였기 때문에 가능해진 것이다. 그러나 한국의 경제적 수준이나 국제정치에서의 위상을 생각할 때, 난민보호 분야조차도 책임분담의 수준이 높다고 할 수는 없다. 이후 수립되는 한국의 외국인정책 기본계획에서는 이민 국제협력 정책의 대상과 내용이 기존의 난민보호, 재외동포와의 교류 · 협력, 이주노동자 귀환촉진을 넘어 이민을 매개로 한 송출국과의 상호발전으로 확장되고, 글로벌 다자 협력체계에서도 한국의 참여 범위와 역할이 강화되는 내용이 담기기를 기대해 본다.

Discuss

1. 이주분야 국제협력이 필요한 이유와 협력을 방해하는 요인들에 대해 토론해 보라.
2. '이주와 개발의 연계'의 개념을 이해하고, 사례를 통해 그 유용성과 한계에 대해 토론해 보라.
3. 한국정부가 글로벌 난민위기 완화나 이주민(노동자 포함) 권리보호를 위해 국제사회에서 어떤 역할을 할 수 있는지 의견을 제시해 보라.

CHAPTER 13

사회변동과 이민정책의 미래

1. 이주와 안보

2. 이주와 인구

3. 이민정책의 미래

CHAPTER 13 사회변동과 이민정책의 미래

이번 장에서는 최근 국제이주와 관련하여 대두되고 있는 핵심적인 이슈와 이민정책의 미래에 대해 논의한다. 먼저 이민 수용국에서 테러, 범죄, 난민과 관련한 안보 이슈가 어떻게 이민정책 및 이민정치에 영향을 미치는지 살펴본다. 다음으로 한국을 포함한 산업화 국가들의 공통적인 사회변동이라 할 수 있는 인구학적 위기와 이에 대한 대응으로서 이민정책의 효용성에 대해 토론한다. 끝으로 국제이주에 대한 전망과 한국 이민정책의 미래를 생각해 보는 것으로 이 책의 결론을 대신하고자 한다.

1. 이주와 안보

수용국 사회 입장에서 이주민의 대규모 유입과 정착은 장기적으로 사회적, 문화적, 정치적 구조를 근본적으로 변화시키는 원인이 될 수 있다. 이주민은 정착 사회에서 정당한 기회와 권리를 요구하고, 내국인과 일자리, 주택, 사회복지의 혜택을 두고 경쟁할 수 있다. 대부분은 빠르게 혹은 서서히 주류사회에 법적·문화적으로 동화되겠지만, 일부는 자신의 고유한 삶의 방식(언어, 종교, 관습 등)을 유지하는 선택을 함으로써 문화적으로 고립되거나 충돌을 야기할 수 있다. 이 경우 이주민은 국가 · 국민 정체성에 대한 위협이나 사회적 분열을 초래하는 존재로 인식되면서 차별과 배제를 당하거나 사회통합에 상당한 어려움을 겪을 수 있다. 이런 현상은 새로 이주한 사람들에게만 해당하는 것이 아니라, 장기체류 끝에 정착국의 국적을 취득한 이주민들이나 현지에서 출생하고 성장한 이주민 자녀 세대들에게도 발생할 수 있다. 이주와 관련하여 야기되는 긴장과 갈등은 단순히 정서적 · 문화적 이질감이나 경제적인 부담 수준을 넘어, 폭력적 충돌이나 테러리즘과 같은 심각한 안보(security) 문제와 연결되기도 한다.

안보가 국내 · 국제 정치에서 핵심적인 쟁점으로 부상하게 된 결정적 계기는 2001년 미국에서 발생한 9 · 11 테러[1]이다. 9 · 11을 계기로 적어도 서구에서는 이민은 이제 안보의 시각에서 재규정되기 시작했으며, 초국가적으로 발생하는 테러, 마약이나 인신매매와 같은 국제범죄 대응을 위한 실질적 국제협력의 필요성에 대한 공감이 빠르게 확산되었다(이진영, 2016a). 미국의 경우 2002년부터 기존에 여러 부처에 산재해 있던 정부의 이민(자) 관리 기능이 국토안보부(Department of Homeland Security)로 통합되고, 외국인의 입국부터 체류 전반에 걸친 감시와 통제가 강화되었다. 9 · 11 테러에 이민자가 관련되었다는 사실은 반이민 정치세력과 정책에 힘을 실어주었고, 이민정책의 추진구조와 내용을 결정짓는 데 안보가 우선적인 고려사항이 되도록 만들었다.

유럽에서도 안보 이슈가 이민 문제와 결합되어 나타나고 있다. 유럽의 경우 기독교적 주류 사회와 타 인종 · 민족 간의 종교적, 문화적 충돌의 역사가 길다. 1990년대부터는 급속히 증가하는 무슬림(Muslim, 이슬람교도) 인구와의 갈등과 충돌이 사회문제화되기 시작했다. 최근에는 대규모 난민위기와 테러 문제가 겹치면서 이민과 안보 논의를 더욱 복잡하게 만들고 있다. 유럽에서의 테러는 주로 이슬람국가(IS : Islamic State)와 같은 외부 조직에 의해 자행되기도 하지만, 최근에는 '외로운 늑대(lone wolf)'라고 불리는 이슬람 극단주의에 영향을 받은 소위 자

1 9 · 11 테러는 2001년 9월 11일 화요일 아침 미국에 대항하는 이슬람 과격 테러단체인 알카에다가 항공기를 납치해 일으킨 연쇄 테러 공격을 의미한다. 이 공격으로 뉴욕의 세계무역센터가 완전히 파괴되고 워싱턴의 펜타곤도 피해를 입었으며, 만 명에 가까운 사상자가 발생했다.

생적 무슬림 이민자 테러리스트가 출현하면서 유럽 전역에서 '이민(정치)의 안보화'를 초래하였다.

2015년부터는 시리아 내전으로 촉발된 대량 난민 발생과 이들을 수용하는 문제가 역내 자유로운 이동의 보장과 난민에 대한 인도주의적 포용을 추구해 왔던 EU 국가들을 분열시키기 시작했다. 특히 2015년 파리에서 연쇄 자살폭탄테러를 일으킨 주범이 유럽 국적자일 뿐만 아니라, 위조한 시리아 여권을 사용하여 난민으로 위장하였다는 사실이 드러남에 따라 강력한 이슬람공포와 반난민 정서를 불러일으켰다. 2016년부터 시리아 등으로부터 백만 명 이상의 난민과 비호신청자(asylum seekers)가 지중해를 건너 유럽으로 유입되면서 대량 이주에 대한 반감을 유럽 전역으로 확산시켰다(de Haas et al., 2020). 미국에서 9·11 테러가 가져온 변화와 마찬가지로, 최근 난민위기는 유럽의 정치적 지형을 변화시키는 파급력을 가지게 되었다.

안보와 이민이 결합되어 논의되면서, 일부 정치가들은 반이민(자) 정서에 기대어 정치적 지지를 얻으려 하였고, 그 결과 대서양 양편으로 반이민정책을 내세우는 보수정당들이 약진하게 되었다. 기업과 상위계층들은 이주민에 의해 전달되는 저렴한 노동과 서비스로부터 혜택을 얻는 입장이지만, 경제적 탈규제(deregulation)와 세계화로 인한 근로여건, 실질임금 및 사회보장의 악화를 자주 경험하는 저임금 계층은 이주의 경제적 이익을 거의 경험하지 못하는 반면, 이주가 불러오는 사회, 문화적 변화에 가장 크게 영향을 받을 수밖에 없다(de Haas et al., 2020). 트럼프(Donald J. Trump)와 같은 일부 정치인들은 바로 이 점을 활용하여 집권하는데 성공했다. 트럼프는 선거운동 동안 멕시코 이주민들이 마약을 반입하는 범죄자이자 강간범이라고 공공연히 비난하며 멕시코 이주민에 대한 반감을 조장하는 한편, 무슬림(Muslim) 이주와 테러리즘을 연결하면서 반이슬람 정서(anti-Islam sentiment)에도 호소했다(de Haas et al., 2020). 집권 후 그는 실제로 멕시코와의 국경에 장벽을 세우고, 불법체류자들을 강제 추방하고, 특정 이슬람 국가 출신들의 입국을 제한하는 조치를 단행했다.

유럽에서도 이민 · 난민 문제가 정치적 주목을 얻게 되면서, 반이슬람 정당이 약진하게 되고 이주와 다양성 이슈에 대한 전반적인 정치 스펙트럼의 보수화 경향이 나타났다(Davis & Deole, 2017; Dennison & Andrew, 2019). 이러한 정치환경 속에서 Front National(프랑스), Lega Nord(이탈리아), Freedom Parties(오스트리아, 네덜란드)와 같은 우파 정당들이 지난 20년에 걸쳐 탄생했으며, 그들은 비록 다수당은 아니더라도 상당한 영향력을 미치고 있다(de Haas et al., 2020). 영국의 EU 탈퇴(the Brexit) 결정에서도 반이민 정당의 영향력이 컸다. 나이젤 파라지(Nigel Farage)가 이끄는 UKIP(the United Kingdom Independence Party, 영국독립당)은 대량이주에 대한 공포심을 조장했으며, 유럽연합 내 자유이동(intra-EU free mobility)이 국가의 자율권을 훼손하기 때문에 EU를 탈퇴하는 것이 이주에 대한 국가의 통제권을 되찾는 유일한 방법이라고 국민들을 설득했다(de Haas et al., 2020).

이주의 안보화 경향은 비단 서구에만 국한된 것은 아니다. 한국의 경우 민족적 동질성(ethnic homogeneity)이 오랫동안 유지되었기 때문에 이주민의 증가는 사회적 · 문화적 긴장을 야기할 수 있다. 그러나 아직 이주 인구가 차지하는 비중이 5% 미만으로 크지 않은데다, 선별적인 이민정책으로 문화적으로 통합의 가능성이 큰 결혼이민자와 동포들만 장기적으로 정착하고 있어 충돌의 가능성은 낮다. 가장 큰 규모를 보이는 비전문이주노동자의 경우는 단기 · 순환적으로 도입되어 제한된 분야에서 일정 수만 고용되기 때문에 내국인 노동자와의 일자리 경쟁이나 그로 인한 사회적 갈등도 크지 않은 편이다. 게다가 이들은 장기 정착이 원칙적으로 차단되어 있으며 가족동반도 불가능한 상태라 새로운 사회 구성원으로서 영향력이 제한적이다. 무엇보다 한국은 테러리즘, 마약 등 국제범죄로부터 상대적으로 안전한 국가에 속하고, 주요 난민 발생지역으로부터도 지리적으로 떨어져 있어 북미나 유럽과는 안보 이슈를 쟁점으로 이민이 정치화되는 정도가 낮은 상황이다.

한국에서의 이민과 안보의 결합 양상은 주로 '외국인의 범죄'와 관련된다(이진영, 2016a). 외국인 범죄는 일반적인 민 · 형사적 범죄 외에도, 허가된 체류기간이나 활동범위를 위반하는 출입국 규정 위반과 관련한 범죄를 포함한다. 한국정부는 제1차 외국인정책 기본계획 수립 당시 불법체류자 증가와 외국인 범죄 증가를 이유로 들며 국가안보 차원의 국경관리 및 외국인정보 관리의 필요성을 언급하기 시작했다(법무부, 2008). 이런 기조를 이어 제2차 기본계획에서는 '안전'이라는 정책 목표를 추가하고 관련 내용을 강화하였다(법무부, 2012). 주로 불법체류 단속 등 체류관리 강화에 관한 내용이었지만, "외국인 강력범죄 발생에 따른 국민적 불안감 증대"를 구체적으로 언급하였다(법무부, 2012 : 16). 이런 분위기 변화는 2012년 4월 발생한 조선족 오원춘의 엽기적 살인사건으로 중국출신 이주민에 대한 반감이 극에 달하던 상황에서 나온 것이었다. 2018년 제3차 기본계획에서도 기존의 정책 노선을 이어가되, 국제 사이버 범죄에 대한 대응 인프라가 부족하다는 문제의식에서 이민특수조사대 확대 및 사이버팀 신설을 추진하겠다는 계획을 밝혔다(법무부, 2018).

체류외국인이 급속히 증가하면서 외국인범죄 건수도 빠르게 증가하고 있는 것이 사실이다. 그러나 대중의 편견과는 달리 외국인 범죄율은 내국인의 절반에도 미치지 않는 수준이다.[2] 그러나 외국인 범죄는 언론에 의해 크게 주목받기 때문에 국민정서와 정책결정에 미치는 파장이 크다(김현희, 2016). 외국인범죄의 유형을 보면 불법체류자가 20만 명(2020년 기준)을 넘기 때문에 출입국 사범의 비중이 가장 높다고 볼 수 있다. 경찰청 자료[3]에 따르면, 외국인 범죄(피의자 검거현황)는 2016년까지 빠르게 증가하다, 이후 약간 감소하여 2020년 기준 35,390건을 기록했다. 범죄 유형별로는 폭력범죄(22.37%), 교통범죄(22.35%), 지능범죄(14.1%), 절도(7.8%), 마약범죄(3.9%) 순으로서, 지능범죄 및 마약범죄는 전년 대비 증가하는 추세를 보이고 있다. 최근에는 중국동포들이 피싱(phising) 범죄에 연루된 사건이 종종 발생하고 있는데, 코로나19 상황과 겹쳐 특정 국가 출신 이주민에 대한 혐오가 커지고 있다. 향후 한국에서도 난민 유입이 늘고 무슬림 인구가 증가하게

2 머니투데이(https://news.mt.co.kr/mtview.php?no=2018091710184232955).

3 e-나라지표(http://www.index.go.kr/potal/main/EachDtlPageDetail.do?idx_cd=1618).

되면 서구에서 보는 바와 같이 이주민 · 난민과 테러 · 범죄가 결합되어 인식되면서 이슬람공포를 확산시키고 이주민과 관련한 안보문제가 쟁점화할 가능성을 배제할 수 없다.

테러와 같은 극단적 형태가 아니더라도 범죄는 외국인의 사회통합 실패의 가장 명백한 증상이자 원인으로 볼 수 있다. 외국인범죄는 내국인들과의 갈등을 초래할 뿐만 아니라 다른 이주민들에게도 심각한 피해를 줄 수 있다(최영신, 2019). 불법적으로 체류하거나 고용된 이주민은 합법적으로 체류하고자 하는 이주민의 기회를 빼앗고, 이주민에 대한 여론을 악화시킴으로써 이주민 전체의 사회통합을 위협할 수 있다. 이런 점을 고려할 때, 외국인범죄를 예방하기 위해 관련 사법제도 개선과 함께, 불법체류자 고용주에 대한 제재와 자발적 귀환 유도 등의 다양한 방법으로 이민관리의 실효성을 높이기 위한 노력이 요구된다(현석환, 2017).

2. 이주와 인구

2000년대 들어 한국의 가장 중요한 사회변동을 꼽자면 단연 인구학적 변화(population transition)일 것이다. 인구구조 변화의 핵심 변수는 합계출산율[4]이다. 지속적으로 낮은 출산율은 인구규모를 줄일 뿐만 아니라 인구구성도 변화시키는데 이를 '노령화'라고 한다. 한국의 TFR은 1970년 4.53명에서 2018년에는 0.98명으로 떨어졌다. 이는 연평균 3.1%씩 감소한 것으로서 OECD 37개국 중 가장 빠른 속도의 감소이다. 초저출산과 수명연장으로 인해 인구구조가 빠른 속도로 노령화되고 있을 뿐만 아니라, 2021년을 정점으로 총인구의 감소도 시작되었다. 현재 한국은 세계 유일의 TFR 1.0 이하 국가로서, 2100년에는 총인구가 현재의 절반 수준이 될 것이라는 예측이 나오고 있다.[5]

4 한 여성이 가임기간(15~49세)에 낳을 것으로 기대되는 평균 출생아 수를 말하며, TFR(Total Fertility Rate)이라고 표현한다. TFR이 2.1 이상일 때 현재의 인구규모가 유지될 수 있다.

5 BBC(https://www.bbc.com/korean/news-53440339).

인구의 노령화 정도와 전체 규모의 변화가 향후 어떻게 전개될지 정확히 예측하기는 어렵지만, 현재의 추세대로라면 한국은 인구학적 변화로 인해 중대한 경제적 도전에 직면하게 될 것으로 보인다. 인구구조의 노령화와 총인구의 감소는 경제활력을 떨어뜨리고 경제성장을 전제로 한 복지국가의 지속가능성을 위협할 수 있다. 달리 말해, 경제활동 참여인구의 감소로 인한 생산 저하, 소비력 감소에 따른 내수경제 부진, 연금이나 의료비용 증가로 인한 사회보장 부담 가중, 부양 부담[6]을 둘러싼 세대 간 갈등 등 여러 문제를 야기할 수 있다(정기선, 2016).

인구구성을 젊게 만들고 총인구를 증가시키는 방법은 출산율 제고, 사망률 저하, 그리고 외부로부터의 인구 유입(이주)이 있다. 의료기술 발전 및 생활환경 개선으로 기대수명은 자연스럽게 높아지고 있으므로 출산율을 높이는 방법을 우선적으로 고려할 수 있다. 한국전쟁 이후 급속한 인구증가(baby boom)를 억제하고자 정부는 강력한 가족계획정책을 시행했다. 그 결과 1983년에 이르러 이미 TFR이 인구대체선인 2.1명 아래로 내려갔고 1996년에는 1.57명까지 낮아졌으며, 결국 2002년부터는 1.0명대도 유지하기 어려워졌다. 이러한 급속한 인구학적 변동에 직면하여 정부는 기존의 산아제한정책을 폐기하고 2000년대부터 본격적인 출산율 제고 및 고령화 대응정책 채택으로 전환했다(정기선, 2016).

정부는 2005년 「저출산 · 고령사회기본법」을 제정하고 대통령 직속의 '저출산 · 고령사회위원회'를 설치하였다. 이를 근거로 2006년부터 5년마다 '저출산 · 고령사회기본계획'을 수립 · 시행하며 인구위기 전환을 위해 범정부적 노력을 기울이고 있다(대한민국정부, 2005; 2010; 2015; 2020). 정부는 저출산의 원인으로 불안정한 고용여건으로 인한 청년층의 결혼 기피와 출산 연기, 여성의 경제활동 참여와 자아실현 욕구 증가를 뒷받침할 수 있는 인식과 정책 미흡, 육아인프라 부족 및 자녀 양육 비용 부담, 그리고 결혼과 가족에 관한 가치관의 변화가 제시되었다(대한민국정부, 2005). 이러한 진단에 따라 '출산과 양육에 유리한 환경조성'을 핵심 정책과제로

6 인구구조 노령화에 따른 부양 부담을 나타내는 개념으로 '노년부양비'가 자주 활용된다. 노년부양비는 생산가능인구(15~64세) 100명이 부양해야 할 65세 이상의 인구의 수를 의미한다. 현재(2022년) 한국 노년부양비는 24.6명으로서, 선진국에 비해 아직은 낮은 수준이나 급격히 높아질 것으로 예상된다.

설정하고 결혼 · 출산 · 양육에 대한 국가 책임 강화, 일과 가정의 양립을 지원하는 정책과 양성평등적이고 가족친화적인 환경 조성, 미래세대의 안전한 성장을 위한 투자 확대를 위한 다양한 프로그램들을 도입하기 시작했다(대한민국정부, 2005 : 37).

2020년까지 OECD 평균 출산율(약 1.6명)에 도달하겠다는 장기목표를 설정하고, 정부는 2006부터 15년간 막대한 예산을 투입하며 다양한 정책을 실시해 왔다. 그러나 알려진 바와 같이 저출산 경향은 오히려 심화되었고, 코로나19 상황과 겹쳐 2020년 기준 한국의 TFR은 0.84를 기록하고 있다. 정부는 출산율을 높이는 데 초점을 둔 기존 인구정책의 한계를 인정하면서, 저출산 대응정책의 패러다임을 "출산율 제고에서 삶의 질 제고로 전환"하겠다고 발표했다(대한민국정부, 2020 : 6). 이에 따라 현재 추진되고 있는 제4차 저출산 · 고령사회 기본계획은 출산장려 정책에서 벗어나 모든 세대에 걸쳐 개인의 삶의 질을 향상하는 데 초점을 두고 있다. 그러나 구체적인 정책의 내용은 일 · 가정 양립 지원, 양성평등적 문화, 보육 · 양육 지원 등으로 기존과 대동소이하다.

인위적 출산율 제고의 가능성이 희박하고 설령 회복된다 하더라도 생산인구 증가를 체감하기까지는 20년 이상의 시간이 소요된다는 점을 감안하면(정기선, 2016), 인구학적 변화를 위해 현실적으로 남은 대안은 외부로부터의 인구 유입이라고 볼 수 있다. 제1차 저출산 · 고령사회 기본계획의 4대 정책분야(저출산, 고령화, 성장동력, 사회 분위기 조성) 가운데 성장동력 분야에서 외국인을 활용하는 방안이 언급되어 있다(대한민국정부, 2005 : 42). 여성과 고령자의 노동시장 진입을 촉진하는 것과 같은 맥락에서 외국인력을 활용하여 생산인구 감소에 대비하겠다는 것이다. 구체적으로 전문 · 기술 외국인력과 외국국적동포를 적극 유치 · 활용하고, 다문화사회 적응을 위한 사회통합 프로그램을 활성화겠다는 계획을 수립하였다. 제2차 및 제3차 기본계획에서도 외국국적동포 및 우수 외국인력 중심의 선별적 이민자 유치를 강조하는 기조를 유지하였다. 다만, 가중되는 중소기업 인력난 해소를 위해 고용허가제를 통한 비전문인력의 통제된 도입을 강조하였다. 달리 말해, 정착할 '사회 구성원'으로서는 동포와 우수 외국인을, '인력'으로서는 기타 외국인을 수용하겠다는 것이다. 다만, 제3차 기본계획에서는 잠재적 정주 인구 및 우수 노동력으로 '유학생'의 중요성을 언급한 부분을 주목할 만하다(곽윤경 외, 2021).

2021년부터 현재까지 진행 중인 제4차 저출산 · 고령사회 기본계획에는 인구변화 대응방안으로 이주민 활용과 관련한 내용이 삭제되었다. 대신 '범부처 인구정책 TF'에서 외국인정책과 관련한 과제를 제시하였다(법무부, 2021). 정부는 인구의 감소가 본격화되는 상황에서 산업구조 변화에 따른 다양한 외국인력 요구가 증가함에 따라 체류외국인의 규모는 지속적으로 커질 것으로 진단하였다. 이에 향후 외국인정책의 방향을 다음과 같이 제시하였다(법무부, 2021 : 3) : 첫째, 출생률 제고정책을 보완하는 하나의 대안으로 체류외국인을 활용한다. 둘째, 산업구조 변화에 대응하면서 우수 외국인력의 유입장벽을 낮추고 이들의 안정적인 정착을 돕는 정주환경을 개선한다, 셋째, 이주민에 대한 정부 지원시책을 합리화하고 이들의 공적 의무와 조화시킨다.

이민정책은 인구와 관련된 문제 해결에 다양한 방식으로 활용될 수 있다(설동훈, 2015; 정기선, 2016). 영토와 자원에 비해 인구가 과잉인 경우에는 해외이주를 통해 경쟁을 낮춤으로써 빈곤과 실업 상황을 개선될 수 있으며, 해외로 이주한 인구가 본국으로 소득의 일부를 송금하는 경우 가계 및 국가경제에 상당한 도움이 될 수 있다. 한편 저출산과 생산인구 부족의 문제를 겪는 대부분의 산업화 국가들에게는 이민자와 그 가족들은 인구규모를 지탱하거나 증가시키고 근로자와 소비자로서 경제활성화에 기여하게 된다. 이것은 비단 미국이나 캐나다처럼 이민자에 의해 국가가 성립된 전통적 이민국가들에게만 해당되는 것은 아니다. 서유럽과 동아시아의 선발 및 후발 이민국가들도 그 정도는 다르지만 명시적 혹은 암시적으로 이민정책을 통해 인구와 노동력을 보충하고 있다(정기선, 2016).

인구정책으로서의 이민정책의 알려진 유용성에도 불구하고 실제 활용에는 여러 가지 어려움이 존재한다. 산업화수준에 상관없이 민주주의 국가에서 자국민의 해외이주를 인위적으로 억제하거나 강제하는 것은 불가능에 가깝다(설동훈, 2015). 이주민을 유입시켜야 하는 경우에도 과연 어떤 유형의 이주민을 어느 정도의 규모로 수용할 것인지 결정하는 것은 상당한 도전이다. 산업구조 변화는 물론이고 출산율 변화를 예측하는 것도 어렵고, 서구의 경험이 보여주듯이 유입 규모를 수도꼭지처럼 통제하기는 더더욱 어렵다. 따라서 이민유입국들은 개방적 이민 기조를 유지하되 선별적 유입과 체류 및 사회통합 관리를 강화하는 정책을 추진하는 식으로 타협할 수밖에 없다.

한국정부도 이런 전략을 채택하고 있다고 평가할 수 있다. 한국의 이민정책(외국인정책)은 문화적, 정책적으로 선호되는 동포, 우수인재(유학생 포함), 결혼이주민에게 이주와 정착의 기회를 관대하게 부여하는 한편, 지원과 혜택에 상응하는 이주민의 통합, 책임 및 기여를 요구하고 있다(김규찬, 2020; 설동훈, 2015). 문제는 정부가 외국인력 도입 분야에서 강조하고 있는 우수인재의 유치 전략은 매우 실망스러운 성과를 보여주고 있다는 점이다(김규찬, 2021a; 법무부, 2021). 대신 국민 재생산과 무급·유급 노동력 제공에 실질적으로 크게 기여해 온 결혼이민자들의 유입과 정착이 지속되고 있고, 최근 외국인 유학생 규모가 크게 증가했다는 점은 인구정책적 측면에서 중요한 고려사항이라고 할 수 있다. 이민자 수용이 한국의 인구학적 변동과 그로 인한 위기에 근본적인 대책이 될 수는 없다고 하더라도, 출산장려정책 등 다른 정책들과 함께 활용할 수 있는 보충적 대안이 될 수는 있을 것이다(법무부, 2021; 정기선, 2016).

그렇다면 인구문제에 대한 보완적 해결책으로서 이민정책은 구체적으로 어떻게 운용되어야 하는가? 설동훈(2015)은 정부가 '나가는 이민'도 적극적으로 관리해야 한다고 주장하며, 해외진출을 장려하되 두뇌유출이 두뇌귀환이나 두뇌순환으로 이어질 수 있도록 해야 한다고 강조했다. 그는 '들어오는 이민'과 관련해서는 편익과 비용을 고려하여 기술수준과 이민자유형에 따라 교체순환형(비전문외국인력)과 정주형(결혼이주민, 우수인재, 동포 등)으로 구분하여 접근할 것을 요구하였다. 유사한 관점으로 강동관(2020; 2021)은 우수인재 및 전문·숙련 인력, 투자이민자, 유학생 등은 노동시장에서의 수요와 상관없이 도입의 우선순위를 부여하고, 비전문인력의 활용과 관련해서는 노동시장 교란을 최소화하는 것을 전제로 인구 감소와 인력 부족을 극심하게 겪는 지방 및 농어촌 지역에 공급을 확대할 필요가 있다고 언급했다. 또한 그는 이주민 도입의 양적 측면에만 집중할 것이 아니라 질적 수준 제고를 고려한 정책이 필요하다고 주장했다.

3. 이민정책의 미래

인간을 이주하는 존재, 즉 '호모 미그란스(homo migrans)'라 부를 수 있을 만큼 인간의 역사는 이주의 역사라고 할 수 있다(조일준, 2016). 이주는 오래되고 보편적인 현상이지만, 현대에 들어 이주의 규모뿐만 아니라 범위와 유형은 갈수록 다양화되고 있다(de Haas et al., 2020). 그 결과 사실상 모든 국가와 개인은 어떤 식으로든 국제이주에 관련되어 있고 그 영향으로부터 자유롭지 못하다. 특별히 이민자를 수용하는 국가들은 이민(자)이 가진 사회 전반의 영향으로 인해 이민과 이민자를 관리 및 조정하는 것을 국가의 중요한 정책과제로 삼고 있다(Hollifield et al., 2014).

홀리필드 등(Hollifield et al., 2014)은 다양한 이민 유입국들의 정책을 분석하면서 두 가지 가설을 제시하였다. 하나는 '수렴 가설(convergence hypothesis)'이고, 다른 하나는 '격차 가설(gap hypothesis)'이다. 수렴 가설은 노동력을 수입해야 하는 산업화 국가들은 이주민 유입 통제, 그러한 통제의 효과 및 결과, (장기 이민자의) 사회적 통합을 위한 조치들, 정부의 이민통제 혹은 관리에 대한 대중들의 반응에 있어서 유사성(similarity)이 커질 것이라는 가정이다. 한편 격차 가설은 국가의 이민정책(법, 규정, 행정조치, 법원 판결 등)의 목표(goals)와 결과(results) 사이의 격차가 갈수록 심화될 것이라는 가정이다.

이민 수용국들의 이민정책들은 한편으로 유사한 방향으로 수렴하는 면이 있지만, 정책 목표와 결과 사이의 불일치로 인한 혼란과 국가별 다양성도 발견된다. 대부분의 이민자 유입국들은 비전문 이민자 유입을 최대한 억제(통제)하고, 가급적 고학력자 및 전문인력 위주로 유입시키려고 하며, 불법입국·체류자에 대한 감독은 강화하고 있다. 또한 이민자의 수용국 사회로의 통합을 강조하는 것도 공통적으로 발견되는 현상이다. 최근 '통합의 위기'(이민자 부적응, 인종갈등, 테러리즘 등)에 대한 대응은 이민정책의 가장 중요한 목표로 부상했다. 모든 국가들이 공통적으로 선별적 이민자 수용 및 이민자의 사회통합을 목표로 하고 있지만 그 결과는 국가별로 동일하지 않다. 이민의 흐름은 여러 복잡한 요인에 의해 결정되는 것으로서 단순한 수요–공급의 법칙에 따라 작동하지도 않고 정부의 의지대로 완벽히 조절되지도 않는다. 때로는 이민자와 관련한 다양한 이익집단의 영향력 증가와 사법부 판단과 행정부 정책방향과의 불일치 등으로 인해 정부의 이민정책이 좌초되거나 일관성을 잃기도 한다. 이런 이유로 인해 일부 국민들은 이민정책의 실효성에 대한 회의와 반감을 표출하기도 한다.

한국 등 비교적 최근에 이민자를 받아들이기 시작한 후발 이민국가들 역시 전통적 이민국가나 선발 이민국가들이 겪는 딜레마로부터 자유롭지 못하다. 후발 이민국가들 역시 경제성장을 지원하기 위한 노동력 확보를 위해 적극적 이민자 '수용'의 필요성과 이민자 유입으로 인해 예상되는 문제점을 방지하기 위한 '통제'의 필요성이 공존하는 상황에 직면하게 되었다. 따라서 후발주자의 이점을 살려 기존의 이민자 수용국의 시행착오는 피하면서, 동시에 이민자 유입의 장점을 극대화하는 방향으로 이민정책을 발전시키려고 노력하고 있다. 글로벌 경제체제에 편입된 민주적 복지국가가 이제 국경을 완전히 걸어 잠그는 선택을 하는 것은 현실적으로 불가능하다(Freeman, 1986), 따라서 모든 이민자 수용국의 이민정책은 단순히 이민을 통제하는 데 그칠 수 없고, 민주적 가치를 존중하면서도 국익을 극대화하는 방향으로 이민(자)을 관리(management)하는 방향으로 발전해 가야 할 것이다(김규찬, 2022).

이민관리의 중요한 한 축은 이주로 인한 다양성의 증가가 차별과 배제, 갈등, 폭력으로 이어지지 않도록 하는 것이다. 최근 세계 곳곳에서 일부 정치인들이 이주민을 정착국의 안보, 정체성, 문화적 통합에 대한 근본적 위협으로 묘사하면서, 정치적 목적을 위해 인종주의와 외국인혐오(xenophobia)를 조장하는 현상은 매우 우려스럽다. 이런 현상은 서구뿐만 아니라 한국에서도 언제든지 발생할 수 있다. 최근 예멘, 미얀마, 아프가니스탄 등에서 유입된 난민(실제적인 의미로) 수용과 정착을 둘러싼 갈등이 이를 여실히 보여준다. 정치가와 여론조성가에 의한 반이민정서와 이주민 희생양 삼기는 극우주의자나 인종주의적 폭력이 언제든지 발생할 수 있는 토양이 된다. 최근 테러와 같은 이주민이 관여된 극단적 폭력의 사례는 이주민에 대한 사회적 반감을 촉발하고 일부 이민집단을 사회로부터 더욱 주변화(marginalization)하는 결과를 가져왔다. 그러나 선주민(natives)에 의한 인종주의적 폭력과 이주민에 대한 사회 · 경제적 차별과 배제가 일부 이주민의 극단화(radicalization)를 초래한 면이 있다(de Haas et al., 2020). 이런 식으로 이주민들의 주변화와 극단화는 상호적으로 원인을 제공하는 것이다.

인구의 글로벌 이동은 멈출 수 없는 현상이며, 인간의 삶은 갈수록 더 유동적이 될 것이다(Urry, 2007). 이주는 산업화 · 기술혁명, 민주화, 세계화와 같은 끊임없는 사회 · 경제적 변동의 원인이자 결과이기 때문이다. 영구적 이주뿐만 아니라 빈번한 순환 이주는 국가와 국민에 대한 전통적 개념과 국가의 정책적 자율성에 끊임없이 도전하고 있다(Deacon, 1997; Wimmer & Glick Schiller, 2002). 그럼에도 불구하고 글로벌 이주의 시대에도 국가는 여전히 중요하고, 사회 구성원의 삶의 질에 대한 국가 정책의 영향은 절대적이다. 최근의 난민위기와 팬데믹 상황에서 보듯이 동일한 문제에 직면해서도 정책적 대응 방식에 따라 문제의 추이와 이주민을 포함한 사회 구성원의 삶의 질은 국가별로 상당한 차이가 발생할 수 있다.

이민정책은 기후변화정책과 마찬가지로 예측이나 통제가 어려운 현상을 다루고 정책의 효과도 장담하기 어렵다. 각 나라는 노동력과 인구를 보충하는 등 이민정책을 통해 정당하게 국익을 추구할 수 있다. 그러나 그 국익 추구의 방식은 그 나라의 법 질서 및 민주주의의 성숙 정도와 조화를 이루어야 할 뿐만 아니라, 이주민과 그 가족의 인권에 대한 국제사회의 보편적 규범을 존중하는 방식이어야 한다. 주요 이민 수용국도 자국민의 일부는 어느 나라에서는 이주민으로 살아가고 있다는 사실을 기억해야 한다. 끝으로, 기후위기가 개별 국가의 노력만으로는 극복할 수 없는 것과 마찬가지로, 이민정책은 인류애를 기반으로 하는 글로벌 협력을 지향해야 한다. 포괄적이고 실질적인 국제협력을 통해서만 이주를 통한 혜택이 송출국과 수용국 사회 그리고 이주민과 그 가족들에게로 골고루 나누어질 수 있을 것이다.

Discuss

1. 지난 십여 년간의 한국사회에서 가장 중요한 변화는 무엇이라고 생각하며, 그것은 국제이주와 어떤 관련성이 있는가?
2. 수용국 사회에서 이주민의 주변화(marginalization)와 극단화(radicalization)는 어떻게 상호 영향을 주고받는가?
3. 이민자 유입을 확대하는 것이 한국의 인구학적 위기에 대한 해결책이 될 수 있을 것인지 토론하라.

참고문헌

강동관(2020). 대한민국 이민정책 프로파일. 이민정책연구원 연구보고서. No.2020-08, 이민정책연구원.

______(2021). 한국의 인구구조와 외국인 정책 방향 : 이민자유입, 사회통합, 거버넌스. **한국이민정책학보**, 4(2), 3-30.

강수정 · 이민정(2017). 사회통합프로그램(KIIP)의 동향과 실태 고찰. **외국어교육**, 24(1), 279-321.

강윤경(2016). 한국, 두뇌유출에 사실상 무방비. **마이더스**, 2016(1), 96-97.

곽윤경 · 이병재 · 김기태 · 고민경 · 김경환 · 김규찬(2021). 포용사회를 위한 외국인 유학생의 실태와 사회보장의 과제. 세종 : 보건사회연구원.

관계부처합동(2014). 외국인 전문인력 및 해외동포 활용 생태계 조성. 미래창조과학부. http://www.msip.go.kr.

교육과학기술부(2012). 다문화학생 교육 선진화 방안. 교육과학기술부. https://www.moe.go.kr/boardCnts/view.do?boardID=294&boardSeq=30328&lev=0&searchType=null&statusYN=C&page=443&s=moe&m=0501&opType=N.

교육부(2020). 2020 다문화교육 지원계획. 교육부. https://www.moe.go.kr/boardCnts/view.do?boardID=316&lev=0&statusYN=W&s=moe&m=0302&opType=N&boardSeq=79898.

권기헌 · 이홍재(2005). 외국인 과학기술 고급인력 국내 유치, 활용을 위한 정책대안의 분석 및 평가–주거, 자녀교육, 의료지원 분야를 중심으로. **한국정책학회보**, 14(2), 79-108.

김규찬(2017). 서구의 '케어와 이민의 결합' 연구와 한국 사례의 기여 가능성 탐색. **한국사회복지학**, 69(1), 103-123.

______(2020). 한국복지국가와 이민자의 권리. **다문화사회연구**, 13(2), 27-63.

______(2021a). 한국의 해외인재 유치정책 : 두뇌귀환을 중심으로. **다문화사회연구**, 14(3), 5-40.

______(2021b). 다문화가족 자녀 실태와 지원서비스 욕구 : 강원도를 중심으로. **공공정책연구**, 38(2), 301-332.

______(2022). 정의와 자비 : 이주민 배제와 수용의 철학. Blake, M.(2020). *Justice, Migration and Mercy*, Oxford : OUP. **다문화사회연구**, 15(1), 179-186.

김성진(2007). 사회안보와 러시아 극동의 이주문제: 연방관계에 대한 시사점을 중심으로. **한국정치학회보**, 41(3), 77-98.

김영순 · 조영철 · 김정희 · 정지현 · 박봉수 · 오영훈 · 손영화 · 박종도 · 이미정 · 정경희 · 박미숙(2019). **다문화 생활세계와 사회통합 연구**. 경기 : 북코리아.

김현미(2016a). 결혼이민과 이민자 2세. 이혜경 · 이진영 · 설동훈 · 정기선 · 이규용 · 윤인진 · 김현미 · 한건수 공편. **이민정책론**(pp. 359-394). 서울 : 박영사.

______(2016b). 난민. 이혜경 · 이진영 · 설동훈 · 정기선 · 이규용 · 윤인진 · 김현미 · 한건수 공편. **이민정책론**(pp. 437-465). 서울 : 박영사.

김현희(2016). 외국인 범죄/테러리즘과 반다문화 정서의 '글로벌화' : 시화호 토막살인사건과 파리 연쇄테러사건을 중심으로. *OUGHTOPIA, 31*(1), 213-242.

김혜련(2019). 중국의 해외 우수인재 유치 정책 연구. **인문사회 21, 10**(4), 867-880.

남북하나재단(2022). 2021 북한이탈주민 정착실태조사. 북한이탈주민지원재단, https://hanaportal.unikorea.go.kr/hanaportal/Institution/Archive.

대한민국정부(2005). 제1차 저출산고령사회 기본계획 : 2006-2010. https://www.korea.kr/archive/expDocView.do?docId=22496.

___________(2010). 제2차 저출산고령사회 기본계획 : 2011-2015. 저출산고령사회위원회, http://www.betterfuture.go.kr.

___________(2015). 제3차 저출산고령사회 기본계획 : 2016-2020. 저출산고령사회위원회, http://www.betterfuture.go.kr.

___________(2020). 제4차 저출산고령사회 기본계획 : 2021-2025. 저출산고령사회위원회, http://www.betterfuture.go.kr.

박윤경 · 이소연(2009). 다문화가정 학생의 학교생활 실태에 대한 조사 연구 : 집단 간 차이와 집단 내 다양성. **시민교육연구, 41**(1), 41-71.

박현아 · 김혜영 · 장안식 · 유승호(2016). 한국의 인재양성 관련 두뇌유출과 근로의욕에 영향을 미치는 관계요인 분석 : 2015 IMD 세계인재보고서를 중심으로. **문화경제연구, 19**(1), 123-151.

박흥순 · 서창록 · 박재영 · 이신화(2015). **국제기구와 인권 · 난민 · 이주 : UN인권(헌장 · 협약 · 지역)기구 · UNHCR · IOM**. 서울 : 오름.

법무부(2008). 제1차 외국인정책 기본계획(2008-2012). 법무부 외국인정책본부, http://www.immigration.go.kr/bbs/immigration/226/336942/download.do.

______(2013). 제2차 외국인정책 기본계획(2013-2017). 법무부 외국인정책본부, http://www.korea.kr/news/pressReleaseView.do?newsId=155864043.

______(2018). 제3차 외국인정책 기본계획(2018-2022). 법무부 외국인정책본부, http://www.moj.go.kr/bbs/moj/164/423199/artclView.do.

______(2021). 인구감소시대, 외국인 역량을 국가 성장동력으로. https://www.immigration.go.kr/bbs/immigration/214/549698/artclView.do.

보건복지부(2010). 제1차 다문화가족지원정책 기본계획(2010~2012). 보건복지부, http://www.mogef.go.kr/mp/pcd/mp_pcd_s001d.do;jsessionid=rFbrmjdVcFmTsh7Zgxg+W+Xj.mogef20?mid=plc503&bbtSn=59.

설동훈(2015). 한국의 인구고령화와 이민정책. **경제와 사회**, 106(여름), 73-114.

_____(2016). 이민정책 이론. 이혜경 · 이진영 · 설동훈 · 정기선 · 이규용 · 윤인진 · 김현미 · 한건수 공편. **이민정책론**(pp. 77-111). 서울 : 박영사.

신윤정 · 이창원 · 이규용(2018). 인구 변화 대응을 위한 포용적 다문화 정책 방안 : 이주 배경 아동의 발생 · 성장 환경 분석. 경제 · 인문사회연구회 협동연구총서.

여성가족부(2012). 제2차 다문화가족지원정책 기본계획(2013~2017). 여성가족부. https://www.korea.kr/archive/expDocView.do?docId=33115.

_________(2018). 제3차 다문화가족지원정책 기본계획(2018~2022). 여성가족부. https://www.korea.kr/archive/expDocView.do?docId=38218.

윤인진(2016). 재외동포와 재외동포정책. 이혜경 · 이진영 · 설동훈 · 정기선 · 이규용 · 윤인진 · 김현미 · 한건수 공편. **이민정책론**(pp. 395-435). 서울 : 박영사.

이규용(2011). 우수 외국인 인력 유치필요성과 현실의 괴리. **국제노동브리프**, 9(3), 1-3.

_____(2016). 외국인력정책. 이혜경 · 이진영 · 설동훈 · 정기선 · 이규용 · 윤인진 · 김현미 · 한건수 공편. **이민정책론**(pp. 323-368). 서울 : 박영사.

이규용 · 박성재 · 김선웅 · 노용진 · 김재훈(2005). 전문기술 외국인력 노동시장 분석. 한국노동연구원, https://www.kli.re.kr/downloadPblFile.do?atchmnflNo=18568.

이남철(2020). **국제이주와 외국인 노동정책**. 서울 : NEXEN MEDIA.

이병관(2013). 해우 우수인재 유치제도 국내외 현황 및 시사점. **보건산업브리프**, 89, 3-20.

이연옥(2015). 불법으로 체류 및 노동을 하는 외국인근로자. **다문화와 평화**, 9(2), 59-81.

이영주(2007). 국제결혼한 여성의 자녀에 대한 심리사회적 적응에 영향을 미치는 보호요인에 관한 연구. **한국심리학회지**, 12(2), 83-105.

이용재(2019). 다문화연구의 현황과 과제 - 정부주도 다문화 담론의 한계와 극복을 중심으로. **민족연구**, 74, 4-29.

이종수(2009). **행정학 사전**. 서울 : 대영문화사.

이 주 · 전대성(2016). 경로분석을 이용한 전문외국인력의 장기체류 영향요인들 간 인과관계 연구. **한국정책학회보**, 25(3), 409-428.

이진영(2014). 국제이민협력 : 한국 이민정책의 새로운 도전. **이민정책**, 1(1), 30-33.

_____(2016a). 이민과 안보 및 안전. 이혜경 · 이진영 · 설동훈 · 정기선 · 이규용 · 윤인진 · 김현미 · 한건수 공편. **이민정책론**(pp. 225-254). 서울 : 박영사.

_____(2016b). 국제이민협력. 이혜경 · 이진영 · 설동훈 · 정기선 · 이규용 · 윤인진 · 김현미 · 한

건수 공편. **이민정책론**(pp. 469-500). 서울 : 박영사.

이진영 · 정호원(2014). 독일의 외국인 우수인재 유치 제도와 정책 연구 : 한국에의 시사점. **현대정치연구**, 7(1), 107-139.

이창근 · 정선양(2016). 해외과학자 유치방안에 관한 연구: 베트남 사례를 중심으로. **기술혁신학회지**, 19(2), 395-415.

이혜경(2016a). 이민과 이민정책의 개념. 이혜경 · 이진영 · 설동훈 · 정기선 · 이규용 · 윤인진 · 김현미 · 한건수 공편. **이민정책론**(pp. 3-40). 서울 : 박영사.

______(2016b). 이민의 역사. 이혜경 · 이진영 · 설동훈 · 정기선 · 이규용 · 윤인진 · 김현미 · 한건수 공편. **이민정책론**(pp. 41-75). 서울 : 박영사.

______(2021). 출입국관리직 공채시험 전문과목 도입의 필요성. 이민정책연구원 이슈브리프. 2021-23.

이혜경 · 진용일 · 신영태 · 엄진영 · 송영호(2018). 외국인 단기 계절근로자 제도 실태분석 및 종합개선 방안 연구. 한국이민학회. http://migrants.or.kr/bbs/board.php?bo_table=m21&wr_id=208&page=4.

장주영(2020). 복수국적제도 시행 10년의 평가. 이민정책연구원 이슈브리프. 2020-04.

정기선(2016). 인구와 이민. 이혜경 · 이진영 · 설동훈 · 정기선 · 이규용 · 윤인진 · 김현미 · 한건수 공편. **이민정책론**(pp. 257-290). 서울 : 박영사.

정기선 · 조영희 · 최서리 · 강동관 · 신지원 · 이상돈 · 이종원 · 김석호 · 안정근(2013). 숙련기능 외국인력 도입 및 활용방안 연구. 이민정책연구원, https://www.mrtc.re.kr.

조경훈 · 유민이(2020). 다문화사회전문가 국가자격증 제도화 방안. 이민정책연구원, https://www.mrtc.re.kr.

조영희 · 최경희(2020). 신남방정책의 이민정책적 고찰 : 아세안을 중심으로. **아태연구**, 27(3), 53-88.

조일준(2016). **이주하는 인간, 호모 미그란스**. 서울 : 푸른역사.

조흥식 · 김상균 · 최일섭 · 최성재 · 김혜란 · 이봉주 · 구인회 · 홍백의 · 강상경 · 안상훈(2016). **사회복지개론**(제4판). 경기 : 나남.

차용호(2009). 이민정책과 통합정책의 관계성 및 연계방안 연구: 결혼이민자 통합정책을 중심으로. **다문화와 평화**, 3(1), 165-200.

최명민 · 이기영 · 김정진 · 최현미(2015). **다문화사회복지론**. 서울 : 학지사.

최영신(2019). 외국인 범죄피해자 지원 실태 및 개선방안. **한국피해자학회 학술논문집**, 2019, 43-62.

출입국 · 외국인정책본부(2020). 2019 출입국 · 외국인정책 통계연보. 경기 : 법무부 출입국 · 외국인정책본부.

__________________(2022). 2021 출입국 · 외국인정책 통계연보. 경기 : 법무부 출입국 · 외국인정책본부.

통계청(2021). 2020년 다문화 인구동태 통계. https://kostat.go.kr/portal/korea/kor_nw/1/2/3/index.board?bmode=download&bSeq=204&aSeq=414976&ord=2.

한건수(2016a). 이민행정 제도 및 조직. 이혜경 · 이진영 · 설동훈 · 정기선 · 이규용 · 윤인진 · 김현미 · 한건수 공편. **이민정책론**(pp. 115-149). 서울 : 박영사.

_____(2016b). 이민과 사회통합. 이혜경 · 이진영 · 설동훈 · 정기선 · 이규용 · 윤인진 · 김현미 · 한건수 공편. **이민정책론**(pp. 193-223). 서울 : 박영사.

허지은(2020). '4년제' 이공계 유학생만 전문직 인력 취업비자 검토. 한국대학신문(2020. 8. 18), https://news.unn.net/news/articleView.html?idxno=233541.

현석환(2017). 국내 체류외국인의 범죄 실태와 대응책에 관한 연구. **한국사회안전학회지, 12**(1), 66-81.

황미혜(2017). **다문화 전공자를 위한 이민정책론**. 경기 : 한국학술정보.

Aleinikoff, T. Alexander & Klusmeyer, Douglas(Eds.)(2010). *Citizenship today : global perspectives and practices*. Washington, DC : Brookings Institution Press.

Amin, Samir(1974). *Accumulation on a world scale*. New York : Monthly Review Press.

Athukorala, Prema-chandra(2006). International labour migration in East Asia : trends, patterns and policy issues. *Asian-Pacific Economic Literature, 20*(1), 18-39.

Banting, Keith & Kymlicka, Will(2006). Multiculturalism and the welfare state : setting the context. In Banting, K., & Kymlicka, W.(Eds.), *Multiculturalism and the Welfare State : Recognition and Redistribution in Contemporary Democracies*(pp. 1-45). Oxford : Oxford University Press.

Bauböck, Rainer(1991). Migration and Citizenship. *Journal of Ethnic and Migration Studies, 18*(1), 27-48.

Bauböck, Rainer & Rundell, John F.(Eds.)(1998). *Blurred boundaries : Migration, ethnicity, citizenship*. Aldershot : Ashgate.

Blake, Michael(2020). *Justice, Migration, and Mercy*. New York : Oxford University Press.

Borjas, George J.(1989). Economic theory and international migration. *International Migration Review, 23*(3), 457-485.

Boswell, Christina(2007). Theorizing migration policy : Is there a third way?. *International Migration Review, 41*(1), 75-100.

Boucher, Anna & Gest, Justin(2015). Migration studies at a crossroads : a Critique of immigration regime typologies. *Migration Studies, 3*(2), 182-198.

Brubaker, Rogers(1992). *Citizenship and Nationhood in France and Germany*. Cambridge, MA : Harvard University Press.

Castles, Stephen(2000). International migration at the beginning of the twenty-first century : Global trends and issues. *International Social Science Journal, 52*(165), 269-281.

Castles, Stephen & Davidson, Alastair(2000). *Citizenship and Migration : Globalization and the Politics of Belonging*. Basingstoke : Palgrave.

Castles, Stephen & Kosack, Godula(1973). *Immigrant workers and class structure in Western Europe*. Oxford : Oxford University Press.

Castles, Stephen & Miller, Mark J.(2009). *The Age of Migration : International Population Movements in the Modern World*(4th ed.). Basingstoke : Palgrave Macmillan.

Castles, Stephen, De Haas, Hein, & Miller, Mark J.(2014). *The Age of Migration : International Population Movements in the Modern World*(5th ed.). Basingstoke : Palgrave Macmillan.

Cohen, Elizabeth F.(2015). The political economy of immigrant time : Rights, citizenship, and temporariness in the post-1965 era. *Polity, 47*(3), 337-351.

Cohen, Robin(1987). *The new helots : Migrants in the international division of labour*. Oxford : Oxford University Press.

__________(1991). East-West and European migration in a global context. *Journal of Ethnic and Migration Studies, 18*(1), 9-26.

__________(2007). Creolization and cultural globalization : The soft sounds of fugitive power. *Globalizations, 4*(3), 369-384.

Cohen, Robin & Kennedy, Paul M.(2000). *Global Sociology*. Basingstoke : Palgrave.

Collier, Paul(2013). *EXODUS : Immigration and Multiculturalism in the 21st Century*. Oxford : Oxford University Press.

Collyer, Michael(2005). When do social networks fail to explain migration? Accounting for the movement of Algerian asylum-seekers to the UK. *Journal of Ethnic and Migration Studies, 31*(4), 699-718.

Cornelius, Wayne A., & Tsuda, Takeyuki(2004). Controlling immigration : the limits of government intervention. In Cornelius, W. A., Tsuda, T., & Martin, P. L.(Eds.), *Controlling Immigration : A Global Perspective*(2nd ed)(pp. 3-48). Standford, CA : Standford University Press.

Davis, Lewis & Deole, Sumit S.(2017). Immigration and the rise of far-right parties in Europe. *ifo DICE Report, 15*(4), 10-15.

de Haas, Hein(2010). The internal dynamics of migration processes : A theoretical inquiry. *Journal of Ethnic and Migration Studies, 36*(10), 1587-1617.

de Haas, Hein, Castles, Stephen, & Miller, Mark J.(2020). *The Age of Migration : International Population Movements in the Modern World*(6th ed.). London : Red Globe Press.

Deacon, Bob(1997). *Global Social Policy*. London : Sage.

Debrah, Yaw A.(2002). Introduction : Migrant workers in Pacific Asia. *Asia Pacific Business Review, 8*(4), 1-18.

Dennison, James & Geddes, Andrew(2019). A rising tide? The salience of immigration and the rise of anti-immigration political parties in Western Europe. *The Political Quarterly, 90*(1), 107-116.

Engels, Friedrich(1962). The condition of the working class in England. In D. Banks & Purdy, M.(Eds.)(2021), *The Sociology and Politics of Health*. London : Routledge.

Esping-Andersen, Gøsta(1990). *The Three Worlds of Welfare Capitalism*. London : Polity Press.

Faist, Thomas(2008). Migrants as transnational development agents : an inquiry into the newest round of the migration-development nexus. *Population, Space and Place, 14*(1), 21-42.

Fields, Gary S.(1994). The migration transition in Asia. *Asian and Pacific Migration Journal, 3*(1), 7-30.

Freeman, Gary P.(1986). Migration and the Political Economy of the Welfare State. *The Annals of the American Academy of Political and Social Science, 485*(1), 51-63.

________________(1995). Modes of immigration politics in liberal democratic states. *International Migration Review, 29*(4), 881-902.

Garrard, John A.(1971). *The English and Immigration : A comparative study of the Jewish influx 1880-1910*. London : Oxford University Press.

GCIM(2005). Migration in an interconnected world : New directions for action. Global Commission on International Migration, https://www.refworld.org/docid/435f81814.html.

Glick Schiller, Nina & Salazar, Noel B.(2013). Regimes of mobility across the globe. *Journal of Ethnic and Migration Studies, 39*(2), 183-200.

Hammar, Tomas(2017). *Democracy and the nation state*. London : Routledge.

Held, David, McGrew, Anthony, Goldblatt, David, & Perraton, Jonathan(1999). *Global Transformations : Politics, Economics and Culture*. Cambridge : Polity Press.

Hollifield, James F.(1992). *Immigrants, markets, and states : The political economy of postwar Europe*. Cambridge, MA : Harvard University Press.

________________(2004). The emerging migration state. *International Migration Review, 38*(3), 885-912.

Hollifield, James F., Martin, Philip, & Orrenius, Pia(Eds.)(2014). *Controlling immigration : A global perspective*(3rd ed.). Stanford, CA : Stanford University Press.

Horne, John(1985). Immigrant Workers in France during World War I. *French Historical Studies, 14*(1), 57-88.

Hujo, Katja & Piper, Nicola(2007). South-south migration : Challenges for development and social policy. *Development, 50*, 19-45.

IOM(2006). *World Migration Report 2005 : Costs and Benefits of International Migration.* Geneva : International Organization for Migration.

____(2010). *World Migration Report 2010.* Geneva : International Organization for Migration.

____(2016). Migration Governance Framework. IOM, https://publications.iom.int/books/migration-governance-framework.

____(2020). *World Migration Report 2020.* Geneva : International Organization for Migration.

____(2022). *World Migration Report 2022.* Geneva : International Organization for Migration.

Kim, Gyuchan(2017). Migration Transition in South Korea : Features and Factors. *OMNES : The Journal of Multicultural Society, 8*(1), 1-32.

____________(2018). The Migration Regime of South Korea : Three Axes of Civic Stratification. *OMNES : The Journal of Multicultural Society, 8*(3), 68-96.

Kim, Gyuchan & Kilkey, Majella(2016). Marriage Migration Policy as a Social Reproduction System : The South Korean Experience. In Kilkey, M., & Palenga-Möllenbeck, E.(Eds.), *Family Life in an Age of Migration and Mobility : Global Perspectives through the Life Course*(pp. 137-161). Basingstoke : Palgrave Macmillan.

______________________________(2018). Marriage Migration Policy in South Korea : Social Investment beyond the Nation State. *International Migration, 56*(1), 23-38.

Kim, Sookyung(2015). Soft talk, hard realities : Multiculturalism as the South Korean government's decoupled response to international migration. *Asian and Pacific Migration Journal, 24*(1), 51-78.

Kofman, Eleonore(1999). Female 'birds of passage' a decade later : Gender and immigration in the European Union. *International Migration Review, 33*(2), 269-299.

Koopmans, Ruud, Michalowski, Ines, & Waibel, Stine(2012). Citizenship rights for immigrants : national political processes and cross-national convergence in Western Europe, 1980-2008. *American Journal of Sociology, 117*(4), 1202-1245.

Kubat, Daniel(1987). Asian immigrants to Canada. *Center for Migration Studies special issues, 5*(3), 229-245.

Kymlicka, Will(1995). *Multicultural Citizenship.* Oxford : Clarendon Press.

Lee, Hye-Kyung(2008). International marriage and the state in South Korea : focusing on governmental policy. *Citizenship Studies, 12*(1), 107-123.

Lister, Ruth, Williams, Fiona, Anttonen, Anneli, Bussemaker, Jet, Gerhard, Ute, Heinen, Jacqueline, Johansson, Stina, Leira, Arnlaug, Siim, Birte, Tobio, Constanza, & Gavanas, Anna(2007). *Gendering Citizenship in Western Europe : New Challenges for Citizenship Research in a Cross-national Context*. Bristol : Policy Press.

Lovejoy, Paul E.(1989). The Impact of the Atlantic Slave Trade on Africa : A Review of the Literature. *The Journal of African History, 30*(3), 365-394.

Marshall, T. H.(1971). *Citizenship and Social Class and Other Essays*. Cambridge : Cambridge University Press.

Martin, Philip(2013). The Global Challenge of Managing Migration. *Population Bulletin, 68*(2), http://www.prb.org/pdf13/global-migration.pdf.

Massey, Douglas S., Arango, Joaquin, Hugo, Graeme, Kouaouci, Ali, Pellegrino, Adela, & Taylor, J. Edward(1993). Theories of international migration : a review and appraisal. *Population and Development Review, 19*(3), 431-466.

Morris, Lydia(2003). *Managing migration : Civic stratification and migrants rights*. London : Routledge.

Myrdal, Gunnar(1957). *Rich lands and Poor*. New York : Harper and Row.

Newland, Kathleen(2003). Migration as a factor in development and poverty reduction. Migration Information Service, http://www.migrationinformation. org.

O'Connor, Allison & Batalova, Jeanne(2019). Korean Immigrants in the United States. Migration Policy Institute, https://www.migrationpolicy.org/article/korean-immigrants-united-states-2017.

Piore, Michael J.(1980). *Birds of Passage*. Cambridge : Cambridge University Press.

Piper, Nicola(2004). Rights of foreign workers and the politics of migration in South-East and East Asia. *International Migration, 42*(5), 71-97.

Sainsbury, Diane(2012). *Welfare States and Immigrant Rights : The Politics of Inclusion and Exclusion*. Oxford : Oxford University Press.

Sassen, Saskia(1988). *The Mobility of Labour and Capital*. Cambridge : Cambridge University Press.

Seol, Dong-Hoon(2000). Past and present of foreign workers in Korea 1987-2000. *Asia Solidarity Quarterly, 2*, 6-31.

Seol, Dong-Hoon & Skrentny, John D.(2009). Why is there so little migrant settlement in East Asia?. *International Migration Review, 43*(3), 578-620.

Shaw, Alison & Charsley, Katharine(2006). Rishtas : adding emotion to strategy in understanding British Pakistani transnational marriages. *Global Networks, 6*(4), 405-421.

Skeldon, Ronald(2014). *Migration and Development : A global perspective*. London : Routledge.

Soysal, Yasemin Nuhoglu(1994). *Limits of citizenship : migrants and postnational membership in Europe*. Chicago : University of Chicago Press.

Stahl, Charles(1993). Explaining international migration. In Stahl, C., Ball, R., Inglis, C., & Gutman, P.(Eds.), *Global Population Movements and their Implications for Australia*(pp. 6-12). Canberra : Australian Government Publishing Service.

Stalker, Peter(2000). *Workers without frontiers: the impact of globalization on international migration*. London : Lynne Rienner Publisher.

Stark, Oded(1991). *The Migration of Labor*. Oxford : Blackwell.

__________(2004). Rethinking the brain drain. *World Development, 32*(1), 15-22.

Taylor, Edward J.(1999). The new economics of labour migration and the role of remittances in the migration process. *International Migration, 37*(1), 63-88.

Torpey, John(1998). Coming and going : On the state monopolization of the legitimate 'means of movement'. *Sociological Theory, 16*(3), 239-259.

Urry, John(2007). *Mobilities*. Cambridge : Polity Press.

Vertovec, Steven(2007). Super-diversity and its implications. *Ethnic and Racial Studies, 30*(6), 1024-1054.

Wallerstein, Immanuel(1984). *The politics of the world-economy : The states, the movements and the civilizations*. Cambridge : Cambridge University Press.

Weiss, Linda(1997). Globalization and the Myth of the Powerless State. *New Left Review*, 1/225, 3-27.

Williams, Fiona(2012). Converging variations in migrant care work in Europe. *Journal of European Social Policy, 22*(4), 363-376.

Williams, Fiona & Gavanas, Anna(2008). The intersection of childcare regimes and migration regimes : A three-country study. In Lutz, H.(Ed.), *Migration and Domestic Work : a European Perspective on a Global Theme*(pp. 13-28). Hampshire : Ashgate.

Wimmer, Andreas & Glick Schiller, Nina(2002). Methodological nationalism and beyond : nation-state building, migration and the social sciences. *Global Networks, 2*(4), 301-334.

Yeates, Nicola(2012). Global care chains : a state-of-the-art review and future directions in care transnationalization research. *Global Networks, 12*(2), 135-154.

Zolberg, Aristide R.(2007). The exit revolution. In Green, N. L. & Weil, F.(Eds.), *Citizenship and those who leave : The politics of emigration and expatriation*(pp. 33-60). Chicago : University of Illinois Press.

Zong, Jie & Batalova, Jeanne(2018). Filipino Immigrants in the United States. Migration Policy Institute. https://www.migrationpolicy.org/article/filipino-immigrants-united-states-2016.

저/자/약/력

■ **김규찬**

현재 국립강릉원주대학교 다문화학과에서 국제이주와 이민정책에 대해 연구하고 가르치고 있다. 한국의 이민 · 다문화 관련 연구 및 정책 발전에 기여하고자 노력하는 한편, 학과 학생들을 유능한 이민분야 전문가 · 실천가로 길러내는 데 많은 관심을 가지고 있다. 연세대학교 사회복지학과를 졸업한 후 영국으로 유학하여 University of Bath에서 '세계화와 국제정책'을 공부하고 석사학위를, University of Sheffield에서 '이민레짐과 케어레짐의 결합'에 대한 연구로 박사학위를 받았다. 영국 모교에서 강사와 연구원으로 근무한 후 귀국하여 창신대학교 사회복지학과 조교수 등을 역임했다. 한국의 다문화사회 현상과 이민정책에 관한 다수의 논문과 보고서를 발표했으며, 주요 저서로는 『Family Life in an Age of Migration and Mobility』, Palgrave Macmillan(2016, 공저)이 있다.

이민정책론

An Introduction to Migration Policies

|저자| 김규찬

|1판 1쇄| 발행 2022년 12월 20일
|1판 2쇄| 발행 2023년 12월 20일

|발행인| 김동훈
|발행처| 공동체

|주소| 경기도 고양시 일산동구 호수로 358-39, 동문타워 I 905호(백석동)
|전화| 031) 814-3000(대표)
|팩스| 031) 814-3100
|홈페이지| www.compub.co.kr
|전자우편| compub@naver.com
|출판등록| 2005년 10월 6일
|등록번호| 제396-2005-36호

|ISBN| 979-11-6725-244-9
정가 17,000원